Das negative Vertragsinteresse.

Von

Dr. Walther Brock.

Berlin 1902.
J. Guttentag, Verlagsbuchhandlung,
G. m. b. H.

Meinen lieben Eltern!

Inhaltsverzeichnis.

Seite

3. Buch.

Das Haftungsprinzip in der Ersatzpflicht des negativen Vertragsinteresses.

1. Kapitel.

Die Begründungsversuche der negativen Vertragsinteressehaftung in der Litteratur nach Ihering.

2. Kapitel.

Das Prinzip in der negativen Vertragsinteressehaftung des Bürgerlichen Gesetzbuches.

Schluß.

Vorwort.

Bei der Abfassung meiner Abhandlung bin ich von dem Gesichtspunkt ausgegangen, nicht sowohl das objektiv Bedeutsame als wie das Problematische in den Vordergrund der Darstellung zu rücken. Mochte darunter auch die Proportionierung des Stoffes zuweilen leiden: nur so war es mir möglich auf verhältnismäßig kleinem Raume innerhalb der Gesamterörterung des Themas meine eigenen Ansichten ausführlicher zu entwickeln.

Von der Litteratur über „das negative Vertragsinteresse" hoffe ich nichts Wesentliches übersehen zu haben. Beim Citieren habe ich mich darauf beschränkt, nur das für den jeweiligen Gegenstand Wichtigste zu nennen.

Jus est ars boni et aequi.
l. 1. D. 1.1.

Einleitung.

§ 1.

Der gegenwärtige Stand der Frage.

Die Rechtsfrage, die uns in den folgenden Blättern zu behandeln obliegt, gehört ohne Zweifel gleichzeitig zu den interessantesten und schwierigsten Problemen der neuzeitlichen Jurisprudenz: zu den interessantesten, weil sie hinausführt aus dem Rahmen der juristischen Technik in das Gebiet grundlegender Sozialphilosophie, zu den schwierigsten, weil ihre Kasuistik sich inmitten der bestrittensten Rechtslehren entfaltet, und weil der Versuch ihrer theoretisch erschöpfenden Beantwortung uns nur allzu bald die Grenze unseres Erkenntnisvermögens vor die Seele stellt.

Seitdem Rudolf v. Jhering in seiner berühmten Abhandlung „Culpa in contrahendo oder Schadensersatz bei nichtigen oder nicht zur Perfektion gelangten Verträgen"[1]) eine allgemeine Lehre vom negativen Vertragsinteresse geschaffen und der juristischen Welt gleichsam zugerufen hatte, an welchem sozialen Phänomen sie achtlos bis dahin vorübergegangen sei, war der Bann gebrochen, der die Geister an den Buchstaben der römischen Rechtsquellen gefesselt hielt. Wohl bestrebte sich Jhering selbst noch, seine neue Lehre als im römischen Rechte wurzelnd und in ihm begründet darzuthun. Aber aller Scharfsinn, alle glänzende Dialektik vermochte nicht zu überzeugen. Mochte man auch, um den Schein zu wahren, daß man auf dem Boden des Gesetzes stehe, an eine dürftige, im corpus juris vorhandene Kasuistik anknüpfen,[2]) um vermittelst einer jeden gesunden Hermeneutik hohnsprechenden Analogie zu einem generellen Ergebnis, einer Theorie, zu gelangen, ein Doppeltes wurde mit unnachsichtiger Gewißheit klar: Das römische Recht versagt uns nicht nur jede theoretische Konstruktion,

[1]) Jahrb. f Dogmatik IV p. 1—112.

[2]) l. 62 § 1 D 18, 1; § 5 J. 3, 23; l. 8 § 1 D. 11, 7. ll. 7, 8, 9 D. 18, 4.

es giebt uns auch keine praktische Ausgestaltung einer Lehre, deren eminente Bedeutung nicht mehr zu verkennen ist. So war man auf sich selbst gestellt, wissenschaftliche Erfassung und Begründung der Theorie vom negativen Vertragsinteresse mußte man aus sich selbst heraus unternehmen.

Mit bewundernswertem Eifer unterzog sich die gemeinrechtliche Doktrin ihrer neuen Aufgabe.[3]) Der Pfad, den Jhering kurz zuvor erschlossen, zeigte bald emsiges Leben. Aber wie es bei der Durchdringung eines, wir möchten sagen, so ungewohnten Problems nicht anders zu erwarten war: so viel verschiedene Aeußerungen, so viel verschiedene Ansichten thaten sich kund. Uns, die wir heute dem unmittelbaren Kampf der Meinungen entrückt sind, bietet derselbe neben dem sachlichen ein besonderes psychologisches Interesse. Die kommenden Erörterungen werden ein Bild davon geben, wie mächtig das festgefügte System des römischen Rechts die Juristen umfangen hielt, wie sie unablässig bemüht waren, die neue Lehre in alte, wohlbekannte Formen zu gießen. Vergebens! Schritt für Schritt rang sich die Ueberzeugung durch, daß man es nicht nur mit einer unbeachtet gebliebenen, eigenartigen Modifikation eines bereits bestehenden Rechtsinstitutes zu thun habe, sondern daß ein neuer Rechtsinhalt, ein neues Rechtsprinzip gegeben sei, dessen gedanklicher Ausbau einzig und allein in freier rechtsphilosophischer Erwägung gelegen sein könne.

So weit nun auch die Wissenschaft des gemeinen Rechts auf diesem grundsätzlich richtigen Wege in der Behandlung des fraglichen Problems kam, ein wirklich befriedigendes Ergebnis ist schlechthin ausgeblieben. Zwei Momente scheinen uns dies vornehmlich bewirkt zu haben. Das eine leitet sich aus dem Stande der gerade für die Kasuistik des Problems maßgeblich in Frage stehenden positiven Lehren des gemeinen Rechts selbst her. Noch bis heute ist die Lehre vom Rechtsgeschäft, insbesondere die vom Vertragsschluß, in die sich gegenseitig widersprechendsten Theorien zerklüftet. Bald ist in der Durchführung der einen Theorie für unser Problem überhaupt kein Raum, bald führen andere Theorien in wichtigen Punkten desselben zu verschiedenen Lösungen. Immerhin ist dieser strittige Stand der

---

[3]) In erster Linie sind es die Jahrbücher für Dogmatik, in denen sich der Meinungsaustausch abspielt. Wir verweisen vornehmlich auf Bd. II p. 248 ff.; IV p. 1 ff.; VI p. 286 ff.; XI p. 139 ff.; XIII p. 381 ff.; XIV p. 393 ff.; XX; XXV p. 414 ff.

einschlägigen Rechtslehren für den Mißerfolg in der Behandlung des Problems vom negativen Vertragsinteresse nicht ausschlaggebend gewesen. In ihrer Bedeutung verringert und in ihrer konkreten Anwendung verschoben, blieb die Lehre als solche doch stets bestehen und ihrer theoretischen Fundierung stand grundsätzlich nichts im Wege.[4]) U. E. ist es das zweite Moment, welches allein für die Unfruchtbarkeit der Lösungsversuche des Problems verantwortlich zu machen ist: die fehlerhafte Methode, mit der fast allseitig bei den Untersuchungen verfahren wurde. Die Ausdehnung der Schadensersatzverpflichtung über die engbegrenzte culpa-Haftung des römischen Rechts war ein unabweisbares Bedürfnis der Zeit. Anstatt es nun die Aufgabe der Wissenschaft gewesen wäre, folgende drei Punkte scharf zu trennen: 1. Ist die erweiterte Schadenshaftung positiv geltendes Recht, sei es, daß sie sich aus den römischen Quellen ergiebt, sei es, daß sie auf Gewohnheitsrecht gegründet, 2. Welches ist die juristische Konstruktion der fraglichen Haftung und 3. Wie ist legislatorisch zu ihr Stellung zu nehmen, d. h. wie ist sie kritisch in sachlicher Begründung zu beurteilen — wurde dies alles unentwirrbar vermischt. Konsequent und, wiewohl sachlich anfechtbar, juristisch ohne Tadel handelten eigentlich nur diejenigen, welche für das gemeine Recht die neue Lehre überhaupt ablehnten, weil sie eben in den römischen Quellen nicht enthalten sei.[5]) Andere legten das römische Recht gleichsam auf die Strecke, und jeder zog es so lang, bis es seinen persönlichen Postulaten entsprach.[6]) Blieb man auf diese Weise wenigstens noch angeblich auf dem Boden des positiven Rechts, indem man formell die juristische Logik wahrte, so war es doch objektiv in nichts gerechtfertigt, warum man gerade die Quellenstellen so und nicht anders verallgemeinerte. Wieder andere sorgten sich gar nicht um den positiven Quellenbestand. Die von ihnen dargestellte Lehre war ihnen eine dringende Forderung der aequitas, der bona fides, und unbekümmert um den verwegenen Sprung, den sie thaten, gaben sie das als geltendes Recht aus, von dem sie wollten,

---

[4]) Vgl. Drechsler: Ueber den Schadensersatz bei nichtigen Verträgen p. 9.

[5]) Am bündigsten: Kühn: Jahrb. f. Dogm. XVI p. 58 ff. Vgl. auch Wächter: Württemb. Privatrecht: II p. 359; Fr Mommsen: Erörterungen aus d. Obligationenrecht. 2. Heft p. 50, 79, 80, 89, 105, 112, 129.

[6]) Dies gilt besonders von Ihering selbst. Vgl. z. B. aber auch: Drechsler a. a. O. p. 61 ff.

daß es Recht wäre.[7]) Wieder andere schließlich sahen in der neuen Lehre bereits bestehendes Recht; sie meinten durch die Aufdeckung des ihr zu Grunde liegenden Prinzips gleichzeitig den Nachweis ihrer objektiven Richtigkeit zu liefern.[8])[9]) Dies ist in großen Zügen charakterisiert der gemeinrechtliche Stand der Frage. —

Wie stellt sich nun das Bürgerliche Gesetzbuch zur Lehre vom negativen Vertragsinteresse, und welchen Stand der Doktrin haben wir hinwieder ihm gegenüber zu verzeichnen? Da ist zunächst als grundlegendes Moment festzustellen: der Dürftigkeit und Unklarheit der positiven Rechtsbestimmungen, wie sie für das gemeine Recht verhängnisvoll waren, sind wir enthoben; an die Stelle zweifelhaftester Kasuistik sind für uns ausdrückliche und klar ausgesprochene Rechtsnormen getreten. Ist damit aber das Ziel, das die gemeinrechtliche Wissenschaft verfolgte: Klarheit und Bestimmtheit über die Ausdehnung der Schadensersatzverpflichtungen bei unwirksamen Verträgen erreicht, so daß für weitere wissenschaftliche Untersuchung dieser Lehre kein Raum mehr ist? Fast scheint es, als wollte eine diese Frage bejahende grundirrige Anschauung Boden gewinnen. Freilich ist zur Zeit die Litteratur über das negative Vertragsinteresse nach dem Reichsgesetzbuch noch eine so geringfügige und unbedeutende, daß abschließend darüber nicht zu urteilen ist.[10]) So mögen denn jedenfalls die fol-

[7]) Vgl. Goldschmidt: Zeitschrift f. d. ges Handelsrecht XIII p. 335: „Ließe sich die Entscheidung nicht einfacher auf das Postulat der bona fides zurückführen?“

[8]) Z. B. Eisele: Jahrb. f. Dogm. XXV p. 473 ff.

[9]) Ausführlich speziell über diesen methodologischen Fehler: Stammler: Recht der Schuldverhältnisse in seinen allgemeinen Lehren p. 114, 115.

[10]) Fast ausschließlich ist unser Problem in Dissertationen behandelt worden: Davon sind wissenschaftlich völlig wertlos: Halben: Ueber den Schadensersatz aus nichtigen Verträgen Erlanger Diss. 1895 (61 S.). (Zählt p 59 ff. nur die Paragraphen des Entwurfs 1. u 2. Lesung auf.) Greven: Das neg Vertragsinteresse Erl. Diss. 1889 (37 S.). Moritz: Läßt sich bei unvollendeten oder nichtigen Verträgen eine Klage auf Schadensersatz begründen? Erl. Diss. 1899 (59 S.). Schmidt: Die Lehre vom negat. Vertragsinteresse. Greifswalder Diss. 1900 (39 S.). Fritsch, Das neg. Vertragsinteresse. Erl. Diss. — Von größerer Selbständigkeit in der Auffassung und auch die Kasuistik des BGB. etwas ausführlicher als die Genannten darstellend, freilich auch noch ohne jedwedes tiefere Eindringen: Lilie: Schadensersatz bei unwirksamen Verträgen ꝛc. Erl. Diss. 1898 (57 S.). Die einzige wirklich in Betracht stehende Arbeit ist: Melliger: Culpa in contrahendo oder Schadensersatz bei nichtigen Verträgen nach dem gemeinen und schweizerischen Obligationenrecht, sowie dem deutschen Bürgerl. Gesetzbuch. 2. Aufl. 1898 Diese im Ganzen sehr tüchtige Studie ist leider in der Beantwotung der prinzipiellen Fragen (vgl besonders p. 145 bis 154 über das Veranlassungsprinzip) nicht zutreffend.

genden Worte im vorbeugenden Sinne wirken. Wenn die theoretische Durchdringung unserer Lehre nach dem neuen bürgerlichen Rechte sich in etwas von dem gemeinrechtlichen Stand der Forschung unterscheidet, so ist es darin, daß sie auf ein höheres, ihrer würdigeres Niveau gestellt ist. Kein Pressen der Gesetzesnormen mehr, daß sie etwas ergeben, was in ihnen nicht enthalten ist, keine Möglichkeit mehr, subjektive Erwägungen für Gesetz und Recht auszuspielen. Mit dem bloßen historischen Verfolg unserer Lehre im gemeinen Recht und dem einfachen Hinweis auf ihren jetzigen positiv-rechtlichen Abschluß im Bürgerlichen Gesetzbuch ist aber die Wissenschaft in nichts gefördert. Um es in prägnanter Zusammenfassung klarzustellen, das ist die Richtung, in der die moderne Jurisprudenz, wie allgemein, so auch für unser Problem, ihre Aufgabe zu lösen hat: Sie hat die Gesetzesbestimmungen untereinander abzugrenzen und darzulegen, wie weit der Inhalt jeder einzelnen reicht. Sie hat der Praxis das Kriterium an die Hand zu geben für die Subsumtion der möglichen Thatbestände. Sie hat aus den positiven Normen den ihnen zu Grunde liegenden Rechtsgedanken abzuleiten,[11] und sie hat dieses konkrete Rechtsprinzip zu messen an dem Maßstabe des als das objektiv Richtige Erkannten. Die Freude über das Erreichte darf sie nimmer abhalten von einer gesunden Kritik an den positiven Gesetzesbestimmungen, in dem unablässigen Streben, den Weg zu weisen zum leuchtenden Endziele hin, zur Verwirklichung einer idealen Gemeinschaft.

§ 2.

System.

Mit der Kennzeichnung der Aufgabe haben wir gleichzeitig die Grundlinien der Methode ihrer Lösung gezogen. Hier wollen wir kurz zeigen, wie sie konkretisiert den folgenden Erörterungen als System zu Grunde liegt.

Das „negative Vertragsinteresse" als Gegensatz zum „positiven Vertragsinteresse", dem Erfüllungsinteresse, hat zur Voraussetzung einen unwirksamen Vertrag.[1]) Die unwirksamen Verträge sind

---

11) Bemerkenswert: Motive z. E. e. BGB. Bd. I p. 179: „Nicht entschieden hat der Entwurf die Frage, ob die Haftung für das negative Vertragsinteresse eine Haftung aus Delikt oder wegen Verletzung rechtsgeschäftlicher Pflichten ist. Obwohl die Frage praktisch nicht unwichtig sein kann, so glaubte man der Wissenschaft die Lösung überlassen zu müssen."

1) Die nähere Bestimmung des Begriffes „negatives Vertragsinteresse" siehe Buch 1 Kap. 1 § 2 p. 22.

es also, bei denen die Frage nach dem negativen Vertragsinteresse praktisch wird. Unter einem unwirksamen Vertrag verstehen wir einen Vertrag, der auf die Hervorbringung einer rechtlichen Wirkung gerichtet ist, dem aber das Gesetz als solchem endgültig die gewollte rechtliche Wirkung versagt.[2])[3]) Wir heben das Moment des „endgültigen Versagens" hervor, um darauf hinzuweisen, daß es für den Begriff der „Unwirksamkeit" nicht auf die näheren Unterscheidungen in absolute Nichtigkeit, relative Nichtigkeit und Anfechtbarkeit ankommt. Wird z. B. ein anfechtbarer Vertrag[4]) nicht angefochten resp. bestätigt, so ist er endgültig wirksam, und er scheidet für unsere Betrachtung aus. Die Worte „als solche" sollen besagen, daß die vertragliche Willenserklärung allein für sich in ihrer rechtlichen Wertung zu nehmen ist, und es wiederum für den Begriff der Unwirsamkeit belanglos ist, ob die Willenserklärung etwa durch ein hinzukommendes

---

2) Vgl. die Definition des Rechtsgeschäftes bei: Windscheid, Pand. (8 Aufl.) Bd 1 § 69 p. 206.

3) Es liegt außerhalb des Rahmens unserer Erörterung über den Begriff der „Unwirksamkeit" ausführlich zu handeln. Aber wir möchten betonen, daß eine grundlegende Untersuchung über den Begriff des „unwirksamen Rechtsgeschäfts" ein dringendes Bedürfnis ist. Es ist zu hoffen, daß die vollständige Verwirrung, die im gem. Recht über die Lehre von der „Ungültigkeit" herrscht, nicht auf die Dauer für das neue Recht bestehen bleibt Das BGB. kennt den Begriff der „Unwirksamkeit" als einen technischen, ist aber in der Anwendung desselben selbst nicht konsequent. Mit der bloßen Einteilung der Unwirksamkeit des BGB. in Nichtigkeit, Anfechtbarkeit und Schwebezustand ist noch so gut wie nichts gewonnen. Um nur ein Beispiel herauszugreifen, wie ist es bei einem Testament? Ist es nicht „unwirksam", so lange der Testator lebt, ist es nicht auch „unwirksam", wenn es den rechtlichen Erfordernissen nicht genügt, oder ist es ferner nicht „unwirksam", wenn es, obwohl rechtsgültig bestehend, von den Erben nicht in Vollzug gesetzt wird? Besonders in der Lehre von der Bedingung sind noch schwierigere begriffliche Unterscheidungen vorhanden. Diese kurze Andeutung mag die Behauptung rechtfertigen: Eine Lehre von der Unwirksamkeit muß in selbständiger, begrifflicher Systematik aufgebaut werden; mit den gewonnenen Resultaten ist dann der Sprachgebrauch des BGB. eingehend zu vergleichen — Bezüglich der gemeinrechtlichen Litteratur verweisen wir auf Windscheid: Pand. 1 § 82 p. 360 ff. u die daselbst Citirten. Für das BGB. behandelt unsere Frage am eingehendsten Leonhard: Allgem. Teil des Bürgerl. Gesetzbuchs p. 428 ff. Wir vermögen uns aber den diesbezüglichen Ausführungen des Autors nicht anzuschließen. Vgl. neben den system. Darst. d. allg. Teils: Jacobi: Die fehlerhaften Rechtsgeschäfte i. Arch f. ziv. Pr. Bd. 86 p. 51 ff ; Kipp in Windscheids Pand. § 82 p. 368—371; Planck: Komment. BGB. Bd. I p. 145 f.; Bernhöft in Birkmeyers Encyklopädie p. 388 ff. §§ 37—40. M. Bruck: Die Bedeutung der Anfechtbarkeit für Dritte.

4) Genauer: Die den Vertrag bildenden Willenserklärungen.

Rechtsgeschäft eines Dritten rechtliche Wirkung zu erlangen vermag oder nicht.[5])

Unwirksame Verträge kommen auf dem gesammten Rechtsgebiete vor. Der bloße äußere Effekt der Unwirksamkeit ist zu wenig etwas Charakteristisches, daß es irgendwie zweckmäßig erscheinen könnte, danach eine Klassifikation der Verträge vorzunehmen. In systematischer Hinsicht wird demgemäß die Untersuchung nicht so vorgehen dürfen, daß sie den ganzen Rechtsstoff durchgeht, um bei jedem aufstoßenden unwirksamen Vertrag die Frage nach dem Ersatz des negativen Interesses aufzuwerfen. Wie es auch bisher in den gemeinrechtlichen Untersuchungen gehalten wurde, ist auf die causa der Unwirksamkeit zurückzugehen und zunächst hiernach der Stoff zu disponieren.

Die Unwirksamkeit eines Vertrages kann zur Ursache haben einmal einen Mangel in der Form[6]) und zum anderen einen Mangel in dem materiellen Bestand. Innerhalb des materiellen Bestandes ist wieder zu unterscheiden: Unwirksamkeit wegen Mangels im Subjekt und Unwirksamkeit wegen Mangels im Objekt. Der Mangel im Subjekt schließlich kann wiederum gelegen sein in der Persönlichkeit als solcher und in ihrer Willensbeschaffenheit.

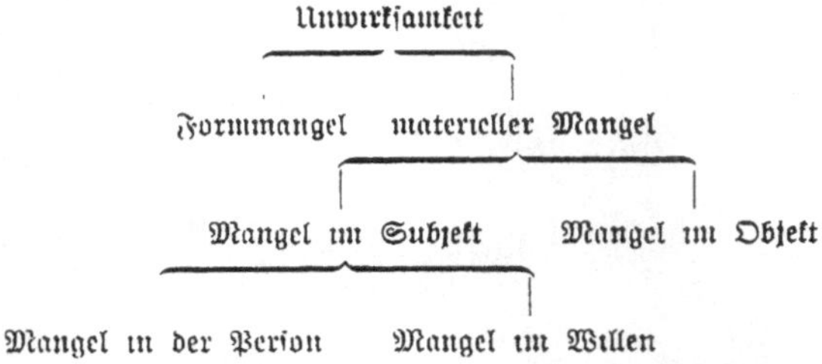

Haben wir mit dieser Einteilung ein brauchbares System der unwirksamen Verträge überhaupt gewonnen, so ist damit auch der Gang unserer Untersuchung über das negative Vertragsinteresse vorgeschrieben. Allerdings wird dieses System dadurch alteriert, daß wir unsere Erörterung an positive Rechtsbestimmungen anzuknüpfen haben, und diese nicht bei jedem der dargelegten, die Unwirksamkeit der Verträge bedingenden Mängel, auch gleichzeitig eine Haftung auf

---

[5]) Vgl. BGB. §§ 108, 177, 185 Abs. 2, 362 Abs 2, 415 Umgekehrt ist ein nichtiges Rechtsgeschäft, das durch Konversion — BGB. § 140 — gültig wird, „als solches“ wirksam

[6]) Hier die allgemeine Norm im BGB § 125

das negative Interesse begründen. Demgemäß zeigt uns unser Grundriß nur die möglichen Fälle einer Schadensersatzpflicht bei unwirksamen Verträgen an; wir werden, seinem Schema folgend, die wirklichen Fälle auf Grund des gemeinen Rechts und des Bürgerlichen Gesetzbuchs zur Darstellung bringen. Diese Kasuistik soll den Kern unserer Abhandlung bilden (2. Buch). Ihr voran stellen wir eine Untersuchung über die Grundlage, welche die Lehre vom negativen Vertragsinteresse in den Quellen findet und über die Begründung dieser Lehre durch Rudolf v. Jhering (1. Buch). An die Kasuistik anschließend, wollen wir, getreu der Regel: „Non ex regula ius sumatur sed ex iure, quod est, regula fiat“, nach Charakterisierung der bisherigen Konstruktionsversuche, das der Haftung für das negative Vertragsinteresse zu Grunde liegende Prinzip herauszuschälen versuchen, um es in kritische Erwägung zu nehmen (3. Buch). Zum Schluß endlich soll das Verhältnis des negativen Vertragsinteresses zur allgemeinen Schadensersatzlehre einer kurzen Betrachtung unterworfen werden.

1. Buch.

Grundlage und Aufbau der Theorie vom negativen Vertragsinteresse.

1. Kapitel.

Grundlage des negativen Vertragsinteresses in den römischen Quellen.

§ 1.

Einleitung.

Haftung für unerlaubtes Verhalten und Haftung innerhalb eines Vertragsverhältnisses sind die beiden einzigen Momente, die eine Verbindlichkeit zum Schadensersatze zu erzeugen vermögen: das war vor Ihering die fast unbestrittene Meinung.[1] Was Ihering dazu bewog, diese altgewohnte Schranke zu brechen, erzählt er selbst mit folgenden Worten:[2] „Bei dem Vortrage der Lehre vom wesentlichen Irrtum in meinen Vorlesungen machte mir schon seit Jahren ein Punkt große Schwierigkeit, auf den ich eine befriedigende Auskunft zu erteilen nicht im Stande war, nämlich die Frage: ob nicht der Gegner auf Ersatz des durch seine Schuld ihm verursachten Schadens hafte?" Da der Vertrag in Folge des Irrtums unwirksam war, so waren weder die Grundsätze über die kontraktliche culpa zur Anwendung zu bringen, noch war die außerkontraktliche, die der actio legis Aquiliae, vorhanden: eine Schadensersatzpflicht des Irrenden schien damit also nicht begründet. Das widersprach dem Rechtsgefühle Iherings aber durchaus, und er vermochte nicht in die „Unbilligkeit und praktische Trostlosigkeit" dieses Ergebnisses einzuwilligen. Er forschte seinem Rechtsgefühle weiter nach und fand, daß es sich allemal da gegen den Mangel einer Schadensersatzverpflichtung auflehne, wo der eine Teil dadurch in Schaden gerate, daß ein Vertragsverhältnis

---

[1]) Ueber die wenigen Vorläufer Iherings, von denen nur Richelmann: „Der Einfluß des Irrtums auf Verträge" ernstere Beachtung verdient, siehe Kap. 2 § 1.

[2]) Ihering a. a. O. p 2.

beabsichtigt und der Vertrag auch dem äußeren Hergang nach zu Stande gekommen war. Damit war ihm die Abgrenzung bewußt geworden: Haftung für **culpa** bei Abschluß von Verträgen, Haftung für „**culpa in contrahendo**".[3]) Ihering hatte einen Rechtssatz aufgestellt, bevor er wußte, ob er „Recht" war. Nun galt es vor allem darzuthun, daß die von ihm behauptete Rechtsregel auch in den Quellen enthalten sei. Und seiner Meinung nach gelang ihm dies. „Der wichtigste Fund vor Allem aber war mir der, daß das römische Recht in zwei Fällen, dem des Verkaufs einer **res extra commercium** und einer nicht existirenden Erbschaft die Schadensersatzverbindlichkeit ausgesprochen hatte. Damit hatte meine Theorie festen quellenmäßigen Grund und Boden betreten, und es kam jetzt nur noch darauf an, den in den Entscheidungen der Quellen mehr verborgenen als ausgesprochenen Inhalt zu Tage zu fördern."[4])

Das Bedenkliche in Iherings Vorgehen, sein **a priori** aufgestelltes Postulat als positiv quellenmäßig zu beweisen, anstatt aus den positiven Rechtsquellen auf induktivem Wege erst einen Rechtssatz durch Abstraktion zu gewinnen, ist evident. Durch Iherings Quellen-Begründung der Lehre vom negativen Vertragsinteresse sind wir aber zu einer Nachprüfung der Quellen hinsichtlich dieser Lehre genötigt. Dieselbe ist einmal die Voraussetzung, um kritisch zu Iherings Theorie Stellung nehmen zu können, zum andern werden wir durch sie objektiv erkennen, welche Grundlage das uns beschäftigende Problem im reinen römischen Recht findet. Indem wir das letztere zunächst ins Auge fassen, wenden wir uns nunmehr den betreffenden Quellenstellen selbst zu.

§. 2.

Die Quellen und ihre Interpretation.

Die Stellen, welche in Betracht stehen, sind folgende:

l. 62 § 1 D. de contr. empt. 18, 1 (Modestinus). Qui nesciens loca sacra vel religiosa vel publica pro privatis comparavit, licet emptio non teneat, ex empto tamen adversus venditorem experietur, ut consequatur, quod interfuit ejus, ne deciperetur.

§ 5 J. de empt. et vend. 3, 23.

[3]) Ihering a. a. O p. 7

[4]) Ihering a. a. O. p. 8

Loca sacra vel religiosa, item publica, veluti forum basilicam, frustra quis sciens emit, quas tamen si pro privatis vel profanis deceptus a venditore emerit, habebit actionem ex empto, quod non habere ei liceat, ut consequatur, quod sua interest, deceptum eum non esse. Idem juris est, si hominem liberum pro servo emerit.

l. 8 § 1 D. de relig. 11, 7 (Ulpianus). Si locus religiosus pro puro venisse dicetur, praetor in factum actionem in eum dat ei ad quem ea res pertinet: quae actio et in heredem competit, cum quasi ex empto actionem contineat.

l. 8 D. de hered, vel act. vend. 18, 4 (Javolenus).

Quod si nulla hereditas ad venditorem pertinuit, quantum emptori praestare debuit, ita distingui oportebit, ut, si est quidem aliqua hereditas, sed ad venditorem non pertinet, ipsa aestimetur, si nulla est, de qua actum videatur, pretium dumtaxat et si quid in eam rem impensum est emptor a venditore consequatur

l. 9 (Paulus) et si quid emptoris interest.[1])

Die Stellen handeln von Kaufverträgen über unmögliche Leistungen und zwar die ersten drei von Kaufverträgen über res extra commercium, die letzteren — in dem uns interessierenden Punkte — von einem Kaufvertrag über eine nicht existierende Sache. Es fragt sich, wie sind die Stellen zu interpretieren: 1. Ist der Vertrag über eine dem Verkehr entzogene Sache schlechterdings unwirksam gewesen

---

[1]) Von zwei weiteren Stellen, die noch in Frage kommen, der l. 21 § 2 D. de act. empti 19, 1 u. der l. 15 § 1 D de contr. empt. 18, 1, sehen wir, ebenso wie Jhering, vgl a. a. O p. 9 Anm. 7, ab. Bisher ist es nicht gelungen, den authentischen Text festzustellen, der gegenwärtige bietet aber unüberwindliche Schwierigkeiten. Da der strittige Wortlaut gerade für den Standpunkt der Stellen in unserer Frage ausschlaggebend ist, so erscheint es zwecklos, den einen oder den andern Text für eine Beweisführung zu verwerten. Eingehend beschäftigen sich mit der Feststellung der richtigen Lesart: Mommsen: Beiträge zum Obligationenrecht Bd. I p. 208 Anm 30. Erörterungen a. a. O. p. 33 Anm. 1. Puntschart: Die fundamentalen Rechtsverhältnisse des röm. Privatrechts p. 176 ff. Leonhard: Der Irrthum bei nichtigen Verträgen p. 464. Melliger a. a. O. p. 51 ff. Vgl. auch: Savigny: System III p. 287. Hanausek: „Haftung des Verkäufers" p. 12 f. u die dort Angeführten, Köppen: Jahrbuch f. Dogm. XI. p. 283 u. Anm. 288, Bernhöft: Jahrb. f. Dogm. XIV p. 147. Wächter: Pand. II p 372. — Daß übrigens auch die von uns angeführten Stellen nicht allseitig als textlich richtig anerkannt werden und durch welche Lesart man versucht, die Schwierigkeit ihrer Interpretation zu heben, darüber siehe p. 18 Anm. 18.

oder nicht? 2. Wie steht es diesbezüglich mit dem Vertrag über eine nicht existierende Sache? 3. Wofür haftete der Verkäufer?

Die Erfüllung einer unmöglichen Leistung[2]) ist nicht denkbar, das ergiebt sich aus der Natur der Sache. Immerhin vermag eine Obligation auf eine solche Leistung als rechtswirksam anerkannt zu werden, indem praktisch der zu einer unmöglichen Leistung Verpflichtete mit einer möglichen Leistung als Ersatz zu erfüllen hat. Ob in der That das römische Recht in gewisser Beziehung diesen Standpunkt einnimmt, das ist die schwer zu entscheidende Streitfrage, die unmittelbar für unsere Stellen selbst Platz greift.

Im Allgemeinen darf mit Sicherheit daran festgehalten werden, daß grundsätzlich das römische Recht auf unmögliche Leistungen gerichtete Obligationen in jeder Weise für unwirksam erachtet, wie es in den Worten des Celsus „Impossibilium nulla obligatio" zu prägnantestem Ausdruck kommt.[3]) Diese Unwirksamkeit ist richtiger Ansicht nach anzunehmen, unabhängig davon, ob der Gläubiger die Unmöglichkeit kannte oder nicht.[4]) Zweifelhaft ist jedoch nach den Quellen, ob von diesem allgemeinen Grundsatze nicht dahin eine Ausnahme gemacht worden ist, daß Kaufverträge über eine res extra commercium und über einen liber homo bei gutem Glauben des Käufers gültig waren.[5]) Die praktische Bedeutung der Lösung dieser

---

[2]) Unter „Unmöglichkeit" verstehen wir hier und im Folgenden stets die sog. ursprüngliche Unmöglichkeit.

[3]) Vgl. Mommsen: Beiträge a. a. O. p. 103.

[4]) Das ist auch die herrschende Meinung. Vgl. Windscheid: Pand. II p. 268. Abweichend Savigny: Obligationenrecht II § 81 u. Dernburg: Pand. II § 16 Anm 18, welche Gültigkeit des Kaufvertrages und anderer gleichartiger Geschäfte bei jeder dem Käufer unbekannten Unmöglichkeit annehmen. Vgl. auch Mommsen: Beiträge Bd. III: Berichtigungen und Zusätze zur 1. Abth. p. 411.

[5]) Die Gültigkeit eines Kaufvertrages über einen liber homo wird fast allseitig angenommen; gegen dieselbe vornehmlich Jhering a. a. O. p. 63 ff. Vergl. über diesen unsere folgenden Ausführungen. Vgl. Ude: Arch. f. ziv. Pr. Bd. 48 p. 270. Bezüglich der Gültigkeit eines Kaufes über eine res extra commercium sind die Ansichten in alter und neuer Zeit völlig geteilt. Für die Gültigkeit — die bona fides des Käufers natürlich vorausgesetzt — sind: Burchardi, Wiedereinsetzung in den vorigen Stand p. 327 ff. Brandis: Zeitschrift f. Zivilr. u. Pr. Bd. VII p. 180 ff. Michelmann a. a. O. p. 15, 87. Brinz: Krit. Ueberschau V. p. 295 f., 300 f. Pand. (2. Aufl.) II p. 127. Arndts: Pand. § 300 Anm 7. Römer: Leistung an Zahlungsstatt p. 86 ff. Bernhöft a. a. O. p. 133 ff. Leonhard: Zeitschrift f. d. ges. Hand.-R. Bd. 26 p. 293 ff. Puntschart a. a. O. p 160 ff. Unterholzner, Schuldverhältnisse Bd. I § 100 IV, Bd. II § 443 erklärt den Kontrakt für bindend, läßt aber nur eine beschränkte Entschädigungspflicht zu.

Zweifelsfrage liegt darin, daß der Umfang der Entschädigung in beiden Fällen ein ganz verschiedener ist. Ist der Vertrag gültig, so ist das Erfüllungsinteresse zu leisten, wir haben es mit einer einfachen Kontraktshaftung zu thun, ist jedoch der Vertrag unwirksam, so kann einmal überhaupt nur der Ersatz des sog. „negativen Vertragsinteresses"[6]) in Frage stehen, und wir sind vor die neuen Zweifelsfragen gestellt, ob der Verkäufer nur dann schadensersatzpflichtig ist, wenn ihm ein dolus oder auch dann, wenn ihm eine culpa zur Last fällt, oder ob er immer zur Entschädigung verpflichtet ist, sofern nur der Käufer die Unmöglichkeit der Leistung nicht kennt.

Es findet sich eine Reihe von Stellen in den Digesten, welche die Ungültigkeit des Kaufvertrags über eine res extra commercium ganz allgemein deutlich aussprechen.[7]) Ein sicherer Schluß ist daraus für die Frage, ob der gute Glaube des Käufers einen solchen Vertrag abweichend rechtsgültig sein lasse, nicht zu ziehen; immerhin muß man es für wahrscheinlicher halten, daß die Allgemeinheit der Regel zu erkennen giebt, daß der bona fides des Käufers Einfluß auf die Wirksamkeit des Vertrages nicht eingeräumt werde. Würde nach diesen Stellen somit ein gegründeter Zweifel an der durchgängigen Nichtigkeit des Verkaufes einer res extra commercium nicht bestehen, so sind doch eine Anzahl anderer Stellen vorhanden, welche geeignet erscheinen, dieses Ergebnis wieder umzustoßen.[8]) Aus diesen Stellen ist zunächst einmal zu entnehmen, daß der Verkauf eines freien Menschen bei gutem Glauben des Käufers für gültig angesehen wurde. Aber nicht allein, daß wir dadurch ge-

---

[6]) Der Ausdruck „negatives Vertragsinteresse" stammt von Jhering, der ihn a. a. O p. 16 einführt Den sachlichen Unterschied zwischen dem positiven (Erfüllungs-) Interesse und dem negativen Vertragsinteresse hatte vor Jhering schon Savigny a. a. O. III § 138 Anm d gemacht, und besonders scharf hatte ihn bereits Mommsen, Beiträge Bd. I p. 107 hervorgehoben. Vgl Windscheid: Pand. II § 307 Anm. 5 a. A Näheres siehe p. 22

[7]) Z B. l. 24 D. de contr. empt. 18, 1 (Ulpianus): Hanc legem venditionis, si quid sacri vel religiosi est, eius venit nihil, supervacuam non esse, sed ad modica loca pertinere. Ceterum si omne religiosum, vel sacrum, vel publicum venierit, nullam esse emptionem. Ferner: l 34 § 1 eod, l. 22 D. eod., l 23 D. eod. Siehe auch l. 1 Cod de sepulchro violato 9, 19 „tamesti jure venditio non subsistat" Vgl. Mommsen: Beiträge a a. O. p. 119 ff., auch das. p. 118 Anm. 2.

[8]) Z. B: l. 70 D. de contr empt. 18, 1 (Vgl. unten im Text) l. 34 § 2 eod.; l. 39 § 3 D de evict. 21, 2.

zwungen werden, für diesen einen konkreten Fall die Gültigkeit eines Vertrages über eine res extra commercium zuzugestehen, drei Stellen setzen die übrigen res extra commmercium, die „loca sacra vel religiosa etc." in der angegebenen Weise dem liber homo gleich.[9])

Ist ein Widerspruch vorhanden und wie ist zu ihm Stellung zu nehmen?

Nach Iherings Ausführungen ergiebt sich solch ein Widerspruch nicht, und zwar vermeidet er ihn dadurch, daß er auch den Verkauf eines freien Menschen nach römischem Recht für unwirksam hält.[10]) Der Gedankengang Iherings ist: 1. Wird bei einem Vertrage das Erfüllungsinteresse gefordert, so ist der Vertrag wirksam, tritt nur eine Haftung für das negative Vertragsinteresse ein, so ist der Vertrag unwirksam. 2. In den Stellen, die von dem Verkauf eines freien Menschen handeln, wird niemals gesagt, daß auf das Erfüllungsinteresse geklagt werden kann. Dies das eine Argument für die Unwirksamkeit eines Kaufvertrages über einen liber homo. Ferner: 1. Bei einer res extra commercium ist die Schätzung des Erfüllungsinteresses ausgeschlossen. 2. Dies ist ebenso der Fall bei einem liber homo. Ist bei der res extra commercium Haftung nur für das negative Vertragsinteresse vorhanden, ist demgemäß also der Vertrag nichtig, so muß folgerichtig dasselbe auch für den liber homo gelten, welcher Schluß dadurch erhärtet wird, daß in den betreffenden Stellen der liber homo zusammen mit den res extra commercium genannt wird. Dies das zweite Argument.

Führt man die Ihering'schen Schlüsse so auf ihre Grundlagen zurück, so kann es einem nicht entgehen, daß sie sich in einem circulus vitiosus bewegen, daß Ihering mit dem beweist, was erst gerade zu beweisen ist. Gewiß, würde bei einem Kaufvertrag über einen liber homo feststehen, daß bei ihm nur das negative Vertragsinteresse zu gewährleisten war, so würde sich seine Unwirksamkeit daraus mit Notwendigkeit ergeben, aber schweigen die Quellen über

[9]) l. 4 D de contr. empt 18, 1: Et liberi hominis et loci sacri et religiosi, qui haberi non potest, emptio intelligitur, si ab ignorante emitur, l. 5 eod.: quia difficile dinosci potest liber homo a servo l 6 eod. Sed Celsus filius ait hominem liberum scientem te emere non posse nec cuius cumque rei si scias alineationem esse: ut sacra et religiosa loca aut quorum commercium non sit, ut publica, quae non in pecunia populi, sed in publico usu habeantur, ut est Campus Martius." Dann der oben im Text in extenso wiedergegebene § 5 J de empt. et vend. 3, 23.

[10]) Siehe oben Anm. 5.

die Art des Interesses, so würde sich mit der gleichen Gewißheit ergeben, daß es das positive war, wenn sie die Wirksamkeit des Vertrages aussprechen. Und nur über die Wirksamkeit resp. Unwirksamkeit des Vertrages äußern sich die Quellen; diese, nicht die Art der Haftung ist also vorerst klarzustellen. Entsprechend ist es beim zweiten Argument Iherings. Er baut die Unwirksamkeit des Kaufvertrages über einen liber homo auf die Unwirksamkeit des Vertrages über eine res extra commercium auf, während der Nachweis der Unwirksamkeit eines Vertrages letzterer Art gerade in Frage steht, während umgekehrt die Gleichstellung mit dem liber homo bei dargethanener Wirksamkeit eines Kaufvertrages über diesen unumstößlich beweist, daß auch — von den betreffenden Juristen — der Kaufvertrag über eine res extra commercium für rechtswirksam erachtet wurde.

Gegen Ihering ist es mit apodiktischer Gewißheit auszusprechen, daß der Kaufvertrag über einen liber homo rechtswirksam war, oder, um noch schärfer unseren Standpunkt zu präzisieren — daß diejenigen Quellenstellen, welche Ihering für die Unwirksamkeit eines solchen Kaufvertrages heranzieht, dessen Wirksamkeit kennzeichnen.[11]) Nehmen wir die l. 70 D. de contr. empt. 18, 1, in welcher der Verfasser Licinius Rufinus (l. 8 Regular.) sagt:

Liberi hominis emptionem contrahi posse plerique existimaverunt: si modo inter ignorantes id fiat. Quod idem placet, etiam si venditor sciat, emptor autem ignoret: quod si emptor sciens liberum esse emerit, nulla emptio contrahitur."

Erstens: nach Rufinus ist es die Ansicht der meisten Juristen, emptionem liberi hominis contrahi posse. Ihering meint „emptio“ bedeutet hier, daß der Jurist nur die Wirksamkeit des negativen Vertragsinteresses im Auge gehabt habe, der Vertrag also unwirksam gewesen sei. Nun ist doch aber augenscheinlich das „nulla emptio“ am Schlusse dem „emptio“ scharf gegenübergesetzt. Nach Ihering ist ein materieller Gegensatz zwischen „emptionem contrahere“ und „nullam emptionem contrahere“ aber absolut nicht vorhanden; beide Wendungen bedeuten für ihn, daß der Kaufvertrag unwirksam ist, nur daß durch sie der Unterschied zwischen der Art der Haftung zum Ausdruck kommt. Dies gegen Ihering als argumentum ad hominem.

[11]) Daß thatsächlich auch von einigen röm. Juristen die Gültigkeit des über einen freien Menschen abgeschlossenen Kaufvertrages nicht anerkannt wurde, beweist das „plerique existimaverunt“ der l. 70 D. 18, 1.

Zweitens: Rufinus führt die Ansicht, daß emptionem liberi hominis contrahi posse, als die der „meisten Juristen" ein. Die Meinung der nicht zu den plerique gehörenden Juristen war demnach also die, emptionem liberi hominis contrahi non posse. Da nach Jhering das emptionem contrahere einen unwirksamen Kaufvertrag bedeutet, so kommen wir zu dem perplexen Ergebnis, die Worte „emptionem contrahere" für den Ausdruck dessen zu halten, daß ein Kaufvertrag wirksam nicht zu Stande gekommen ist, dagegen die Worte „emptionem non contrahere" für den Ausdruck eines wirksamen Vertrages. Mit dieser einfachen Erwägung ist die Jhering'sche Interpretation völlig widerlegt. Einige Punkte, mit denen Jhering seine Interpretation noch zu stützen sucht, haben auch keine überzeugende Kraft. Jhering führt die l. 27 § 1 D. ad S. C. Vellej. 16, 1 an, in der Papinian einen Kaufvertrag über einen liber homo ausdrücklich für wirkungslos erklärt.[12]) Nun sagt Rufinus zwar, daß nur die meisten Juristen diesen Kaufvertrag für wirksam gehalten haben, und da könnte Papinian immerhin zu den Andersdenkenden gehört haben. Aber auch zu dieser Annahme zwingt uns die l. 27 noch gar nicht. Jhering beachtet nicht, daß die Wirksamkeit des Kaufvertrages doch nur behauptet wird für den Fall des guten Glaubens des Käufers. Die Fälle, mit welchen Papinian aber in der l. 27 den Kauf eines freien Menschen zusammenstellt, sind durchweg solche, in denen eine Kenntnis des Mangels bei dem Geschädigten vorauszusetzen ist, so daß Papinian wahrscheinlich auch nur an den wissentlichen Ankauf eines freien Menschen gedacht hat.[13]) Sodann erklärt Jhering,[14]) derselbe Rufinus, der in der l. 70 D. d. contr. empt. 18, 1 von dem Kaufe eines liber homo spricht, halte ihn in der l. 4 quib. ad. lib. 40, 13 für nichtig, so daß die Stellen in einen Widerspruch gerieten, wenn man nicht auch in der l. 70 den Kauf unwirksam sein lasse. Zuzugeben ist, daß Rufinus in der l. 4 mit den Worten „in libero autem homine neque venditio constitit et nihil est quod veneat", den Kauf eines freien Menschen schlechtweg für undenkbar, für nichtig ausspricht. Wer die l. 4 nicht persönlich in den Digesten nachschlägt, könnte meinen, daß dies thatsächlich ein Widerspruch in den Quellen sei. Dem ist aber nicht so. Die Aeußerung steht in einer Anfrage, in einer Bitte um Rechtsbelehrung,

---

[12]) Jhering a. a. O. p. 65 Anm 70.

[13]) Vgl. Mommsen, Erörterungen p. 90 Anm. 8.

[14]) l. c.

die Rufinus an Paulus richtet. Und bemerkenswerter Weise antwortet Paulus: „venditio quidem tam servi quam liberi contrahi potest et stipulatio de evictione contrahitur: non enim de eo loquimur, qui sciens liberum emit" d. h. der gutgläubige Käufer schließe auch über einen freien Menschen einen rechtswirksamen Kaufvertrag ab. Und was ist leichter zu erklären, als der Widerspuch in den Aeußerungen des Rufinus: Die l. 70 cit. ist eben das Ergebnis der Anfrage des Rufinus an Paulus, ist der Ausdruck dafür, daß er sich der Meinung des Paulus über die ihm vorerst zweifelhafte Sache angeschlossen hat.

Haben wir mit unseren vorstehenden Erörterungen dargethan, daß der Verkauf eines freien Menschen als rechtswirksam anzusehen ist, so ergiebt sich daraus, daß in den Stellen, in denen der Verkauf einer res extra commercium dem Verkauf eines liber homo gleichgestellt ist, auch der Vertrag einer res extra commercium für rechtswirksam befunden wird.[15]) So unzweifelhaft dies ist, so schwer ist jedoch zu entscheiden, ob die Gültigkeit des Verkaufs einer res extra commercium selbst bei gutem Glauben des Käufers herrschendes römisches Recht war oder nur die Meinung einiger Juristen. Und doch ist dies für die Beantwortung der Frage, wie das römische Recht zur Schadensersatzpflicht bei unwirksamen Verträgen, zur Haftung für das negative Vertragsinteresse, stand, von ausschlaggebender Bedeutung.

Würden wir nur die allgemein die Unwirksamkeit eines Kaufes über eine res extra commercium aussprechenden Stellen mit denen für die Wirksamkeit desselben bei gutem Glauben des Käufers haltenden in Einklang zu bringen haben, so urteilten wir, den Grundsatz anzuwenden, daß die lex specialis der lex generalis vorgehe und erklärten uns demgemäß für die Wirksamkeit bei gutem Glauben des Käufers. Demgegenüber aber werden von den Gegnern dieser Entscheidung nunmehr noch zwei Quellenstellen herangezogen, die auch als leges speciales ausdrücklich den Kauf über eine res extra com-

[15]) Melliger a. a. O. p. 36 ff. u. p. 45 f. sucht dem Widerspruch der l. 4—6 D. 18, 1 und des § 5 J. 3, 23 mit der Annahme der Ungültigkeit des Kaufvertrages über eine res extr. comm. seine Bedeutung gänzlich zu nehmen. Beizustimmen ist seinen Einwendungen gegen die Beweiskraft der l. 6 cit.; seine übrigen Ausführungen — besonders die gegen die ll. 4 und 5 — können als stichhaltig nicht gelten. Vgl. Mommsen, Erörterungen p. 36 Anm. 3. Richelmann a. a. O. p. 136 Anm. 236.

mercium auch bei gutem Glauben des Käufers als unwirksam kennzeichnen sollen, es sind die oben wiedergegebenen l. 62 § 1. D. de contr. empt. 18, 1 und l. 8, § 1 de relig. 11, 7.[16])

Was zunächst die l. 8 cit. anbetrifft, so ist unbedingt zuzugeben, daß aus ihr eine Unwirksamkeit des Kaufes erhellt selbst für den Fall, daß der Käufer den locus religiosus „pro puro" gekauft hat. Maßgebend dafür ist, daß Ulpian dem Käufer eine actio in factum giebt und nicht die actio empti. Wenn sich auch die Ansicht nicht halten läßt, daß die Zulassung der Vertragsklage immer die Wirksamkeit des Vertrages voraussetzt,[17]) so ist doch umgekehrt ausnahmslos bei Wirksamkeit eines Vertrages nur die Kontraktsklage annehmbar.[18]) Die Beweiskraft der l. 62 cit. hat man dagegen verschiedentlich nicht anerkannt. Man hat auf der einen Seite geltend gemacht, daß aus der actio empti die Gültigkeit des Vertrages folgere und hat dementsprechend auch die übrigen Wendungen der Stelle interpretiert,[19]) während man auf der anderen Seite in dem „licet emptio non teneat" in Verbindung mit dem gegensätzlichen „tamen" die Unwirksamkeit des Kaufvertrages ausgesprochen sah und sich nur mit dem auffallenden Umstande abzufinden suchte, wie die actio empti bei einem unwirksamen Kaufvertrage zu erklären sei. Wir entscheiden in dieser Streitfrage so: Böte uns das Wesen des römischen Klagesystems die gegründete Annahme, das die Kontraktsklage stets die Gültigkeit des Kontrakts bedinge, so würde uns das licet emptio non teneat keine unüberwindliche Schwierigkeit bereiten, um auch in unserem Falle die Wirksamkeit des Kaufes mit Fug zu behaupten. Wie oben bemerkt, ist diese Annahme jedoch nicht statthaft. Wir finden

---

16) Siehe p. 12, 13.

17) So Burchardi a. a. O. p. 327 ff. Dagegen Mommsen, Beiträge I p. 124 Anm. 7.

18) Abweichend Leonhard, Zeitschrift f. d. ges. Hand.-R. Bd. 26 p. 294, der aus dem Zusatz „quasi ex empto" schließen zu können glaubt, daß auch hier das Erfüllungsinteresse gemeint ist, also ein wirksamer Vertrag vorliegt. Die auffallende actio in factum will er aus dem Entwicklungsverhältnis zwischen prätorischem und Zivilrecht erklären Puntschart a. a. O. p. 170 f. gelangt zur Gültigkeit des Vertrages, indem er den vorliegenden Wortlaut der Stelle für verdorben hält, zur Richtigstellung nach dem eum den Relativsatz qui intulit einschiebt, wodurch dann die actio in factum nicht gegen den Verkäufer, sondern gegen den Inferenten geht. — Es ist nicht zu läugnen, daß Puntschart seine Interpolation mit vielem Geschick zu begründen weiß. Vgl. gegen Leonhard und Puntschart noch Melliger a. a. O. p. 41 ff

19) Burchardi l. c. Leonhard: a. a. O. p. 294.

eine ganze Anzahl von Fällen in den Quellen, in denen die actio empti und überhaupt die actio aus einem contractus bonae fidei zu andern Zwecken gegeben wird, als um Ansprüche aus dem Vertrage geltend zu machen.[20]) Ihre Erklärung findet diese Thatsache in der „juristischen Ökonomie", wie Jhering treffend das Bestreben der römischen Jurisprudenz bezeichnet, mit den gegebenen Mitteln und Begriffen möglichst viel zu umfassen.[21]) Spricht somit die actio empti in keinerlei Weise gegen die Unwirksamkeit des Kaufes, so sind die andern Wendungen, ganz für sich genommen und ohne Hinblick auf ein bereits im Voraus gewolltes Ergebnis, weitaus mehr für die Unwirksamkeit, als für die Wirksamkeit des Vertrages bezeichnend. Freilich, man kann zur Not das licet emptio non tenat übersetzen „obwohl der gewünschte Erfolg des Kaufes nicht eintritt",[22]) oder: „obgleich der Verkauf hier nicht die Verbindlichkeit erzeugen könne, die versprochene Sache selbst zu schaffen",[23]) nur eine natürliche, ungezwungene Übersetzung ist es nicht;[24]) als solche kann nur die gelten: obgleich der Kauf keine verbindliche Kraft, d. h. keine Rechtswirkung hat.[25]) Somit ist dahin zu erkennen, daß Modestin in der l. 62 cit. den Kaufvertrag über eine res extra comercium selbst bei gutem Glauben des Käufers für rechtsunwirksam hält.[26])

---

20) Vgl. l. 11 § 6 D. de act. empti 19, 1, wo die actio empti gegeben wird, um nach rückgängig gemachtem Kaufe das Angeld zurückzufordern; l. 33 D, locati 19, 2; ll. 10, 15 § 9 D. eod. — Mommsen: Beiträge I p 125 Anm. 7 Erört. p. 6 Anm. 1 (l. 4 pr. D. de lege comm. 18, 3; l. 16 D. de in diem add. 18, 2: l. 2 D. de cond. s. c. 12, 7).

21) Jhering: „Geist des röm. Rechts" Bd. III p. 236 f., vgl. auch Richelmann a. a. O. p. 134, der bezüglich unserer Frage im Allgemeinen sagt: Würde es nicht im Gegentheil von unnützer Subtilität zeugen, statt dessen (der Kontraktsklage) eine besondere Klage zur Erreichung dieses Zweckes (Erlangung des negat. Vertragsinteresses) erst einzuführen? Dies ist nicht geschehen und auch den Grundsätzen des röm. Rechts, das der Vervielfältigung der Klagen so ungünstig ist, ganz angemessen." Vgl. noch: Mommsen: Beiträge p. 124; Erörterungen p. 6 ff. Melliger a. a. O. p. 39, 40.

22) Leonhard a. a. O. p. 294.

23) Burchardi a. a. O. p. 327; in der Sache ebenso: Puntschart a. a. O. p. 163.

24) Auch Richelmann a. a. O. p. 135 giebt die Möglichkeit solcher Auslegung zu und vermeidet es daher die l 62 cit als Stütze zu verwerten.

25) Vgl. Jhering a. a. O. p. 18; Melliger a. a O p. 39.

26) Als systematisch verfehlt muß es bezeichnet werden, wenn Leonhard a. a. O. p. 294 den § 5 J. 3, 23 zum Beweis der Wirksamkeit des Kaufes auch in der l. 62 cit. heranzieht. Daß diese Stelle die Wirksamkeit des Kaufvertrages über eine

2*

Ein unbefriedigendes Ergebnis! Einige Quellenstellen erklären einen solchen Kauf expressis verbis für unwirksam, einige andere expressis verbis für wirksam. Der Widerspruch ist vorhanden, darüber hilft keine Interpretationskunst hinweg.[27]) Ein Versuch, diesen Widerspruch zu erklären, ja sogar zu lösen, scheint uns durchaus müßig zu sein, da es uns an jedem Erkenntnismittel hierzu gebricht; wir halten es für die Wissenschaft weit förderlicher, da ein ignoramus zu bekennen, wo uns die Notwendigkeit dazu zwingt, als mit vagen Vermutungen, die stets subjektivster Natur und daher unmaßgeblich sind, den Schein eines wirklichen Erfolges hervorzurufen. Bemerkenswert ist denn auch, daß zwei ausgesprochene Vermutungen, die uns gerade für unsere Frage aufstoßen, diametral entgegengesetzt sind. Mommsen meint, daß trotz der Institutionenstelle und trotz der Ansicht des Pomponius in den ll. 4, 6 pr. D. de contr. empt. 18, 1 der Verkauf einer res extra commercium im herrschenden Recht unwirksam war,[28]) während Leonhard sein Ergebnis dahin präzisiert: „Daß der Verkauf der res religiosa ursprünglich wohl nur nach prätorischem, später jedenfalls aber auch nach zivilem Rechte gültig war.“ [29])

Nach all dem Vorstehenden werden wir uns der Erkenntnis nicht verschließen können, daß der „feste quellenmäßige Grund und

---

res extr. comm. enthält, ist ohne Zweifel. Es fragt sich gerade, ob ein Widerspruch vorhanden ist. Daher kann natürlich zur Interpretation der l. 62 cit. auf sie nicht Bezug genommen werden.

[27]) So auch: Windscheid Pand. II § 315 Anm. 5. id Heidelberger krit. Zeitschrift II p. 115—117, Mommsen: Beiträge I p. 125 ff., Erörter. p. 92. Bechmann: Der Kauf II p. 489. Ueber Melliger siehe oben Anm. 15; er nimmt keinen allgemeinen Widerspruch an, sondern hält die Wirksamkeit des Kaufvertrages in der l. 4 D. 18, 1 für eine ganz vereinzelte Sonderansicht des Pomponius. Bemerkenswert ferner: Hartmann, die Obligation p. 170 ff., 180 ff., der eine Lösung des Widerspruches darin findet, daß der Kaufvertrag über eine res extr. comm. dann gültig war, wenn bei derselben eine ähnliche Schwierigkeit richtigen Erkennens obwaltete, wie bei dem als Sklaven verkauften Freien. Für diese Unterscheidung bieten aber die Quellen nicht den geringsten Anhalt, vgl. Mommsen: Erörter. p. 93 Anm. 14. Schließlich siehe noch Hesse, Arch. f. ziv. Prax Bd. 61 p. 264 ff. und Pferche: Zur Lehre v. sog. error in substantia p 71 ff.

[28]) Mommsen: Beiträge I p. 128—131. Auf die Ausführungen selbst gehen wir nicht ein Besonders bedenklich scheint uns, daß er nur aus ganz allgemeinen Erwägungen heraus die Kraft der Institutionenstelle abzuschwächen sucht. Dasselbe gilt für die Erörterungen Melligers, der sich a. a. O. p. 45 Mommsen anschließt.

[29]) Leonhard a. a. O. p. 294.

Boden", den Jhering mit seiner Theorie von der culpa in contrahendo betreten zu haben glaubte, ein überaus schwankender ist Daß der § 5 (3, 23) der Institutionen, auf den sich Jhering beruft, auszuscheiden hat, da er durch die Gleichsetzung des liber homo mit der res extra commercium die Gültigkeit des Vertrages normiert, darf als unanfechtbar bezeichnet werden.[30]) Und über die l. 62 § 1 D. de contr. empt. 18, 1., sowie die l. 8, § 1, D. de relig. 11, 7 ist das „non liquet" ihrer wirklichen Bedeutung auszusprechen. Es bleiben als einzige sichere Quellenstellen die ll. 8, 9 D. de hered. vend. 18, 4.[31])

Die ll. 8, 9 handeln von dem Verkaufe einer dem Verkäufer nicht gehörenden Erbschaft. Zwei Fälle werden unterschieden.[32]) Richtete sich der Vertrag auf eine bei dem Abschlusse desselben wirklich existierende Erbschaft, diese aber kommt nicht dem Verkäufer zu, so ist der Kauf gültig — nach den Regeln über den Verkauf einer fremden Sache. Für diesen Fall heißt es: hereditas ipsa aestimetur", also der Verkäufer haftet auf das Erfüllungsinteresse. Im zweiten ist die Erbschaft, über die der Kauf abgeschlossen ist, gar nicht vorhanden. Es wird hier gesagt, daß der Käufer den Kaufpreis zurückfordern könne — was sich nach den Grundsätzen über die condictio causa data causa non secuta als selbstverständlich versteht. Außerdem aber soll der Verkäufer dem Käufer auch seine Auslagen und noch sein eventuelles Interesse ersetzen. Nicht geht unmittelbar aus den Stellen hervor, daß der betreffende äußerlich abgeschlossene Kaufvertrag nichtig sein soll. Indessen sind eine große Anzahl unbestrittener Zeugnisse vorhanden, die ohne Anzweiflungsmöglichkeit die Nichtigkeit des über eine nicht vorhandene Sache abgeschlossenen Kaufes aussprechen.[33]) [34])

Nachdem wir uns nunmehr Klarheit über die rechtliche Wirk-

---

30) Eine fehlerhafte Gleichstellung der Institutionenstelle mit der l. 62 cit. findet sich außer bei Jhering a. a. O. p. 9 auch bei Drechsler: Schadensersatz bei nichtigen Verträgen p. 52.

31) Ebenso: Richelmann a. a O. p. 135. Vgl. Melliger a. a. O p 46. Jhering a. a. O. p. 10

32) Vgl. auch Richelmann a. a. O. p. 137

33) Vgl. l. 7 D. de hered vel act. vendita 18, 4; l. 8 pr. D. de contr empt. 18, 1.

34) In der Litteratur bestritten ist dies nur von denjenigen Autoren, die jeden Vertrag bei gutem Glauben des Käufers für rechtsgültig halten. Siehe Anm. 5 oben. Vgl zur Kritik dieser Ansicht noch Melliger a. a. O. p. 46 und 47.

samkeit der Kaufverträge über die res extra commercium und die nicht existierende Erbschaft, die in unseren Quellenstellen in Frage stehen, verschafft haben, gehen wir auf das zweite Moment, auf die Haftung des Verkäufers ein. Nach zwei Seiten hin wird sich dabei die Erörterung zu erstrecken haben, nach der subjektiven und nach der objektiven, m. a. W. nach der Art und nach dem Umfang seiner Haftung. Wir stellen die Frage nach dem Umfang der Haftung voran, da sie mit der Wirksamkeit der betreffenden Verträge in engstem Zusammenhange steht.

Das Objekt des Schadensersatzes kann auf zweierlei Weise bestimmt werden. Ein Mal kann man die Entschädigung ansehen als einen Ersatz für die versprochene Leistung selbst, so daß man den Wert, den die Erfüllung der Leistung für den Gläubiger gehabt haben würde, abschätzt. Das Interesse dieser Art hat die Rechtswirksamkeit des Vertrages zur Grundlage, denn nur bei solcher kann der Gläubiger die Erfüllung und dementsprechend das Äquivalent für die Erfüllung fordern. Zweitens kann die Entschädigung in der Weise berechnet werden, daß dem Gläubiger der Schaden zu ersetzen ist, den er dadurch erlitten hat, daß überhaupt von einem Vertrage die Rede gewesen ist, das Interesse, das er an dem Nichtabschlusse des Vertrages hat. Da bei jedem rechtswirksamen Vertrage das Erfüllungs-, das positive Vertragsinteresse zu leisten ist, so setzt der Ersatz des negativen Vertragsinteresses die Unwirksamkeit des Vertrages voraus.[35])

Im Hinblick auf unsere Quellenstellen werden wir demgemäß festzustellen haben, daß Jhering Recht hat, wenn er meint, daß in der l. 62 § 1 de contr. empt. 18, 1, der l. 8 § 1 de relig. 11, 7 und in der l. 8, 9 de hered. vend. 18, 4 der Verkäufer das negative Vertragsinteresse zu gewährleisten hatte. Freilich weichen wir auch in dieser Beziehung von der Methode seiner Begründung durchaus ab. Mit Ausnahme der l. 8 § 1 D. 11, 7, die sich gar nicht über die Art des Interesses äußert, wird dasselbe mit den Worten „et si quid in eam rem impensum est, emptor a venditore consequatur et si quid emptoris interest" (ll. 8, 9 D 18, 4) und mit den Wendungen gekennzeichnet: „ut consequatur, quod interfuit ejus ne deciperetur" (l. 62 § 1 D. 18, 1) und „quod sua interest, eum deceptum non esse" (§ 5 S. 3, 23). Jhering nimmt an, daß,

[35]) Vgl. zum Vorstehenden oben Anm. 6, ferner Mommsen, Beiträge I p. 107, Erörter. p. 2, Jhering a. a. O. p. 16, Melliger a. a O. p. 24 ff.

wenn die Unbestimmtheit der Worte in der l. 9 cit. für die richtige Auffassung des Interesses Schwierigkeiten zu bieten vermöchte, es nach dem klaren Ausdruck der Stelle von Modistin und der Institutionen nicht mehr zweifelhaft sein könne, daß das negative Vertragsinteresse gemeint sei.[36]) Wir aber bestreiten ganz entschieden, daß die Worte „quod ejus interfuit, ne deciperetur" das negative Vertragsinteresse in eindeutiger Weise bezeichnen. Der Gang der Ihering'schen Untersuchung läßt nicht deutlich erkennen, ob er aus den Quellenstellen zuerst die Nichtigkeit der betreffenden Verträge herausliest und danach auf die Art des Interesses schließt, oder umgekehrt aus dem Wortlaut der Stellen die Art des Interesses ersieht und danach die Wirksamkeit resp. Unwirksamkeit der Verträge beurteilt. Der fehlerhafte letztere Gedankengang scheint Ihering dazu geführt zu haben, auch die Institutionenstelle für seine Theorie vom negativen Vertragsinteresse zu verwerten,[37]) während, wie wir dargethan haben, in ihr von einem rechtswirksamen Vertrage gesprochen wird. Das „interest, ne deciperetur" bedeutet lediglich das Interesse des Käufers, über die wahre Sachlage aufgeklärt zu sein. Mit vollem Recht bemerkt Leonhard:[38]) „Wer eine verkehrsunfähige Sache kauft, der erleidet sowohl eine Täuschung bei dem Vertragsschlusse, ohne welche er das Geschäft unterlassen hätte, als auch eine Enttäuschung in der Hoffnung, die Sache zu erhalten. Auch auf diese Enttäuschung kann das Wort „decipi" bezogen werden, und das Interesse, welches er daran hat, sie nicht zu erleiden, ist eben das Erfüllungsinteresse, nicht das negative Vertragsinteresse." Indem die fragliche Wendung, ebenso wie die Worte „quid emptoris interest" nur das Interesse im Allgemeinen bezeichnen, ist für den einzelnen Fall festzustellen, ob das negative oder positive Vertragsinteresse vorliegt.[39]) Das Kriterium findet sich aber einzig und allein darin, ob

---

[36]) Ihering: a. a. O. p. 15 a. E.

[37]) An der entscheidenden Stelle der Frage nach der Wirksamkeit eines Vertrages über einen liber homo verfolgt er, wie wir gesehen haben, die letztere — fehlerhafte — Methode.

[38]) Leonhard a. a. O. p. 294.

[39]) Ebenso Mommsen, Beiträge I p. 124; vgl. aber Erörter. p. 164 und 167—168. Daß Mommsen an letzterer Stelle seine Grundansicht ändert, wie aus Melliger a. a. O. Anm. 1 zu entnehmen ist, glauben wir nicht. Jedenfalls ist der Vorwurf Leonhards l. c., daß Mommsen Erört. p. 37 im Widerspruche mit sich selbst behaupte, die Worte „quod interfuit eius ne deciperetur" könnten nur das neg. Interesse bedeuten, nicht gerechtfertigt. Mommsen meint nur, daß in dem

der Vertrag wirksam oder unwirksam ist. Bei wirksamem Vertrage ist es perplex, von einem negativen Vertragsinteresse zu sprechen, ebenso wie das Erfüllungsinteresse bei einem unwirksamen Vertrage begrifflich ausgeschlossen ist.[40]) Daher bedeuten in der Institutionenstelle die Worte „interest quod deceptum eum non esse“ das positive Vertragsinteresse,[41]) in den übrigen Stellen kann durchgehend nur von dem negativen Vertragsinteresse die Rede sein.[42])

Wir kommen nunmehr zu der Frage, wofür der Verkäufer subjektiv in unseren Stellen einzustehen hatte. Bei der schier unendlichen Meinungsverschiedenheit, die sich an diese Frage angeknüpft hat, scheint es uns erforderlich, zur Klärung der Sachlage einige Grundgedanken vorauszuschicken.

Wir haben es an dieser Stelle, wo wir den Boden untersuchen, den wir für das Problem des negativen Vertragsinteresses im reinen römischen Rechte finden, lediglich mit der Aufstellung der römischen Grundsätze zu thun.

Im nachfolgenden Kapitel werden wir die Entwicklung geben, die die uns beschäftigende Rechtsfrage im gemeinen Recht genommen hat. Hier muß aber betont werden, daß es unmöglich ist, die Grenze zu ziehen, wo die gemeinrechtliche Wissenschaft für unsere Frage das römische Recht interpretieren, und wo sie eigene Grundprinzipien aufstellen will. Es greift hier jener verhängnisvolle Fehler ein, der in der Meinung begründet ist, daß das thatsächliche Recht in sich selbst auch seine sachliche Rechtfertigung trage. Eine methodologisch sachgemäße Erörterung des Problems hätte für das gemeine Recht nur die sein können,[43]) einmal das römische Recht als solches zu nehmen, bei ihm ganz objektiv die Thatsache, den Umfang

---

bestimmten Zusammenhang diese Interpretation allein möglich ist und dies mit Recht wegen der Rechtswirksamkeit der fraglichen Verträge. Vgl. das im Text Folgende. Ferner: Bechmann a. a. O. p. 445 a. A., p. 437 Anmerk. 1 und die dort Citierten. — Abw. Melliger a. a. O. p. 34.

40) Siehe oben p. 24.

41) Abweich. neben Ihering auch noch Ude a. a. O. p. 270. Sich widersprechend Melliger a. a. O. p. 45, der hier die Wendung „interest quod deceptum eum non esse“ für das Erfüllungsinteresse gelten läßt, während er p. 34 für die durchaus analoge Wendung der l. 62 § 1 D. 18, 1 „quod interfuit eius, ne deciperetur“ selbst die **Möglichkeit** bestreitet, sie auf das Erfüllungsinteresse zu beziehen. Vgl. oben Anm. 39.

42) Vgl. Bechmann a. a. O. p. 437.

43) Vgl. oben p. 8.

und die Art der Haftung zu untersuchen. Eine zweite Aufgabe wäre es dann gewesen, klarzustellen, wie für das neuere Recht die Frage zu behandeln sei, und unabhängig von dem reinen römischen Rechte die juristische Konstruktion des Problems herauszuarbeiten.

Zwei Möglichkeiten waren hierbei wieder vorhanden: entweder man stand einem Gewohnheitsrechte gegenüber, das die Lehre vom Schadensersatz bei unwirksamen Verträgen ausgebildet hatte; dann blieb es der Wissenschaft vorbehalten, die Art und den Grund der Haftung juristisch zu normieren und freie Kritik an dem bestehenden Rechtsbestande zu üben, oder ein solches Gewohnheitsrecht war noch nicht vorhanden; dann war die juristische Wissenschaft selbst dazu berufen, dahin zu wirken, daß über den unzulänglichen Quellenbestand hinaus den modernen Rechtsanschauungen Rechnung getragen würde. Wie verfuhr man statt dessen? Der Eine entwickelt am reinen römischen Recht Grund und Umfang der Haftung und überträgt das Ergebnis buchstäblich, nur in räumlicher Ausdehnung auf die modernen Verhältnisse; daran knüpft ein Anderer dann an, aber er zieht nur das Ergebnis seines Vorgängers für das römische Recht in Betracht, sucht dasselbe zu widerlegen und gleichzeitig eine andere auf ganz anderer Grundlage beruhende Konstruktion zu geben, um auf dem Boden des Gesetzes den modernen Verhältnissen gerecht zu werden. Ein Dritter hat nur die Erweiterung auf das moderne Rechtsleben vor Augen, ist der Meinung, daß weder die eine, noch die andere juristische Konstruktion den Verhältnissen entspreche und giebt, losgelöst von jeden positiven Rechtsbestimmungen, eine solche, die seinen subjektiven Rechtspostulaten adaequat ist. So geht es fort und fort. Römisches Recht, usus modernus, wissenschaftliche Forderungen, eines geht in das andere über, alles wird planlos vermischt. So hart das Verdikt ist, das wir hiermit über die Methode der Lösung in der gemeinrechtlichen Doktrin aussprechen, wir sind überzeugt, daß nur die richtige Erkenntnis der dargelegten Umstände uns befähigt, einen Beitrag zur Lösung des Problems zu liefern. Und nun zurück zu unseren Quellenstellen.

Über die Voraussetzungen der Haftung für den Anspruch auf das negative Vertragsinteresse äußern sich die Quellen mit keinem Worte, so daß wir genötigt sind, auf dieselben zu schließen. Drei Möglichkeiten werden in Erwägung zu nehmen sein. Die Verpflichtung zum Ersatz kann einmal von einem dolus der ersatzpflichtigen Partei abhängig sein, dann kann dolus oder culpa dieses Kontrahenten die

Voraussetzung der Ersatzpflicht bilden, und endlich ist es möglich, daß nur das tadelfreie Benehmen des Geschädigten von Bedeutung ist, daß es also für die Verpflichtung des Gegners nicht darauf ankommt, ob ihn seinerseits ein Verschulden trifft.

Als Vertreter der Ansicht, daß nur dolus und die ihm gleichstehende culpa lata den Verkäufer in den uns vorliegenden Fällen zum Schadensersatz verpflichte, ist in erster Reihe Mommsen zu nennen, der in eindringlicher Weise als Polemik gegen Ihering seine Auffassung begründet hat.[44]) Mommsen argumentiert folgendergestalt: Aus zwei Stellen, der l. 8 § 1. D. de relig. und der l. 8. D. de hered. vend. ergiebt sich, daß die Juristen nicht beabsichtigt haben, die Voraussetzungen der Ersatzklage in erschöpfender Weise anzugeben, da sie eine von allen Seiten unbestrittene Voraussetzung der Klage, nämlich die Unbekanntschaft des Käufers mit dem Mangel, unerwähnt lassen. Deshalb wird man nicht aus dem Schweigen der Stellen darüber, daß dolus die Voraussetzung der Klage bilde, einfach schließen dürfen, daß die Klage auch gegen den gutgläubigen Verkäufer zulässig sei, sondern vielmehr gehalten sein, die Voraussetzungen der Klage aus den allgemeinen Grundsätzen des römischen Rechts festzustellen. Aber auch die l. 62 § 1 D. de contr. empt., bei der eher anzunehmen sei, daß der Jurist die Voraussetzungen der Ersatzklage erschöpfend habe angeben wollen, indem er außer dem thatsächlichen Abschluß des nichtigen Kontrakts noch die Unbekanntschaft des Käufers mit dem Mangel hervorhebe, könne bei der Beschaffenheit der Quellen noch keinen Schluß darauf begründen, daß dolus des Verkäufers nicht erforderlich gewesen sei; es sei zu untersuchen, ob das Resultat, welches buchstäblich aus dem bloßen Schweigen der Quellen zu entnehmen sei, mit den sonstigen Grundsätzen des römischen Rechtes übereinstimme. Nach diesen sei jedoch durchaus zu verneinen, daß bei gutem Glauben des Verkäufers ein Schadensersatzanspruch begründet sei; vielmehr erscheine es sicher, daß wie ansonsten nur dolus und culpa lata als causa obligationis gelten, auch hier nur wegen dolus oder culpa lata eine Entschädigung verlangt werden könne. Insbesondere führt Mommsen gegen Ihering aus: Die Römer hätten nicht verkannt, daß die Beschränkung der Haftung auf den dolus in manchen Fällen den Bedürfnissen des Verkehrs nicht genügte. Von diesem Gesichts-

---

[44]) Vgl. Mommsen, Beitr. I p. 122 f, Erörter. p. 37 ff., 89 ff.

punkte aus hätten sie die Haftung der Kontrahenten für manche Fälle erweitert; unter allen diesen Fällen ließe sich aber keiner nachweisen, in dem die Erweiterung der Haftung darin bestanden hätte, daß der betreffende Kontrahent auch bei Abschließung des Kontrakts für levis culpa haftete. Die Erweiterung der Haftung sei überall so erfolgt, daß von allen subjektiven Voraussetzungen in der Person des ersatzpflichtigen Kontrahenten überhaupt abgesehen, und der Ersatzanspruch des anderen Kontrahenten allein davon abhängig gemacht wurde, daß dieser von dem in Frage stehenden Mangel nichts gewußt hat, und daß dieses Nichtwissen ein entschuldbares gewesen ist. Uebrigens zieht Mommsen gar nicht die Möglichkeit in Betracht, daß auch in unsern Fällen eine solche erweiterte Haftung des Verkäufers vorliegen könne. Er sieht vielmehr in einem anderen Momente seine Annahme, daß dieser nur für doloses Verhalten hafte, begründet. Ihm scheint für unsere Fälle die verschärfte Sicherung des Verkehrs nicht in einer verschärften Haftung des Verkäufers zu liegen, sondern in der gesetzlichen Behandlung der Verträge selbst. Er meint, da wo man den gutgläubigen Käufer sicher stellen wollte, wie z. B. bei dem Menschenhandel, der eine so große Bedeutung für den Verkehr hatte, und bei dem eine Täuschung so leicht vorkommen konnte, wurde die Sicherstellung nicht dadurch zu Wege gebracht, daß dem Käufer allgemein eine Klage auf das negative Vertragsinteresse eingeräumt wurde, sondern, daß der Kaufvertrag bei gutem Glauben des Käufers für rechtswirksam angesehen wurde, der Käufer also Anspruch auf das Erfüllungsinteresse erhielt. Wollte man eine größere Sicherstellung des Käufers bei unmöglichen Leistungen (Unfähigkeit des Objektes) überhaupt erzielen, so hätte man allgemein die Gültigkeit der Verträge anerkannt. Daß dies nicht geschehen, beweise, daß die Fälle, in denen der Vertrag wegen Unfähigkeit des Objektes unwirksam gewesen sei, in ihrer ganz überwiegenden Mehrzahl von keiner so praktischen Bedeutung gehalten wurden, um eine Abweichung von der Regel, daß nur für dolus in contrahendo zu haften ist, nötig erscheinen zu lassen. Es ist verschiedentlich Mommsen entgegen gehalten worden, daß, wenn die Haftung auf das negative Vertragsinteresse nur im Fall des dolus hätte eintreten sollen, es unbegreiflich sei, daß die Juristen für den Käufer die actio empti (Modestin) und eine actio in factum (Ulpian) einführten, da die actio doli doch vollkommen genügt haben würde.[45]) Mommsen weiß diesen anscheinend

[45]) Vgl. Ihering a. a. O. p. 13.

so stichhaltigen Einwand geschickt zu widerlegen. Er erklärt, vielleicht sei es in der l. 8 D. de relig. dem Juristen vorzugsweise darauf angekommen, festzustellen, daß die Klage auch gegen den Erben gehe. Im Übrigen verteidigt er seinen Standpunkt einfach mit der Thatsache, daß in den Quellen auch sonst besondere Klagen vorkommen, wo zweifellos die actio doli begründet ist. „Ich brauche in dieser Beziehung nur auf die actio in factum gegen den mensor aufmerksam zu machen. Hier könnte man in derselben Weise fragen: warum hielt der Prätor es für nöthig, eine eigene Klage zu geben, wenn die actio doli schon ausreichte? In Betreff dieser Klage wird uns aber in den Quellen bezeugt, daß sie einen dolus des mensor voraussetzt. Am richtigsten wird es sein, wenn wir beide, Ihering und ich, anerkennen, daß wir den Grund, weshalb in dem Fall der l. 8 § 1 eine actio in factum gegeben wird, nicht kennen; wenn wir ihn aber nicht kennen, können wir auch keine Folgerungen daraus ziehen."[46]

Man wird zugestehen müssen, daß Mommsen es verstanden hat, seine Auffassung durchaus sachlich zu begründen. An seinen Schlüssen scheint uns nur einer logisch anfechtbar zu sein, nämlich der, daß die Römer den Vertrag über ein unfähiges Objekt allgemein für wirksam erklärt hätten, wenn sie den Verkäufer weitergehend als für dolus und lata culpa hätten haften lassen wollen. Es kann doch kein Zweifel darüber bestehen, daß die Wirksamkeitserklärung eines solchen Vertrages im Schutze des Käufers noch viel weiter geht, als culpa-Haftung für negatives Vertragsinteresse. Darum ist sehr wohl denkbar, daß die römischen Juristen zwischen der Wirksamerklärung eines Vertrages über eine unmögliche Leistung und der bloßen dolus-Haftung die culpa-Haftung am angebrachten Orte noch als Mittel-

[46]) Mommsen Erörter. p 38 Anm. 6 Ebenso Melliger a. a O p. 45 „Dagegen können wir nicht mit Ihering aus der Erwähnung einer actio in factum statt actio doli auf den Mangel eines dolus schließen; denn diese Substitution könnte ihren Grund in der Infamie oder beschränkten Vererblichkeit der letzteren Klage haben." Freilich im Sinne sich widersprechend Melliger a. a. O p 124: „Wenn sich Mommsen . darauf beruft, es sei dem Ulpian nur darum zu thun, den passiven Übergang der Klage auf die Erben zu statuieren, so möchten wir im Gegenteil aus dem Übergang den Schluß ziehen, daß es sich nicht um einen deliktischen Anspruch, mithin auch nicht um dolus handelt. — Unrichtig Melliger a. a. O. p. 45 Anm. 2. „Nicht voraussetzen" und „nicht als Voraussetzung erwähnen" ist nicht dasselbe. Nur Letzteres giebt Mommsen für die l. 62 § 1 cit. bezüglich des dolus zu, nicht aber Ersteres, wie Melliger behauptet. Selbstverständlich ist Mommsen der Ansicht, daß auch die l. 62 thatsächlich dolus des Verkäufers voraussetzt.

stufe eingeschaltet haben. Ob die Mommsen'sche Auffassung die richtige ist, darüber ist es unmöglich, ein durchschlagendes Urteil zu fällen. Die Dürftigkeit und Unklarheit der Quellen bringt es mit sich, daß mehrere Ansichten neben einander und sich widersprechend bestehen können, ohne daß es denkbar wäre, die eine oder die andere logisch zu widerlegen. Manchmal wird es gelingen, mehr Wahrscheinlichkeitsgründe für die eine geltend zu machen, oft wird die Stellungnahme von rein subjektiven Erwägungen und Neigungen abhängen.[47])

Von solchen subjektiven Erwägungen in starkem Maße beeinflußt ist ohne Zweifel, wie wir aus der Entstehungsgeschichte seiner Untersuchung gesehen haben, der bedeutendste und folgenreichste Interpretationsversuch der uns vorliegenden Quellenstellen, der Iherings. Iherings Absicht war nichts weniger als darauf gerichtet, eine Klärung des römischen Rechtes zu geben: eine neue Lehre, einen neuen Rechtsgedanken wollte er in die Wissenschaft und in die Praxis einführen. Mit den Ergebnissen dieses Unternehmens werden wir uns im folgenden Kapitel zu beschäftigen haben.[48]) Hier interessiert uns nur die Behauptung Iherings, bereits in unseren Stellen selbst die Grundlage seiner Theorie verwirklicht zu finden.[49])[50])

Zunächst sieht Ihering in den Stellen den Satz ausgesprochen, daß der Verkäufer einer res extra commercium oder einer nicht existierenden Erbschaft dem Käufer, sofern dieser mit dem Mangel nicht bekannt gewesen, unbedingt zur Leistung des negativen Vertragsinteresses verpflichtet gewesen sei. Ihering bleibt damit möglichst nahe bei dem stehen, was der Wortlaut der Stellen unmittelbar ergiebt. Ganz nicht, indem das Nichtwissen — dem Ihering stets das Wissenmüssen gleichsetzt — des Käufers ausdrücklich nur in der l. 62 § 1 D. de contr. empt. 18, 1 hervorgehoben ist.

Mit dieser einfachen Feststellung begnügt sich Ihering jedoch nicht. Den Schwerpunkt seiner Erörterung legt er vielmehr darauf, den Grund und die Art der Haftung des Verkäufers herauszuschälen. Da ist es ihm vorerst sicher, daß das legislatorische Motiv nicht blos in dem guten Glauben des Käufers gelegen sein könne, da der Verkäufer ja nicht minder im guten Glauben sein kann. In all den Quellenstellen sei daran festzuhalten, daß der Anspruch auf das nega-

---

47) Eingehend gegen Mommsen Melliger a. a. O. p. 122—131.

48) Vgl. p. 48 ff.

49) Vgl. Ihering a. a. O p. 8 Oben p. 12.

50) Für das Folgende vgl. Ihering a. a. O. p. 23—41.

tive Vertragsinteresse nicht ein solcher aus dem Kaufvertrage, sondern ein davon völlig verschiedener Schadensersatzanspruch sei. Die regelmäßige Voraussetzung der Verpflichtung zum Schadensersatz aber sei auf Seiten des Beklagten die Verschuldung! Eine Verschuldung des Verkäufers sei auch in allen vorliegenden Fällen vorhanden; dieselbe bestehe darin, daß er einen Kontrakt abschloß, ohne seiner Sache sicher zu sein. Man könne den Einwand erheben, wozu bedürfe es der Konstruktion der Verschuldung, wo das Gesetz die unbedingte Haftung ausspreche; sie sei auf jeden Fall nur ein anderer Ausdruck für die gesetzliche Haftung des Verkäufers, und ihre Annahme oder Nichtannahme habe gar kein praktisches Interesse. Diesen Einwand sucht Jhering mit dem Nachweis zu widerlegen, daß sich mit der culpa-Konstruktion in zweierlei Hinsicht ein sehr erhebliches Interesse verbinde. Einmal gebe sie die juristische Rechtfertigung und Erklärung der Schadensersatzpflicht des Verkäufers. Ohne diesen Gesichtspunkt erscheine sie als eine völlig isolierte, positive Bestimmung, als eine Schadensersatzklage ohne Verschuldung. Sodann gebe die culpa-Konstruktion die einzige Möglichkeit zur prinzipiellen Verallgemeinerung der Quellenstellen. Was den Charaktar anbetrifft, den die culpa des Verkäufers hat, so wägt Jhering die beiden Möglichkeiten ab: die der kontraktlichen und der außerkontraktlichen culpa. Die außerkontraktliche culpa schlechthin, sagt Jhering, erzeuge nur in den Fällen der lex Aquilia eine Verpflichtung. Die culpa der lex Aquilia sei aber der Natur der Sache nach auf die sichtbare, materielle Beschädigung äußerer Gegenstände (Sachen oder Personen) beschränkt. Diese Grenzen hätten darum die römischen Juristen bei aller Freiheit in der Anwendung der lex Aquilia stets innegehalten. Demnach fiele die Schadenszufügung des Verkäufers in unseren Fällen nicht unter die lex Aquilia, da bei ihnen das beschädigte Objekt der generelle und abstrakte Begriff des Vermögens sei. Für Schadenszufügungen dieser Art würde nur für dolus gehaftet, sei nur die actio doli gegeben. Aber auch an die actio doli könne man unsere Quellenstellen nicht anlehnen, weil eben in ihnen kein dolus gefordert werde. So sei man gezwungen, die Subsumtion der vorliegenden culpa unter eine solche außerkontraktlichen Charakters aufzugeben, wiewohl man ursprünglich wegen der Nichtigkeit der Kaufverträge auf sie hingewiesen werde. Es bliebe daher nichts anderes übrig, als die Verschuldung des Verkäufers unter den Gesichtspunkt der vertragsmäßigen zu stellen. Und in der That sei dies durchaus gerechtfertigt. Jhering versucht darzuthun, daß der Anspruch auf Schadensersatz seitens des Käufers trotz der Unwirksamkeit des Vertrages als ein kontraktlicher anzusehen sei. Als wichtigsten, positiven Grund giebt er an, daß die Römer die Kontraktsklage gewährten. Materiell sei es dadurch begründet, daß ein Vertrag beabsichtigt und seiner äußeren Form nach auch zu Stande gekommen ist. Dem könne die Nichtigkeit des Vertrages nicht im Wege stehen. Diese bedeute nicht gänzliche Wirkungslosigkeit, womit die Gewähr der actio empti unverträglich sei, sondern nur den Mangel bestimmter Wirkungen; beim rechtsunwirksamen Vertrage werde nur die Wirkung auf Erfüllung, nicht die auf Schadensersatz ausgeschlossen. Drei Momente stellen sich nach Vorstehendem als Ergebnis der Jhering'schen Untersuchung für die Art der Haftung des Verkäufers in den uns vorliegenden Quellenstellen dar: 1. der Verkäufer haftet absolut, 2. seine Haftung charakterisiert sich als culpa und zwar 3. als eine vertragsmäßige, eine „culpa in contrahendo."

Die Bedenken, die sich gegen Jherings Ausführungen im Einzelnen erheben, finden zweckmäßiger an späterer Stelle ihren Platz, da Jhering seine Ergebnisse nur aus den Quellen zieht, sie vornehmlich aber für die modernen Lebensverhältnisse verwertet.

Hier ist für uns von Bedeutung, festzustellen, daß sie in direktem Gegensatz zu denen Mommsens stehen. Abgesehen von den verschiedenen Grundauffassungen der beiden Autoren ist es insbesondere ein Punkt, der für ihre Ansichten charakteristisch erscheint und deshalb hervorgehoben zu werden verdient: ihre Stellungnahme zu der Frage ob culpa lata dem dolus in unseren Stellen gleichzuachten sei. Den Anstoß zur Diskussion hierüber gab Mommsen; er beantwortete in seinen Beiträgen diese Frage im bejahenden Sinne und setzte sich damit in Gegensatz zu der herrschenden Meinung. Speziell gegen ihn spricht Jhering den Satz aus: „Die in manchen Stellen ausgesprochene Gleichstellung der lata culpa mit dem dolus läßt sich nur auf kontraktliche Verhältnisse beziehen!" [51]) Gründet sich nun auch diese Meinungsverschiedenheit gewiß auf die allgemeine wissenschaftliche Überzeugung der Autoren, so ist doch zunächst nicht zu verkennen, daß dieselbe sich aus dem verschiedenen Standpunkt hinsichtlich der Haftung des Verkäufers in unseren Quellenstellen mit Notwendigkeit ergiebt; nnd gerade dieser Zusammenhang interessiert uns hier. Auf

[51]) Jhering a. a. O. p. 12.

der einen Seite wird Mommsen, der nur die außerkontraktliche Haftung des Verkäufers anerkennt, diese Haftung wenigstens so weit wie irgend möglich zu fassen versuchen; die reine dolus-Haftung des Verkäufers wäre in der That so dürftig, daß rechtspolitisch das Bedürfnis nach der Erweiterung auf culpa lata außer Zweifel stände. Auf der anderen Seite kann Jhering diese Ausdehnung natürlich nicht genehm sein. Die Wirkung seiner Beweisführung muß ja ganz besonders darin liegen, daß ein außerkontraktliches Verschulden nur ein aquilisches oder ein doloses sein könne, so daß wir für andere Fälle notwendig auf das kontraktliche gewiesen werden. — Mommsen hat es sich angelegen sein lassen, in seinen Erörterungen die Streitfrage sorgfältig zu prüfen.[52]) Wie die Darstellung unserer Ansicht zeigen wird, sind wir nicht genötigt, zu diesem äußerst schwierigen und zweifelhaften Punkt in eingehender Kritik Stellung zu nehmen. U. E. ist es Mommsen trotz vieler treffenden Ausführungen[53]) nicht gelungen, Jhering und die herrschende Meinung überzeugend zu widerlegen.[54])

Jhering stellt die unbedingte Haftung des Verkäufers bei gutem Glauben des Käufers auf. Die „culpa“, die nach ihm dem Verhalten des Verkäufers stets innewohnt, verwendet er praktisch nur für die Analogie im gemeinen Recht, für unsere Stellen ist sie lediglich formell-juristische Konstruktion. In der Sache stimmt daher mit Jhering diejenige Ansicht überein, welche für unsere Quellenstellen den Gesichtspunkt der culpa vollständig aufgiebt und einzig darin, daß der Verkäufer dem gutgläubigen Käufer den Schaden verursacht hat, den Verpflichtungsgrund des Verkäufers erblickt. Als klarsten

---

[52]) Mommsen: Erörterungen: Anhang II p 175—215

[53]) Vor Allem scheint auch uns Jhering a. a O, p. 13 den Begriff der lata culpa viel zu harmlos zu fassen, wenn er meint, die Haftung für lata culpa würde „zu einer wahren Geißel des Umganges und Verkehrs werden, alle Unbefangenheit der Konversation wäre dahin, das harmloseste Wort zum Strick“. Alles dieses bleibt unangetastet auch bei Haftung für lata culpa, wenn wir dieselbe wie Mommsen a. a. O p 206 als „die völlige Gleichgültigkeit gegen das fremde Recht und Interesse, als den gänzlichen Mangel an Ueberlegung“ betrachten, „wo das fremde Recht und Interesse in Frage steht“.

[54]) Gegen Mommsen vgl. außer Jhering Melliger a a. O p. 128 ff., Leonhard a. a O. p. 307, Pernice (nicht Leonhard, wie Melliger p. 128 Anm. 2 irrthümlich citiert) Zeitschrift für d ges. Hand.-R. XXV p. 131. Siehe ferner Bar in Grünhuts Zeitschrift Bd. IV p 66 und die dort Genannten

Vertreter dieser Ansicht nennen wir Melliger.[55]) Sie gründet sich ungefähr auf folgende Erwägungen: Es entspricht zwar den allgemeinen Grundsätzen des römischen Rechts, eine Ersatzpflicht nur im Falle eines Verschuldens festzusetzen. In unseren Stellen wird bemerkenswerter Weise aber nirgends eine „culpa“ erwähnt, während sonst die römischen Juristen überall die „culpa“ als Grund der Haftung auf Schadensersatz anführen. Vergegenwärtigt man sich, daß das Prinzip: „ohne Verschuldung keine Verpflichtung zum Schadensersatze“, schon in der klassischen Zeit verschiedentlich da durchbrochen worden ist, wo die Billigkeit und der Schutz des Verkehrs eine stärkere Haftung forderten, so wird man aus dem Schweigen der Stellen von einer „culpa“ zu entnehmen haben, daß sie die Entschädigungspflicht nicht auf den Fall der Verschuldung beschränken wollen. „Da sie den Vertrag als nichtig bezeichnen und weder dolus noch culpa voraussetzen, so bleibt als einziger Verpflichtungsgrund der der Verursachung.“[56])

Eine dritte Ansicht endlich geht dahin, daß der Verkäufer nur haftet, wenn ihm im konkreten Falle eine individuelle culpa zur Last fällt, daß er also in unseren Stellen von der Haftung befreit ist, sofern ihm der Untergang der Sache vor Abschluß des Kaufvertrages ohne sein Verschulden unbekannt geblieben ist, oder ihm schuldlos die Extrakommerzialität des Kaufobjekts nicht bewußt war. In der Litteratur wird diese Auffassung von Bechmann[57]) vertreten. Da wir sie nach Maßgabe unserer Erkenntnismittel für die richtige halten, so wollen wir sie unter kritischer Berücksichtigung der andern Interpretationen näher zu begründen versuchen.

Die Thatsache, daß sämtliche Möglichkeiten der Haftung als in unseren Quellenstellen vorliegend behauptet werden, und daß jede einzelne Möglichkeit mit an sich wertvollen Argumenten unterstützt zu werden vermag, legt für sich allein beredtes Zeugnis für die völlige Unklarheit und Dürftigkeit des Quellenmaterials ab. Darf es danach als ausgeschlossen gelten, einen wirklich unanfechtbaren Beweis für seine Meinung erbringen zu können, so muß andererseits doch auch scharf betont werden, daß nur ein solcher Interpretationsversuch überhaupt Anspruch auf Anerkennung finden kann, der ohne

---

55) Melliger a. a. O. p. 131 ff., besonders p. 145 f.

56) Melliger a. a. O. p. 146 a. A.

57) Bechmann a. a. O. p. 485 f.

jede Voreingenommenheit sich dem Quellenmaterial gegenüberstellt. In dieser Beziehung ist nun an unsern Stellen arg gesündigt worden. Daß man sich nicht entschloß, leichten Herzens die ars nesciendi zu üben an Quellenstellen, die augenscheinlich doch mit einem für das moderne Leben höchst bedeutsamen Problem wenigstens in Zusammenhang stehen, verurteilen wir gewiß nicht. Wohl aber verurteilen wir es, daß man die Unklarheit der fraglichen Stellen dazu benutzte, um sie so zu interpretieren, wie man sie praktisch am besten verwerten zu können glaubte, ihnen die ratio iuris zu Grunde zu legen, die zur Verallgemeinerung ihrer Kastuistik gerade geeignet erschien — anstatt mit rein objektivem Erkenntnisbestreben sie nach Möglichkeit zu erhellen.

Es kann keinem Zweifel unterliegen, daß die in unseren Stellen behandelte Rechtsfrage den römischen Juristen selbst schwere Mühe verursacht hat. Der Käufer soll geschützt werden, das ist der gemeinsam ihnen vorschwebende Grundgedanke. Bei dem wichtigsten Verkehrsobjekt, dem Menschen (Sklaven), wird der Kaufvertrag allgemein für rechtswirksam erklärt, selbst wenn der Vertrag in concreto über einen liber homo geschlossen worden ist: so erreicht man den höchsten Schutz, nämlich den Anspruch des gutgläubigen Käufers auf das Erfüllungsinteresse. Bei dem Kaufvertrag über eine res extra commercium gehen die Ansichten schon bedeutend auseinander. Die einen (Pomponius und die Institutionen) halten hier denselben Schutz für erforderlich wie bei dem liber homo und lassen auch den Vertrag über eine res extra commercium wirksam sein; andere wollen hier von dem Grundsatz: „impossibilium nulla est obligatio“ nicht abweichen: sie lassen den Vertrag unwirksam sein und geben nur dem redlichen Käufer einen Anspruch auf das negative Vertragsinteresse. Worin sie denselben jedoch einreihen sollen, darüber stimmen sie wieder nicht untereinander überein. Der eine giebt dem Käufer die actio empti (Modestin), der andere giebt ihm eine besondere actio in factum (Ulpian). Bei einem dritten Anspruch schließlich auf das negative Vertragsinteresse, bei Unwirksamkeit des Kaufes wegen objektiver Unmöglichkeit der Leistung (nicht existierende Erbschaft), wird die Klage gar nicht erwähnt.

Aus allem diesen zeigt sich uns ein unsicheres Umhertasten der römischen Juristen nach einem wirksamen Schutz des Käufers und nach einer richtigen Fundierung seines Anspruches.

U. E. ist es nicht richtig, mit Bechmann den Anspruch des

Käufers in unseren Stellen überhaupt als einen durchaus in der actio empti enthaltenen anzusehen, in der Meinung, daß die Wirksamkeit des Kaufanspruches von dem Vorhandensein der objektiven Erfordernisse der Gültigkeit ganz unabhängig sei, daß aber ein subjektiv tadelloser Vertrag in unseren Fällen vorliege. So einfach sind die Stellen nicht zu klären. Ein Vertrag ist entweder wirksam (gültig) oder er ist unwirksam (ungültig), ein drittes giebt es nicht. Wohl kann die Ungültigkeit einmal durch subjektive, ein ander Mal durch objektive Vertragsmängel herbeigeführt sein, das ändert an dem Ergebnis aber nichts; dieses ist stets einheitlich, eben die Ungültigkeit. Kraft positiver Gesetzesvorschrift kann aus dem unwirksamen Vertrage ein besonderer Anspruch gegeben werden, aber dies ist kein Anspruch aus dem Vertrage in seiner gewöhnlichen Vertragsqualität. Im Gegensatz zu Bechmann haben wir daher nicht zu erhellen, wie der betreffende Anspruch aus der actio empti als solcher entspringt, sondern warum derselbe gleichfalls mit der actio empti geltend gemacht wird. Ging die Tendenz im späteren römischen Rechte dahin, für solche Ansprüche, die mit einem bestimmten Rechtsgeschäfte zusammenhängen, die Klage aus dem Rechtsgeschäfte selbst zu geben, so lag es gewiß am nächsten, auch einem Anspruch aus einem in seiner äußerlichen Gestalt fehlerfreien Kaufvertrage die actio empti zu leihen. Es fragte sich nur, und dies mußte der entscheidende Punkt sein, ob der Schutz, den der Käufer durch die actio empti erhielt, gerade derjenige war, den man ihm zu teil werden lassen wollte. Und in der That, Haftung des Verkäufers für kontraktliche culpa, Einstehen für diligentia, war das Beste, was man finden konnte. Wie sehr gerade die Haftung gemäß der gewöhnlichen actio empti dem gewünschten Schutz gerecht zu sein versprach, scheint uns daraus zu ersehen, daß selbst derjenige Jurist, der anstatt der actio empti, die immerhin bei einem rechtsunwirksamen Vertrage eine bedenkliche Inkonsequenz war, eine actio in factum gab, sich ein Liebäugeln mit der actio empti nicht versagen konnte, ja, um den Schein der Korrektheit zu retten, seiner Klage nur den neutralen Namen einer actio in factum gab mit dem ausdrücklichen Zusatz „quae quasi ex empto actionem continet".[58][59]). — Daß die römischen Juristen den

[58]) Nach Ihering a. a. O. p. 29 ist der Name der Klage im röm. Recht stets der Ausdruck der materiell-rechtlichen Natur des unterliegenden Verhältnisses, der Name der actio empti in unsern Stellen demgemäß ein sicheres Zeichen, daß der Anspruch auf das negative Interesse seinem Wesen nach eine kontraktliche Verbindlichkeit ist.

Verkäufer nur für dolus und lata culpa wollen einstehen lassen, ist nicht annehmbar. Mommsen weist zwar erfolgreich nach, daß an sich die Zulassung einer anderen Klage als der actio doli hiergegen noch nicht schlüssig spreche; wir glauben aber nicht, daß die Juristen sich dann in den gekennzeichneten Zwiespalt geworfen hätten. Die so heikle Aufstellung der actio empti und der actio in factum scheint uns vielmehr das Ringen anzudeuten, einen weitergehenden Schutz für den Käufer zu finden, als ihn die nur dolus — höchstens lata culpa — berücksichtigende actio doli bieten konnte.[60])

Schlechthin ablehnend müssen wir uns gegen diejenige Auffassung verhalten, nach der die Juristen es lediglich auf die bona fides des Käufers haben ankommen lassen, d. h. daß der Verkäufer unbedingt haftete. Wir verwerfen diese Ansicht in ihrer beiderlei Gestalt: mit und ohne culpa-Konstruktion des Verkäufers. Sie sucht nicht einfach und schlicht Sinn und Inhalt unserer schwierigen Quellenstellen zu erkennen, diese ganz für sich genommen, sondern sie sieht die Stellen einzig schon unter dem Gesichtspunkt einer allgemeinen Theorie vom negativen Vertragsinteresse an, bald mit, bald ohne den vorgefaßten Willen, bereits aus ihnen heraus das richtige Prinzip zu entwickeln. — Was zunächst Iherings Theorie von der culpa in contrahendo betrifft, so verlangt ihre Bedeutung für die Lehre vom negativen Vertragsinteresse, nämlich dieselbe überhaupt geschaffen zu haben, eine eingehende selbständige Erörterung. In unserm Zusammenhange bemerken wir nur: Die Maxime, welche Ihering später selbst so überaus treffend für das römische Recht ausgesprochen: „ohne Schuld keine Verantwortlichkeit für die That, d. h. keine Verpflichtung zum Schadensersatze, hält er in thesi auch noch in unseren Quellenstellen

Treffend bemerkt dagegen Melliger a. a. O. p. 141: „Wenn, wie er (Ihering) selber zugesteht und ausführt, die Vertragsklage gleichsam für alle möglichen Anliegen, die mit dem Vertragsschluß im Zusammenhang stehen .... statthaft ist, so ist schwer zu begreifen, wie der Name der Klage der Ausdruck ihrer materiell-rechtlichen Natur sein soll." Auch gegen Ihering ist zu betonen: der Charakter des Anspruches ist nicht aus der actio empti zu entnehmen, indem diese zulässig gewesen sei, weil der Vertrag gewisse Wirkungen hervorbrachte, sondern umgekehrt: Der Anspruch ist eine freie Rechtsschöpfung, den man in das Gewand der actio empti kleidete: 1. weil er formell beim Abschluß eines Kaufvertrages entstand; 2. weil der Grad der Haftung, den man nach freier rechtlicher Erwägung schaffen wollte, in der Gewähr der actio empti verwirklicht wurde.

[59]) Eine andere Erklärung der actio in factum bei Bechmann a. a. O. p. 482

[60]) Vgl. oben Anm. 47.

zur Anwendung gebracht. Das ist von Bedeutung, wenngleich dieser Fundamentalsatz für unsere Fälle unseres Erachtens weit konkreter gefaßt werden muß, als es Jhering bei Aufstellung seiner Theorie von der culpa in contrahendo that: denn wir zweifeln nicht daran, daß Jhering selbst für die Quellenstellen allein bei der individuellen culpa stehen geblieben wäre, da diese gerade für die Haftung auf das negative Interesse bei Vertragsunwirksamkeit wegen Unmöglichkeit der Leistung vollständig ausreicht.[61]) Nur bei der Verallgemeinerung der Quellenstellen, um die erweiterte Kasuistik notdürftig mit einem Prinzip zu umspannen, war er zur Ausdehnung, zur Abstraktion und Verflüchtigung des culpa-Begriffes genötigt.

Zum Schlusse noch ein Wort über die reine Verursachungstheorie. Der oben genannte Vertreter derselben, Melliger, vermeidet anerkennenswerter Weise den Fehler, die Frage nach der Konstruktion der Haftung in unseren Quellenstellen und im gemeinen Rechte zu verwirren.[62]) Seine klare Scheidung läßt aber um so deutlicher die Dürftigkeit seiner Quelleninterpretation hinsichtlich unserer Frage hervortreten. Diese Dürftigkeit ist augenscheinlich jedoch nur durch den steten Hinblick des Autors auf das gemeine Recht veranlaßt, der eine vorurteilslose Prüfung nicht hat aufkommen lassen. Melliger glaubt in der Haftung für Verursachung, sowohl positiv-rechtlich hinsichtlich des gemeinen Rechtes, als auch allgemein rechtspolitisch das richtige Prinzip getroffen zu haben.[63]) An Stelle der culpa-Konstruktion, vermittelst derer Jhering das reine römische Recht mit dem gemeinen Recht zu verbinden versucht, ist es nunmehr die „Verursachungs-Konstruktion", welche die Brücke von der Quellenkasuistik zur allgemeinen Theorie bilden soll. Leider muß dieser kostbare Nachweis der Quellenmäßigkeit der Theorie als in jeder Beziehung verfehlt bezeichnet werden. Daß selbst in dem Falle, daß in unseren Quellenstellen eine reine Verursachungshaftung stattfände, es nimmer gerecht-

[61]) Hierfür ist kein treffenderer Beweis zu liefern, als durch den Hinweis auf unser heutiges Recht. BGB. § 307 verlangt für die Haftung auf das negat. Vertragsinteresse bei Vertragsnichtigkeit wegen Unmöglichkeit der Leistung ein individuelles Verschulden, während es in allen anderen Fällen der Haftung auf das negative Vertragsinteresse von dem Schuldmomente absieht.

[62]) Vgl. Melliger a. a. O. p. 145 ff.

[63]) Das geht aus seinen Ausführungen im Ganzen hervor; eine Scheidung der Frage nach dem Haftungsprinzip im positiven Recht von der nach dem a priori zu postulirenden Haftungsprinzip — ihre Beantwortung könnte ja übereinstimmend das Verursachungsprinzip ergeben — findet sich auch bei Melliger nicht. Vgl. 3. Buch, 2. Kap. § 1.

fertigt sein könnte, diese Art der Haftung nach subjektivem Ermessen auf die anderen Thatbestände zu übertragen, bei denen gemeinrechtlich eine Haftung für negatives Vertragsinteresse statthat, interessiert uns an diesem Orte, an dem wir allein die Quellen im Auge haben, nicht.[64]) Aber auch für unsere Stellen selbst ist die unbedingte Haftung des Verkäufers, weil er den Schaden verursacht hat, nur das Ergebnis einer oberflächlichen Betrachtung. „Da sie (die Quellenstellen) den Vertrag als nichtig bezeichnen und weder dolus noch culpa voraussetzen, so bleibt als einziger Verpflichtungsgrund der der Verursachung."[65]) Ist schon diese alternative Fassung an sich anfechtbar,[66]) so ist doch gerade die Frage, ob nicht aus dem Sinn der Quellen, trotzdem expressis verbis von dolus oder culpa nicht die Rede ist, diese als Haftungsvoraussetzungen zu entnehmen sind.[67]) Freilich wem das Ergebnis der Verursachungshaftung besonders erwünscht ist, wird bei dem äußeren Wortlaut der Quellen gern stehen bleiben. Daß die allgemeine Voraussetzung der Haftung[68]) in der Kasuistik nicht wiederholt worden ist, kann uns gewiß nicht wunder nehmen; wohl aber muß man dafür halten, daß eine solche den fundamentalen Anschauungen direkt widersprechende Ausnahme, wie sie unbestreitbar die Verursachungshaftung darstellte, in klaren Worten speziell zum Ausdruck gebracht worden wäre. Bedenken wir ferner, daß in der Gewähr der actio empti und der analogen actio in factum die Voraussetzung einer culpa implicite enthalten ist,[69]) daß schließdie Schuldhaftung des Verkäufers den Forderungen der Gerechtigkeit

---

64) Siehe darüber unten p. 57.

65) Melliger a. a. O. p. 146.

66) Selbstverständlich bildet die Verursachung des Schadens stets — auch bei der dolus- oder culpa-Haftung — die Voraussetzung zur Schadensersatzpflicht, wie im Rechte überhaupt die Verantwortlichkeit für einen Erfolg von dem Verursachen des Erfolges regelmäßig abhängig ist. Diese allgemeine Voraussetzung ist aber verschieden von dem speziellen Verpflichtungsgrund. Als solcher kann außer dolus, culpa und Verursachung noch mancher andere in Frage kommen; wir brauchen nur an die verschiedenen Konstruktionsversuche zu erinnern, wie Garantievertrag, Mandat, bona fides u. s. w. (vgl. 3. Buch 1. Kap. § 2 ff), deren jeder ja den richtigen Verpflichtungsgrund zum Ausdruck bringen will. Das Moment der „Verursachung" kann sowohl als konkrete Haftungsvoraussetzung, wie auch als theoretisches Prinzip in Betracht stehen; beide Qualitäten vermischt Melliger. Vgl. 3. Buch 1. Kap. § 5.

67) Vgl. Mommsen, Erörter. p. 37 ff., Melliger a. a. O. p. 124.

68) dolus und culpa.

69) Siehe oben p. 35.

vollauf Genüge thut,[70]) und man ohne Not sicher nicht im römischen Sinne zu einer Verursachungshaftung wird greifen können, so scheint uns dies hinreichend zu sein, um unserer Auffassung von der Schuldhaftung auch vor der Annahme einer Verursachungshaftung den Vorzug zu verdienen. —

---

2. Kapitel.

Aufbau der Theorie vom negativen Vertragsinteresse durch Rudolf v. Ihering.

§ 1.

Die Litteratur bis zu Ihering.

1.

Die uns beschäftigende Frage nach der Schadensersatzverpflichtung bei unwirksamen Verträgen ist nach ihren drei Richtungen: nach dem Eintritt, nach dem Umfange und nach der juristischen Fundierung der Verpflichtung erst in neuerer Zeit Gegenstand lebhafter wissenschaftlicher Erörterung geworden: der eigentliche Meinungsaustausch setzt erst mit dem Erscheinen der Iyering'schen Abhandlung: Culpa in contrahendo etc. ein. Was vor Ihering in der Litteratur über unsere Frage gehandelt wird, sind immer nur unvollkommene Versuche, einzelne die betreffenden Autoren gerade interessierende Zweifelspunkte zu lösen, ohne daß die Frage als eine einheitliche betrachtet wird.

Die älteren Schriftsteller halten sich fast unmittelbar an die Quellen. Jacobus Cuiacius[1]) giebt lediglich den Inhalt unserer Stellen wieder. Auf Grund derselben gewährt er gegen den Verkäufer einer res extra commercium die actio empti, gleichgültig ob dieser den rechtlichen Mangel kennt oder nicht, sofern nur der Käufer gutgläubig ist. Über die eigenartige, so höchst auffallende Thatsache, daß also eine Kontraktsklage vorhanden ist, trotz Unwirksamkeit des Vertrages, geht er mit völligem Stillschweigen hinweg. Uber die Höhe des zu leistenden Ersatzes spricht er sich dahin aus,

---

[70]) Siehe oben p. 37. Anm. 61

[1]) Cuiacius: Observat. II cap 5

daß sich derselbe gegen den venditor sciens in id omne quod interest, also auf das volle Erfüllungsinteresse erstreckt, gegen den venditor ignorans zwar auch auf das Erfüllungsinteresse, aber nicht über die Höhe des Sachwertes. Die Rechtfertigung dieser merkwürdigen Unterscheidung erfahren wir wieder nicht.

Weit eindringlicher sucht Donellus[2]) die Sachlage zu erforschen. Er erkennt den Widerspruch in den Worten Modestins „licet emptio non teneat, ex empto tamen experietur" und versucht ihn zu lösen. Da ihm die actio empti mit einem unwirksamen Vertrage absolut nicht zu vereinbaren ist, „neque enim potuit ex empto esse actio, nisi ex utili emptione", so meint er, der Kauf sei nur hinsichtlich der Veräußerung der res extra commercium nichtig, was die Worte ex empto — deciperetur betreffe, so sei zu erkennen, daß Modestins Ansicht gewesen sei, 'hactenus saltem emptionem valere. Erachtet er so den Kauf teils für wirksam, teils für unwirksam, und vermeidet er so den Widerspruch der Kontraktsklage bei einem nichtigen Vertrage, so gerät er doch mit seiner Konstruktion in die andere unlösliche Schwierigkeit, wie ein Vertrag teilweise wirksam und teilweise unwirksam sein könne. Er fragt selbst sofort, wie dies denn mit dem Grundsatze: impossibilium nulla obligatio im Einklang zu bringen sei und sieht nur einen Ausweg darin, daß ja vorliegend der Anspruch nicht auf die Sachleistung, sondern auf das id quod interest deceptum non fuisse geht — worunter Donellus übrigens das Erfüllungsinteresse versteht. Allein Donellus muß selbst zugestehen, daß mit dieser Sophistik nicht auszukommen ist, da begrifflich keine Rede davon sein kann, daß unwirksame Obligationen immerhin Schadensersatzverpflichtungen zu erzeugen im stande sind, indem er selbst erklärt, daß man unter „inutilis conventio" gerade jene verstehe, „inde nulla obligatio est ad ullam praestationem".[3]) So muß Donellus denn einsehen, daß mit dem jus strictum, der strengen Begriffslogik, der Zwiespalt nicht zu schlichten ist. In richtiger Erkenntnis dieses weist er dann auf den bona fides-Charakter der fraglichen Verträge hin und giebt schließlich als Grund des Anspruchs eine Garantiepflicht des Verkäufers an: sciens sive ignorans quid affimarvit in re quod non erat id praestet. An sich giebt diese Garantiekonstruktion eine einwandsfreie juristisch technische und sach-

---

[2]) Donellus: Comm. jur. civ. lib. XII, cap. 20 § 16 und 17.

[3]) Diese Aeußerung erscheint uns bemerkenswert gegen die Ansicht von Ihering und Bechmann. Vgl. oben p. 31, 35.

liche Begründung der Entschädigung des Verkäufers ab. Was ist aber Rechtens, wenn die Garantie nicht ausdrücklich ausgesprochen ist, denn es ist doch nicht anzunehmen, daß mit jedem Vertrage eine stillschweigende Garantieübernahme verbunden ist? Wozu gäbe es dann noch ausdrücklich Garantieverträge? Ferner erklärt uns dies immer noch nicht die Zulassung der Kontraktsklage. Erforderlich wäre sie freilich selbst neben der angeblichen Garantieverabredung gewesen, das als nudum pactum unklagbar war. Endlich ist zu bemerken, daß mit dem Garantievertrag immer nur zum Ersatze des positiven, nicht des negativen Vertragsinteresses zu gelangen ist.[4])

Während die beiden genannten Schriftsteller bei dem positiven Quelleninhalt stehen bleiben, ist es bereits ein Vorgänger des Donellus, Baldus, der zum ersten Mal das Bedürfnis fühlt nach einer Schadensersatzpflicht auch bei anderen unwirksamen Verträgen, als bei den durch die actio empti getroffenen, wegen Unmöglichkeit der Leistung unwirksamen Verkäufen, auf die sich, wie wir gesehen haben, die Kasuistik der Quellen beschränkt.[5]) Dies beweist uns die Bemerkung des Baldus zu der l. 1. D. mand. 17, 1: „Puto tamen, quod recipiens nuntium vel epistolam si aliquas impensas fecisset vel damna habuisset propter nuntium vel epistolam ante certiorationem vel scientiam de poenitentia mittentis, ad expensas et damna possit agere." Wahrscheinlich meint Baldus die actio mandati. Aber warum trotz der poenitentia mittentis ein Mandatsvertrag zustande kommt oder, warum trotz des Nichtzustandekommens die Klage zugelassen wird, das erhellt nicht.

2.

Unter den neueren Autoren finden sich über einige Punkte der uns beschäftigenden Frage spärliche Bemerkungen z. B. bei Thibaut.[7]) Beim error essentialis bilateralis erklärt Thibaut den Vertrag für nichtig, schweigt aber völlig über die Schadensersatzklage. Erkennt er demgemäß wohl hierbei eine Ersatzverpflichtung nicht an, so erklärt er, beim error unilateralis muß, wenn der Acceptant im wesentlichen Irrtum ist, der Vertrag ungültig sein „vorbehaltlich die Entschädigung". Aber selbst für diesen einzelnen Fall vermissen wir bei Thibaut die Kennzeichnung der Art und die Begründung der Klage.

---

[4]) Ueber Donellus vgl. noch Drechsler a. a. O. p. 14 f. S. ferner 3. Buch, 1. Kap. § 2.

[5]) Vgl. Schott, Der obligatorische Vertrag unter Abwesenden p. 159 Anm. 275. Drechsler a. a. O. p. 15.

[6]) Thibaut: Pandekten 9. Aufl. § 373 I, 1.

Als erster Schriftsteller, der ganz allgemein bei unwirksamen Verträgen eine Schadensersatzpflicht aufstellt, ist Schweppe bemerkenswert. Freilich ist er es nur in dieser Hinsicht, denn seine Ausführungen selbst sind höchst kümmerlich. Zunächst leugnet er bei Nichtigkeit des Vertrags „aus allgemeinen Gründen" das Vorhandensein eines Anspruchs, da der Vertrag ja als nie existierend anzusehen sei. „Aber wenn die eine Partei dolo oder culpa jene Nichtigkeit veranlaßt hat," fährt er fort, „so kann er ebenfalls nach allgemeinen Grundsätzen Entschädigung fordern." „Allgemeine Gründe, allgemeine Grundsätze." „Denn eben wo Begriffe fehlen, da stellt ein Wort zur rechten Zeit sich ein." Gerade die allgemeinen Gründe und die allgemeinen Grundsätze möchten wir kennen lernen; sie läßt Schweppe aber unerörtert. Jhering[8]) meint, da er wegen Unwirksamkeit des Kontraktes die Klage aus dem Vertrage selbst ablehne, so könne er für den Fall des dolus nur an die actio doli, für den der culpa nur an die actio legis Aquiliae gedacht haben; die Statthaftigkeit letzterer sei nach „allgemeinen Grundsätzen" aber schwerlich zuzugeben.

Beachtenswerter in seinen sachlichen Ausführungen ist Richelmann.[9]) Auf Grund unserer Quellenstellen, insbesondere der ll. 8, 9 de her. vend. 18, 4, kommt er zu dem Ergebnisse, daß Nichtigkeit des Kontraktes zwar nicht die Frage auf Erfüllung, wohl aber die auf Schadensersatz zulasse, wenn ein Anspruch auf diesen durch einen außerhalb des Vertrages liegenden Verpflichtungsgrund, wie dolus und culpa, gerechtfertigt sei.[10]) Aber hiermit erfahren wir auch nicht mehr als die bloße Thatsache der culpa-Haftung. Über das warum derselben und wie der Anspruch trotz Nichtigkeit des Vertrages zu begründen ist, bleiben wir wiederum im Unklaren. — Jhering[11]) hat warme Worte der Anerkennung für Richelmann, aus denen sein Bedauern hervorgeht, daß dessen verdienstliche Anregung für die spätere Litteratur so gut wie verloren gegangen sei. Zu einer prinzipiellen Lösung der Frage nach der Schadensersatzpflicht bei unwirksamen Verträgen verstand man sich auch nach Richelmann bis zu Jhering hin noch nicht.

---

7) Schweppe: Das röm. Privatrecht Bd III p. 110.

8) Jhering a. a. O. p. 3.

9) Richelmann a. a. O p. 129 ff.

10) Richelmann steht also bezüglich des thatsächlichen Inhalts unserer Quellenstellen auf demselben Standpunkt wie wir. Vgl. oben p. 33 ff.

11) Jhering a. a. O. p. 4.

Vereinzelt handelt Mühlenbruch[12]) von in unsere Frage einschlagenden Fällen. Einerseits giebt er zu, daß res extra commercium nicht Gegenstände eines Forderungsrechtes zu sein vermögen, ist aber dennoch der Ansicht, daß aus einem Vertrage über dergleichen Sachen zuweilen ein wirksames Forderungsverhältnis entstehen könne. Über die Art dieses Forderungsverhältnisses, über die Klage des Beschädigten sowie über den Widerspruch zwischen Unwirksamkeit des Vertrags und Vertragsklage versagt auch er jeden Aufschluß.

Savigny[13]) hält bei Nichtigkeit des Vertrags einen Ersatzanspruch nur wegen dolus für begründet. Er spielt auf Richelmann an, indem er erklärt: „Ganz unrichtig würden manche annehmen, der irrende Verkäufer sei wegen culpa verantwortlich. Culpa sei gar nicht allgemein eine causa obligationis wie es der Betrug allerdings sei. Nur wo ein wirklicher Vertrag vorhanden, da sei dieser eine causa obligationis, und die daraus entspringende Obligation könne durch culpa, wie durch Betrug modifiziert und erhöht werden." Savigny bleibt damit auf dem rein begrifflichen Boden des ius strictum. Vielleicht wird er damit schon nicht den Quellen — die korrumpierte l. 21, § 2 D. de act. E. et V. 19, 1 versucht er wenigstens durch Interpretation resp. Emendierung mit seiner Auffassung in Einklang zu bringen — gerecht, sicher aber nicht den Bedürfnissen des Verkehrs. Daß Savigny jeden Vertrag über eine unmögliche Leistung bei gutem Glauben des Käufers für wirksam hält und somit hierbei gar nicht auf das Problem der Schadensersatzpflicht bei unwirksamen Verträgen gelenkt wird, haben wir bereits bemerkt.[14])

Wächter[15]) greift in mehreren einzelnen Punkten unser Problem auf. Einmal befaßt er sich mit ihm hinsichtlich der Verträge über unmögliche Leistungen. Während es nach der richtigen, herrschenden Ansicht irrelevant ist, ob die Unmöglichkeit der Leistung auf rechtlichen Gründen beruht, z. B. weil die versprochene Sache einem gesetzlichen Veräußerungsverbot unterliegt, oder auf physischen, z. B. weil der betreffende Gegenstand untergegangen ist oder gar nicht existiert, knüpft Wächter an die verschiedenartigen Gründe der objektiven Unmöglichkeit auch verschiedenartige Folgen. Ist die objektive Unmöglichkeit

[12]) Mühlenbruch: Pand. 3. Aufl. § 333, 1, § 338 V c.

[13]) Savigny, System Bd. III p. 294 f.

[14]) Siehe oben p. 12 Anm. 4.

[15]) Wächter: Württemb. Privatrecht Bd. II p. 749.

die Folge von Rechtsverhältnissen, so soll der über die unmögliche Leistung abgeschlossene Vertrag rechtswirksam sein und damit auch dem zu leistenden Teile der Anspruch auf das Erfüllungsinteresse zustehen. Bei objektiver Unmöglichkeit der Leistung, die sich auf Thatsachen gründet, soll der Vertrag schlechthin nichtig sein, ohne daß eine Haftung für negatives Vertragsinteresse stattfindet; dies deshalb, weil ein dahingehender allgemeiner Haftungsgrundsatz in den Quellen nirgends ausgesprochen sei. Gegen die Ansicht Wächters erheben sich vielfache Bedenken. Was den rechtlichen Bestand des Vertrages über eine rechtliche unmögliche Leistung angeht, so wird zwar durch Statuierung der Wiksamkeit desselben die Frage nach der Schadensersatzpflicht beseitigt, nach unserer eingehenden Erörterung ist jedoch ein solcher Vertrag, der uns in den Quellen als Kaufvertrag über eine res extra commercium entgegentritt, mehrfach als rechtsgültig anerkannt. Über die Zulässigkeit einer Verallgemeinerung der ll. 8, 9 D. de hered. vend.18, 4, die von einer nicht existierenden Erbschaft handeln, mag man mit Recht verschiedener Meinung sein. Uns erscheint sie hier verhältnismäßig einwandsfrei. Mögen so Wächters Ergebnisse für die Quellen wegen deren Mangelhaftigkeit wenigstens diskutabel sein, für den modernen Verkehr sind sie gänzlich unbrauchbar und unanwendbar. Warum gerade der Käufer einer rechtlich unveräußerlichen Sache das volle Erfüllungsinteresse soll beanspruchen können, der einer physischen gänzlich leer ausgehen, hinwieder gerade der Käufer einer nicht existierenden Erbschaft das negative Vertragsinteresse gewährt erhalten soll, ist so wenig einzusehen, erscheint so völlig willkürlich, daß man kaum geneigt sein wird, dieses Ergebnis als dem römischen Recht eigen anzusehen, es sicher aber nicht auf unsere Verhältnisse wird übertragen können. — Fruchtbarer als in dieser Frage und fruchtbarer als seine letzten Vorgänger ist Wächter bei der Frage nach der Ersatzpflicht beim wesentlichen Irrtum. Grundsätzlich nimmt er, wie Savigny, nur eine Haftung wegen dolus an. Er meint aber, daß zuweilen der Versprechende eine besondere Garantie übernehme. In diesen Fällen könne derjenige, der durch die Unwirksamkeit des Geschäftes noch in besonderen Schaden käme, auf Ersatz seines Interesses klagen. Wächter greift hiermit auf die Ansicht des Donellus zurück, und es sind bei ihm dieselben Einwände zu erheben, wie bei dieser. Der besondere Garantievertrag, der „gar wohl für sich bestehen könne und nicht durch die Nichtigkeit affiziert werde," mag für uns heute annehmbar sein, im römischen Rechte mußte er doch immer als pactum adiectum auf einen rechtswirksamen Hauptvertrag fußen, um klagbar zu sein.[16]) Auch Wächter spricht sich nicht darüber aus, wie gerade die Kontraktsklage zu rechtfertigen ist.

Die Konstruktion der Garantieübernahme vertritt für unsere Quellenstellen auch Herrmann. Er äußert sich darüber so: „Der Käufer darf den seinerseits bona fide abgeschlossenen Vertrag insoweit gelten lassen, um wegen des durch die Täuschung erlittenen Schadens mit der Klage aus demselben um Indemnisation auftreten zu können. Offenbar wird dabei eine irrtümliche Versicherung, ein Dictum oder Promissum, auf seiten des Veräußerers vorausgesetzt, als Ursache der entstandenen Täuschung." Erwähnenswert ist, daß Herrmann seine Konstruktion aus den Quellen selbst zu entnehmen sucht. Er findet Belege für seine Annahme in der Präposition „pro" (pro privatis, pro puro) und in den Worten „ne deciperetur". Beide sind jedoch als wenig glücklich zu bezeichnen. In der l. 8 und 9 D. 18, 4, wo der Ersatz des negativen Vertragsinteresses am allerdeutlichsten statuiert wird, suchen wir die Wendungen vergebens. In der l. 62 § 1 cit. sind die Worte „pro privatis", wie Mommsen[18]) mit Recht gegen Herrmann anführt, als eine nähere Ausführung des voraufgehenden „nesciens" zu betrachten, die erklären soll, wofür der Käufer die gekauften loca irrtümlich gehalten hat. Was die Bedeutung der Worte „ne deciperetur" betrifft, so ist dieselbe zwischen Ihering und Mommsen so oft diskutiert worden,[19]) daß heute keiner mehr an der von beiden Autoren übereinstimmend vertretenen Auffassung zweifeln wird, daß die Worte durchaus nicht notwendig ein „Getäuschtwerden" bedeuten müssen, sondern ebensogut ein objektives „sich im Irrtum befinden" bezeichnen können.[20])

Daß Mommsen in unseren Stellen den Verkäufer nur für dolus und lata culpa haften läßt, haben wir eingehend erörtert.[21]) Dies ist nach seiner Meinung demnach auch geltendes Recht. Gleichwohl verschließt er sich de lege ferenda der Erwägung nicht, daß im allgemeinen die Billigkeit dafür spräche, daß der Verkäufer es

---

[16]) Vgl. Bechmann a. a. O. p. 434 Anm. 3.

[17]) Herrmann: Zeitschrift für Zivilr. VII p. 249 ff.

[18]) Vgl. Mommsen: Beiträge I p. 123 Anm. 5.

[19]) Vgl. Mommsen: Beiträge I p. 123 ff., Erörter. p. 39 und Anm. 7 das. Ihering a. a. O. p. 11.

[20]) Soviel wir sehen, versucht nur Ude a. a. O. p. 260 ff. das decipere der Quellenstellen als dolus des Verkäufers zu deuten.

[21]) Siehe oben p. 26.

sei, welcher den Schaden tragen müsse, wenn ein Gutgläubiger durch die Abschließung des auf eine unmögliche Leistung gerichteten Kaufkontrakts Schaden erleide. Denn es sei Sache dessen, der etwas verspricht, sich vorher davon zu überzeugen, daß er das Versprochene auch leisten könne.[22])

Eine ähnliche Ansicht vom geltenden Recht wie Mommsen entwickelt Brinz[23]) in einem Aufsatz, der durch Mommsens Beiträge angeregt worden ist. Der Ursprung des Schadens ist nach Brinz ein factum, nämlich eine Täuschung. „Muß der Promissor diesen Schaden prästieren, so bildet seine Prästationsschuld nicht mehr das eventuelle Surrogat einer vorhergehenden Obligation (dare facere oportere), sondern ein gleich vornherein begründetes praestare oportere nach Art der Deliktsobligationen. Auch der Grund, aus dem der Promissor prästationsschuldig wird, ist deliktsartig; er muß den Schaden verschuldet, er muß getäuscht, er muß gewußt und dennoch — dolo malo — promittiert haben."

Einen wirklich bedeutsamen Schritt auf dem Wege der Lösung unseres Problems thut Scheurl; freilich nur für einen einzigen, aber bis dahin noch gar nicht beachteten Punkt: für die Schadensersatzpflicht bei Widerruf einer Vertragsofferte. Er sagt:[24]) „Jeder Antrag zur Eingehung eines Vertrages, zu dessen Erfüllung irgendwelche Thätigkeit von seiten des Adressaten erforderlich ist, schließt einen Auftrag zu dieser Thätigkeit in sich. Der Widerruf des Antrags ist auch Zurücknahme dieses Auftrags; aber wenn der Adressat ohne Kenntnis des Widerrufs zur Erfüllung des Vertrags thätig geworden ist, so war dies seinem Bewußtsein nach Ausführung eines erhaltenen Auftrags. Wenn es nun nach dem geschriebenen Recht feststeht, daß die Ausführung eines widerrufenen Mandats von seiten des mit dem Widerruf unbekannt gebliebenen Mandatars diesem gegen den Mandanten die mandati actio contraria auf Schadloshaltung verschafft, so werden wir diese auch für den Adressaten als begründet gegen den Proponenten ansehen dürfen, wenn er dessen ohne sein Wissen widerrufenen Antrag acceptiert und durch ein dementsprechendes Handeln sich in Nachteil versetzt hat." Windscheid[25]) fand diesen Gedanken zuerst so konform der römischen Jurisprudenz, daß er sich äußerte:

---

[22]) Mommsen: Beiträge I p. 122; vgl. Melliger a. a. O. p. 122 f.; 3. Buch, 1. Kap. § 3.

[23]) Brinz: Kritische Ueberschau Bd. V p. 292.

[24]) Scheurl: Jahrb. f. Dogm. Bd. II p. 274.

[25]) Windscheid: Pand. 3. Aufl. § 705 Anm. 5.

„Fast muß man sich wundern, hier in den Quellen keine actio mandati contraria auftreten zu sehen.“ In der That hat das römische Recht auch das mandatum bei der Offerte verwertet, nämlich dann, wenn in der Offerte nicht nur hineinkonstruiert, sondern re vera ein Auftrag enthalten ist. „Si quis mandaverit, ut Titio solvam, deinde vetuerit eum accipere, si ignorans prohibitum eum accipere, solvam, liberabor (l. 12 § 2 D. de solut. et lib. 46, 3). In vielen Fällen ist in der Vertragsofferte durchaus kein Auftrag gelegen. Das erkennt Scheurl selbst und er geht für dieselben leichten Herzens von seiner Theorie ab, indem er erklärt, wenn die Voraussetzungen des Mandats nicht vorlägen, und so mit dem Mandat nichts mehr anzufangen sei, so habe der Geschädigte doch eine Klage auf Schadloshaltung aus „Treu und Glauben“. Sowohl Scheurls Mandatkonstruktion, wie seine Klage aus Treu und Glauben ist späterhin vielfach erörtert worden, so daß wir uns mit beiden noch zu beschäftigen haben werden.[26])

Noch einem Versuche begegnen wir vor Jhering in unserer Frage und zwar von Bekker,[27]) der gelegentlich einer Besprechung des Aufsatzes von Scheurl zu einer anderen Konstruktion der Entschädigung für den Fall des Widerrufs einer Offerte gelangt. Nachdem Bekker die Mandatsklage abgelehnt hat, indem er hervorhebt, daß nur in einzelnen Ausnahmefällen Offerte und Mandat ineinander aufgehen können, meint er, an die Stelle der actio mand. contraria könnten vielleicht die Kontraktsklagen als actiones utiles oder eine actio in factum treten. Schließlich kommt er zu dem Ergebnis: „Wie man aber auch über die Klage aus der Offerte nach römischem Recht denken mag, die Zulässigkeit einer Klage wegen der Offerte ist nicht zu bezweifeln; ist es keine andere, so ist es eine actio doli.“

Diese actio doli stellt sich jedoch als völlig unzulänglich dar. Die beschränkte Vererblichkeit mag für diese Behauptung nicht besonders stichhaltig sein. Wohl aber sind es zwei Gründe, auf die mit vollem Rechte Regelsberger[28]) aufmerksam macht. Dem Geschädigten nämlich würde der Beweis der Arglist obliegen, und gegen die Folgen einer bloßen Nachlässigkeit des Offerenten wäre er überhaupt nicht gedeckt, ebensowenig gegen den Nachteil aus einem in der

---

[26]) Vgl. über Scheurl noch Drechsler a. a. O. p. 18 f.; 3. Buch. 1. Kap. §§ 3, 4.

[27]) Bekker: Jahrb. d. gem. deutsch. R. II p. 366.

[28]) Regelsberger: Zivilrechtl. Erörterungen p. 38. Vgl. Köppen, Jahrb. f. Dogm. XI p. 301; Thon, Arch. f. civ. Pr. Bd. 80 p. 71.

Person des Offerenten liegenden Zufalle. Bedenkt man zudem, daß die actio doli infamierte, so wird man sie für unsern Fall auch nicht einmal als gut römisch ausgeben können.

§ 2.

Die Theorie Iherings.

Werfen wir einen Rückblick auf die soeben von uns vorgeführten Meinungen der verschiedenen Autoren, so wird uns als charakteristisch in die Augen springen, daß von der Frage nach der Schadensersatzpflicht bei unwirksamen Rechtsgeschäften resp. Verträgen als solchen bei keinem die Rede ist. Wir fühlen, wie an allen Orten das Problem zu dämmern beginnt. Es will absolut nicht mehr mit den bisherigen Haftungsschranken gehen; trotzdem wird rücksichtslos versucht, die jeweilig auffallende Erscheinung in die gewohnten Begriffe einzuzwängen. Der eine wirft die Frage nach der Ersatzpflicht auf bei Verträgen, die wegen objektiver Unmöglichkeit der Leistung nichtig, ein anderer bei Verträgen, die wegen Irrtums unwirksam sind, ein dritter bei Verträgen, die wegen Widerruf des Antrags keinen rechtlichen Bestand erlangen. Aber daß allem diesen ein gemeinsames Fundament zu Grunde liegt, daß es die Frage nach der Schadensersatzpflicht bei unwirksamen Verträgen ist, die prinzipiell zu beantworten ist, erkennt keiner. Hier setzt Rudolf von Iherings Untersuchung ein. Sein großes Verdienst ist es, zum erstenmal das uns beschäftigende Problem als ein einheitliches erfaßt, ein Grundprinzip aufgestellt und dies an einer überaus reichen Kasuistik erprobt zu haben. Dieses Verdienst steht unabhängig davon da, wie man im einzelnen zu dem Gang seiner Untersuchung und zu deren Ergebnissen Stellung nehmen mag.

Die Veranlassung für Ihering, sich der Frage nach dem Schadensersatz bei nichtigen Verträgen zu widmen, lag, wie wir gesehen haben, in einem praktischen Rechtsbedürfnisse. Die Methode wie er dieses Bedürfnis zu befriedigen suchte, eröffnet uns gleichzeitig seine philosophische und juristische Natur. Was bei ihm sich vereinte, trennte sich bei seinen Nachfolgern; die einen bemächtigten sich des juristischen, die anderen seiner philosophischen Erörterungen, um kritisch daran weiter zu bauen. Wir meinen, nur dadurch, daß man diese beiden Wege unterschiedlich verfolgt, kann man einen wirklichen Einblick in den Stand der Frage im gemeinen Recht gewinnen.

Auf drei Elemente scheint uns Iherings Forschung zurückführbar zu sein. Das erste ist das a priori in Iherings Geiste vorhandene gewollte Ergebnis seiner Untersuchung, sein Rechtspostulat. Das zweite ist die Durchsuchung der Quellen in dem Bestreben, soweit wie möglich die in Frage stehende Ersatzpflicht als positiv-rechtlich zu erweisen. Das dritte ist der Versuch, diejenige Abstraktion aus den Quellenstellen zu gewinnen, die ermöglicht, ein derartiges allgemeines Prinzip auszusprechen, das a) alle möglichen Fälle im Sinne des Rechtspostulates trifft und b) sich als im positiven Rechte wurzelnd darstellt. Scheinbar ist seine ganze Untersuchung eine einfache Deduktion aus den Quellen. In Wirklichkeit geht dem aber eine Induktion voraus, indem er die Ersatzpflicht bei unwirksamen Verträgen überhaupt als in den Quellen begründet darzuthun sich bemüht. Er deduziert nur das in den Quellen gefundene Prinzip. In der Induktion liegt aber der wunde Punkt in Iherings Verfahren; denn er induziert nicht objektiv. Es ist gerade das Wesen der Induktion, einen bestimmten Satz aufzustellen und ihn dann zu beweisen; als eine richtige Deduktion schließt sich dann diejenige an, die aus dem induzierten Ergebnisse unmittelbar eine neue Schlußfolgerung zieht. Die Induktion ist aber fehlerhaft, für die man bereits das erst aus der Deduktion des induktiv Bewiesenen zu gewinnende Ergebnis benutzt. Konkretisieren wir uns unsern logisch abstrakten Gedankengang an Iherings Vorgehen. Es hat den Anschein, als ob Ihering ganz objektiv darthun will, welche Sätze die Römer für die Schadensersatzpflicht bei unwirksamen Verträgen kennen, und als ob sich dann aus den gefundenen Sätzen ergebe, daß das und das Prinzip ihnen zu Grunde liege, wie dies die exakte Methode wäre. Ihering hat jedoch in Wahrheit das Prinzip bereits im Geiste und schiebt es den einzelnen Quellensätzen selbst unter. Kein Wunder, daß er dann das als gemeinschaftlichen Gedanken ihnen entnehmen kann, was er erst jedem einzelnen aufoktroyiert hat. Der Forscher soll seine Untersuchung führen, unbekümmert darum, welches seine Ergebnisse sein werden, von dem einzigen Bestreben geleitet, das objektiv Richtige zu finden. Derjenige, der schon ein ganz bestimmtes Ergebnis in seinem Geiste hat, wird nie ohne Voreingenommenheit sich den Thatsachen gegenüber verhalten können. Dies bestätigt sich bei Ihering, so hinreißend und mit welcher scheinbar zwingenden Logik er auch seine Erörterungen vorbringt.

Ihering will modernen Verhältnissen gerecht werden; aber ein

Satz von Juristenmund gesprochen ist noch nicht Recht; darum genügt es ihm nicht, sein Postulat zu normieren. Das positive Recht schmiedet ihn an die Quellen; wohlan so versucht er die Quellen zu zwingen, sich ihm dienstbar zu erweisen.

Wie Jhering sich zu dem Quellenmaterial stellt, haben wir eingehend dargelegt: Der Verkäufer haftet nach ihm schlechterdings dem gutgläubigen Käufer für das negative Vertragsinteresse. Hier ist es nun unsere Aufgabe zu verfolgen, wie Jhering von der Interpretation der Quellenstellen zu der Aufstellung seines für das moderne Rechtsleben berechneten allgemeinen Grundsatzes kommt. Theoretisch ist der Weg klar vorgeschrieben: Das Ziel ist, ein Prinzip zu finden für die Schadensersatzverpflichtung bei unwirksamen Verträgen. Die Quellen behandeln aber nur zwei konkrete Rechtsfälle der Ersatzpflicht wegen Unmöglichkeit der Leistung. Folglich sind wir auf den Schluß der Analogie verwiesen. Analoge Anwendung eines Rechtssatzes auf andere Lebensverhältnisse setzt aber die Kenntnis seines Grundes, seiner „ratio“ voraus. Da die Quellenstellen, indem sie keine abstrakte Norm geben, sondern nur gewisse Rechtsfälle in einem gewissen Sinne entscheiden, die ihnen zu Grunde liegende ratio nicht aussprechen, so ist vorerst also ihre ratio festzustellen. Dieses ist denn auch Jherings erstes Beginnen. Aber nun fragt Jhering nicht objektiv, warum haftete der Verkäufer in den einzelnen Fällen, sondern er sagt: ich brauche für mein Rechtspostulat eine Haftung für culpa des Verkäufers, wie kann ich nachweisen, daß in unseren Quellenstellen eine solche culpa erfordert wurde?! Und nun ist es nicht schwer darzuthun, wie Jhering die Quellen ganz nach seinen Bedürfnissen behandelt. Würde er wie wir die Stellen interpretieren und eine individuelle culpa als Voraussetzung der Ersatzpflicht finden, so wäre ihm nicht möglich, eine Verallgemeinerung für die Fälle zu erzielen, für welche es sein Rechtspostulat gerade vorschreibt, z. B. bei gänzlich unverschuldetem Irrtum ꝛc. Würde er andererseits gar keine culpa verlangen, so sähe er überhaupt keine Möglichkeit, über die Kasuistik der Quellen hinweg zu einem allgemeinen Ergebnisse zu gelangen, indem sich die Stellen als einzelne positiv normierte Ausnahmen kennzeichneten. Die Ableitung eines allgemeinen Rechtssatzes ist aber Jherings vornehmster, ja einziger Zweck. So bedarf Jhering für sein kühnes Beginnen, aus dürftigster Quellenkasuistik ein Rechtsprinzip abzuleiten, das gleichzeitig ideal gerecht, allumfassend und positiv-rechtlich ist, ein ganz eigenartiges Ding von culpa, einen

Begriff der culpa ist und es doch nicht ist. Und richtig, für Jhering ergeben die Quellenstellen durchaus diese merkwürdige culpa ohne culpa! „Die culpa liegt darin . . ., daß er (der Verkäufer) einen Kontrakt abschloß, ohne seiner Sache sicher zu sein. Und dieser Vorwurf ist es auch, den wir dem Verkäufer einer res extra commercium machen, und den er mit dem Einwande, daß die Umstände ihm keinen Anlaß darboten, die juristische Fähigkeit des Objekts zu bezweifeln, nicht zurückweisen kann."[1])

Mit diesem Begriff der culpa hat Jhering sein Ziel erreicht: Die Möglichkeit der prinzipiellen Verallgemeinerung. Wie ihm a priori „das Verschulden" der legislativ-politische Rechtfertigungsgrund zu sein scheint, alle Fälle von nichtigen Verträgen bezüglich der Schadensersatzverpflichtung gleichartig zu behandeln, so ist ihm nunmehr die entsprechend aus den Quellen bei den dort erörterten nichtigen Verträgen abstrahierte culpa der positiv-juristische Rechtfertigungsgrund, das, was die Quellen in zwei einzelnen Fällen bestimmen, allgemein festzustellen und zu begründen.[2]) Er sagt:[3]) „Stützen wir einmal die Verbindlichkeit des Verkäufers zum Schadensersatz in jenen Fällen auf eine culpa desselben, so knüpft sich daran unabweisbar die Nötigung, in allen Fällen, wo eine gleiche culpa eintritt, auch eine gleiche Wirkung eintreten zu lassen. Es ist nicht abzusehen, warum die culpa gerade an die konkrete Form, in der sie dort auftritt, gebunden sein müßte. Was für die nicht existierende Erbschaft gilt, muß dasselbe nicht auch für eine nicht existierende Forderung, Sache u. s. w., was für die res extra commercium, nicht auch für eine Sache, rücksichtlich deren ein Veräußerungsverbot bestand, was für den Verkäufer, nicht auch für den Käufer, was für den Kaufkontrakt, nicht auch für den Mietkontrakt, das Mandat u. s. w. gelten?" So gelangt Jhering dazu, auf den von ihm angenommenen Begriff der culpa aufbauend, seine Theorie in den Satz zusammenzufassen: „Das Gebot der kontraktlichen Diligentia gilt wie für gewordene, so auch für werdende Kontraktsverhältnisse, eine Verletzung desselben begründet hier, wie dort die Kontraktsklage auf Schadensersatz."[4])

---

[1]) Jhering a. a. O. p. 39

[2]) Vgl. Mommsen, Erörter. p. 15, der die dargelegte Unterscheidung Jherings, vgl. a. a. O. p. 41, zwischen dem juristischen Rechtfertigungsgrund der Klage und dem legislativ-politischen nicht richtig versteht.

[3]) Jhering a. a. O. p. 41

[4]) Jhering a. a. O. p. 53

Von diesem Ausspruche Iherings an datiert in der Rechtswissenschaft die Frage nach der Schadensersatzpflicht bei unwirksamen Verträgen.

Ihering wollte ein festgefügtes Gebäude errichten; seine Lehre sollte, auf dem Fundament der Quellen ruhend, in das moderne Rechtsleben stolz und sicher hineinragen. Aber der Baumeister ging nicht von dem Fundamente aus und paßte die Höhe seines Gebäudes nicht dessen Tragkraft an. Die Spitze hatte er sich zuerst vorgeschrieben, sie mußte erreicht werden. Das Fundament wurde künstlich bearbeitet, daß es sich für die geplante Höhe brauchbar erweise und dann frisch darauf losgebaut. Die Arbeit geht von statten. Da, kurz bevor das Ziel erreicht ist, versagt das Fundament seine Stütze, der Bau bricht zusammen.

So großartig Iherings Plan war, sein Rechtsideal gleichzeitig als positiv-rechtlich zu erweisen, und so logisch konsequent er auch seine Lehre aufbaute, sein Unternehmen muß als verfehlt bezeichnet werden.

Wir haben gesehen, daß es die von ihm aus den Quellen deduzierte eigenartige culpa ist, welche die Grundlage seiner Generalisation bildet. Ihering ist ein zu guter Jurist, als daß er nicht den Versuch gemacht hätte, die Berechtigung darzuthun, von der Annahme der regelmäßig bei den Römern vorhandenen individuellen culpa für unsere Fälle abzuweichen und eine rein objektive culpa ohne persönliches Verschulden des Betreffenden zu statuieren. Ihering führt zu diesem Zwecke einige Quellenstellen vor, wo die Römer zweifelsohne eine derartige culpa im Auge gehabt hätten.[5]) Ohne darauf weiter einzugehen, daß Ihering auch diese Fälle nicht alle einwandsfrei interpretiert, so ist doch festzustellen, daß die Juristen, zugegeben selbst, daß sie in unseren Stellen auch von einer solchen culpa hätten sprechen können, es doch de facto nicht gethan haben. Auch Ihering kommt nur zu der Möglichkeit, daß wir die Haftung des Verkäufers in unserm Verhältnis auf den Gesichtspunkt der culpa zurückführen dürfen. Nimmer ist aber das Moment, auf das man allenfalls eine Rechtsvorschrift zurückführen darf, der Rechtsgrund, die ratio legis.[6]) Eine solche verlangt, daß sie Kern und Inhalt der Norm ist, auf die letztere, und zwar einzig und allein, zurückgeführt werden muß!

---

[5]) Ihering a. a. O. p. 36 ff. Vgl. Mommsen, Erörter. p. 137, Melliger a. a O. p. 134 ff.

[6]) Vgl. Mommsen Erört. p. 15.

Immer wieder leuchtet hervor: Jhering bedarf der culpa zum Generalisieren, und darum interpretiert er sie in die Stellen hinein. Treffend bemerkt Mommsen[7]) in eben diesem Sinne: „Der Vorteil, daß durch die Hereinziehung dieses Gesichtspunktes die Möglichkeit des Generalisierens in einem besonders weiten Umfang eröffnet wird, ist an sich gewiß sehr erheblich; aber Niemand wird behaupten wollen, daß man einen bestimmten Gesichtspunkt bloß deshalb zu erwählen berechtigt ist, weil sich dann besser generalisieren läßt — ohne Rücksicht darauf, ob derselbe auch begründet ist.“ Somit erscheint grundlegend der Aufbau der Jhering'schen Theorie auf eine objektive culpa, die in den von uns behandelten Quellenstellen zum Ausdruck komme, als sehr gewagt. Und von dieser culpa als Möglichkeit der Verallgemeinerung hängt Jherings ganze Lehre ab, das spricht er selbst ausdrücklichst aus.[8]) Wenn sie nun wenigstens als Grundprinzip das vermöchte, wozu sie berufen ist, nämlich die in Frage stehenden Lebenserscheinungen einheitlich zu umspannen, so würden wir uns mit dem Anschein der Quellenmäßigkeit der Jhering'schen Theorie von der culpa in contrahendo begnügen können, aber nicht nur historisch, sondern auch dogmatisch zeigt sie sich unhaltbar. Die objektive culpa Jherings reicht nicht aus für alle Fälle unwirksamer Verträge, in denen eine Schadensersatzpflicht unbedingt erforderlich ist. Für den Fall der gemeinrechtlichen Unwirksamkeit der Vertragsofferte bei Tod des Offerenten muß Jhering selbst erklären:[9]) „Man kann doch unmöglich das Sterben als culpa bezeichnen. Ich muß einräumen, daß meine Theorie hier an einen Stein des Anstoßes geraten ist, über den ich sie ohne die gewaltsamste Anstrengung nicht hinwegbringen kann.“ Aber in dem Bewußtsein, daß seine Theorie aus den Angeln gehoben ist, wenn ihm nicht der Nachweis der culpa gelingt, unterzieht er sich dieser gewaltsamen Anstrengung und sieht die culpa darin, daß der Abwesende sich nicht persönlich zu dem anderen Teile hinbemüht, „daß er statt des allein sichern Mittels der eigenen mündlichen Mitteilung auf Gefahr des Gegners ein unsicheres — nämlich Brief oder Mittelsperson — ergreift.“[10]) Wie einzig es Jhering darauf ankommt, sein Rechtsbedürfnis zu befriedigen, erhellt daraus, daß er erklärt, lieber wolle er glauben, bei der Konstruktion

---

[7]) Mommsen, Erörter. p. 15 f.

[8]) Jhering a. a. O. p. 40.

[9]) Jhering a. a. O. p. 92.

[10]) Jhering a. a. O. p. 93.

seiner Theorie einen ihm unbewußten Fehler begangen zu haben, als in diesem Falle die Klage auszuschließen. Von diesem Zweifelsspüren war es kein weiter Weg mehr zu dem bedeutsamen späteren Selbstbekenntnis Jherings:[11]) „Die von mir aufgestellte Theorie der culpa in contrahendo wird, indem sie den beschränkten Gedanken des subjektiven Unrechts zu Grunde legt, der Idee des Verhältnisses selber nicht gerecht und meine Formulierung wird gewiß durch eine weitere objektivere ersetzt werden.“ Mit diesem Worte aber, durch das Jhering seiner Theorie die culpa entzieht, entreißt er ihr auch den Boden unter den Füßen, die positiv-quellenrechtliche Begründung; war ja die aus unseren Stellen abstrahierte culpa das einzige Band zwischen seiner Lehre und den Quellen. Das waren seine eigenen Worte:[12]) „Ein allgemeines Prinzip für unsere Klage ist nur mittelst der culpa zu gewinnen. Nehmen wir letztere nicht zu Hilfe, so müssen wir bei den beiden Fällen der Quellen stehen bleiben, wie dies denn auch in der That bisher geschehen ist. Es fehlt hier an der Brücke, um von den zwei Fällen der Quellen zu den vielen anderen zu gelangen, in denen das Bedürfnis einer Schadensersatzklage in nicht geringerem Maße vorhanden ist.“ —

Mit der vorstehenden Erörterung von Jherings Theorie kam es uns darauf an, gerade auf das Charakteristische von Jherings Unternehmen hinzuweisen, nämlich das Recht der Quellen mit den modernen Rechtsbedürfnissen zu einer Einheit zu verschmelzen. Soweit wir sehen, ist dieses Moment nirgends hervorgehoben worden, und doch liegt in ihm der Kern der Jhering'schen Lehre. Dieser Kern birgt ihre Bedeutung und ihre Hinfälligkeit. Ihre Bedeutung! Nimmer hätte Jherings Untersuchung eine solche Bewegung innerhalb der gesamten juristischen Welt hervorgerufen, wie sie es gethan, wenn er seine Lehre als ein bloßes subjektives Postulat vorgetragen hätte, wenn er nicht mit überzeugendster Beredsamkeit ausgerufen hätte: Seht, was ich vortrage, von dem wir alle wünschen, daß es recht wäre — es ist Recht! Seine Hinfälligkeit! Auch Jhering vermochte es nicht, die Kluft zu überbrücken, welche zwischen den Rechtsbedürfnissen zweier Zeiten gähnte, die ein anderthalb Jahrtausend auseinander liegen. —

Welches die weiteren Versuche der Lösung unseres Problems nach Jhering im einzelnen sind, werden wir später noch zu verfolgen

[11]) Jhering: Das Schuldmoment im röm. Privatrecht p. 38.
[12]) Jhering: Jahrb. für Dogm. a. a. O. p. 40.

haben. Hier jedoch schon erscheint es uns angebracht, die Grundlinien des Weges anzudeuten, welche unser Problem in der gemeinrechtlichen Wissenschaft genommen hat.

Iherings Versuch, aus den Quellen eine Theorie der Lehre von der Schadensersatzpflicht abzuleiten, ist der einzige geblieben.[13]) Seine Nachfolger beurteilten einerseits die historische Rechtfertigung von Iherings Dogma, andererseits nahmen sie es als solches und untersuchten es erkenntniskritisch. Von denen, die sich ihm bedingungslos anschlossen, ist nicht zu reden. Seine Gegner teilen sich in zwei Hauptlager. Die einen suchten, losgelöst von jeder positiv-rechtlichen Norm, anstatt des culpa-Prinzips ein anderes zu finden, das die Kasuistik, welche das Verkehrsleben zeitigte, besser umfaßte, als jenes. Die anderen verzichteten auf die Aufstellung eines einheitlichen Prinzips und versuchten für die einzelnen Fälle, in denen sich eine Ersatzpflicht als notwendig erwies, juristisch-technische Formeln zu finden. Während jene an den philosophisch-rechtspolitischen Gedanken Iherings anknüpften, bemühten sich diese um die rein juristische Normierung der einschlägigen Punkte.

Indem wir von beiden Richtungen aussprechen, daß sie zu einer wirklichen Lösung unseres Problems nicht führen konnten, kennzeichnen wir die innere Haltlosigkeit, die u. E. die Frage nach der Schadensersatzpflicht bei unwirksamen Verträgen unter der Herrschaft des gemeinen Rechtes einnimmt. — Was zunächst das Beginnen betrifft, die neuen Schadensersatzansprüche mit anderen positiv-rechtlichen Ansprüchen zu identifizieren und so die juristische Rechtfertigung zu liefern, so ist anzuerkennen, daß man hierbei wenigstens theoretisch juristisch exakt verfuhr; in der praktischen Ausführung schlug es gänzlich fehl. Es war vergeblich, sich mit klammernden Organen an die alten Formen festzuhalten, die neuen Verkehrsbedürfnisse ließen sich absolut nicht in die spanischen Stiefeln bereits vorhandener Konstruktionen einschnüren; es war leicht, evident nachzuweisen, daß sie den in Frage stehenden Verhältnissen in nichts gerecht wurden.

---

[13]) Man könnte geneigt sein, in den Ausführungen Melligers a. a. O. p. 125, 137 f., 147 ff. einen zweiten Versuch zu erblicken, Quellen und gemeinrechtliche Theorie zu verbinden. Bei der Darstellung der Begründungsversuche unseres Problems in der neueren Literatur werden wir hierüber ausführlich handeln. Hier nur die Bemerkung, daß es Melliger u. E. nicht gelungen ist, Iherings Behauptung, daß ohne Annahme einer culpa die Schadensersatzverbindlichkeit in unsern Quellenstellen eine völlig isolierte positive Bestimmung bliebe, zu widerlegen und mit Erfolg an Stelle der culpa die „Verursachung“ zu setzen. Vgl. 3. Buch 1. Kap. § 5.

Diejenigen, welche für die neuen Haftungsbedürfnisse auch eine neue juristische Formel zu finden sich bemühten, vergaßen, daß sie immerhin auf diese Weise nur zu einem Prinzipe de lege ferenda gelangen konnten, daß aber vorerst ein Nachweis des Rechtseins und nicht des Rechtseinsollens von Nöten war. Mochte man nun erklären, daß aus diesen und jenen Gründen eine Haftpflicht notwendig vorhanden sein müsse, oder mochte man diese als gegeben voraussetzen und nur ihren Rechtsgrund aufdecken — dort stellte man fromme Wünsche auf, hier fehlte der positive Rechtsboden.

Zwei Fragen werden zu beantworten sein: Welches war der thatsächliche Rechtsstand über die in Frage stehende Schadensersatzpflicht, und wie war eine Lösung des Problems möglich. Über die erste Frage ist zu sagen, daß sich in der Praxis, wie ganz natürlich, die Schwankungen und Streitigkeiten innerhalb der Theorie getreulich wiederspiegeln. Zu einem festen Standpunkt ist man, soviel wir sehen, nicht gelangt.[14]) Eine gerade sehr erhebliche Gefährdung der Rechtssicherheit ist deshalb ausgeblieben, weil gerade die häufigsten Fälle unserer fraglichen Haftung durch Sondergesetzgebungen geregelt wurden.[15]) In erster Reihe ist das Problem ein theoretisches geblieben.[16]) Wie wir eine gesunde Behandlung desselben, um auf unsere zweite Frage zu kommen, gewünscht hätten, haben wir gelegentlich schon hervorgehoben.[17])

Gänzlich ablehnend müssen wir uns gegen jeden Versuch erklären, aus den römischen Quellen die Rechtfertigung für ein dem modernen Verkehr angemessenes Prinzip der Schadenshaftung bei unwirksamen Verträgen zu geben. Die einzigen Quellenstellen, die überhaupt in Betracht kommen, sind in der That die von Ihering verwerteten, die wir im 1. Kapitel eingehend erörtert haben. Man mag sich zur Interpretation derselben stellen, wie man wolle, unbestreitbar ist, daß es einfach unmöglich erscheinen muß, über Vermutungen hinweg zu einem sicheren, unanzweifelbaren Sinn ihres Inhalts zu kommen. Solche Stellen mögen sich wohl, weil sie eben jede Interpretation zulassen, bequem zur Stütze irgend einer Ansicht und Lehre verwenden lassen — als angemessen können wir eine

---

[14]) Vgl. Seufferts Archiv Bd. XXI 29; XXXI 129; XXX 238; Mommsen: Erört. p. 54 f.

[15]) Durch das ALR. und durch das AD. HGB.

[16]) Vgl. Melliger a. a. O. p. 66.

[17]) Siehe oben p. 8 und p. 25.

solche Verwendung nicht erachten. Aber wenn auch zu der Dürftigkeit der Quellen nicht noch ihre unentwirrbare Unklarheit hinzukäme, die Dürftigkeit allein wäre hinreichend, um eine ganze Theorie nicht auf sie aufbauen zu können. Worte der Verteidigung, daß die moderne Haftung ganz dem Geist des römischen Rechts entspricht und dergleichen, sind inhaltlose Phrasen. Eine Ausdehnung der römischen Quellenstellen mag wohl mit Fug dahin gehen, die Vorschriften, welche sie hinsichtlich von Kaufverträgen über unmögliche Leistungen enthalten, auch hinsichtlich anderer Verträge über unmögliche Leistungen anzuwenden; darüber hinaus aber nicht. Die These, daß der Entwickelungsgang des römischen Rechts darauf gerichtet war, das Prinzip der Äquität immer mehr dem ius strictum gegenüber durchzusetzen, giebt, so richtig sie ist, noch keine Berechtigung dazu, jede Billigkeitserwägung als im Sinne des römischen Rechts oder gar als römisches Recht auszugeben. Damit verwischt man nur die Möglichkeit einer klaren Feststellung des Standes einer Frage. Die weitaus meisten Fälle, in denen die Frage der Ersatzpflicht bei unwirksamen Verträgen praktisch wird, liegen auf dem Gebiete des Vertragsabschlusses unter Abwesenden. Heute, bei der Formlosigkeit der Verträge, bei dem Verkehr mit Post, Telegraph nnd Telephon kann gar leicht die Unwirksamkeit eines Vertrages auf Grund eines Irrtums, einer falschen Übermittelung und dergleichen eintreten. Lagen in diesen Beziehungen bei den Römern die Verhältnisse ganz anders, so können wir uns einerseits nicht darüber wundern, bei ihnen keine Rechtsnormen zu finden, die unser jetziges Gemeinschaftsleben bedarf, für die damals aber kein Bedürfnis vorhanden war, andererseits aber ist es dann doch nichts weniger als angebracht, trotz dieser Erkenntnis durchaus bei den Römern das Grundprinzip für die Regelung unserer modernen Verhältnisse finden zu wollen. Es ist bündig auszusprechen, für das Problem der Schadensersatzpflicht bei unwirksamen Verträgen versagt das römische Recht!

Wir haben es in unserer Einleitung als grundsätzlich richtig bezeichnet, daß die gemeinrechtliche Doktrin immer mehr zur freien, rechtsphilosophischen Erfassung unseres Problems überging. Aber das muß scharf betont werden: mit rechtsphilosophischer Erwägung allein wird noch kein Recht geschaffen. Die einzige Möglichkeit um zu einem Rechte bezüglich der Schadensersatzverpflichtung bei unwirksamen Verträgen zu gelangen, war das Gewohnheitsrecht! Über viele unfruchtbare Streitereien hat die gemeinrechtliche Doktrin die Gelegenheit verabsäumt, in unserer Frage wahrhaft rechtsschöpferisch zu wirken. Denn, soweit wir die Verhältnisse zu überblicken vermögen, bestand ein solches Gewohnheitsrecht nicht; nirgends wenigstens finden wir es erwähnt.[18]) Sache der Wissenschaft wäre es da gewesen, an dem Maßstabe eines grundlegenden rechtsphilosophischen Prinzips die Kasuistik für die in Frage stehende Schadensersatzverpflichtung herauszuarbeiten und darauf hinzuwirken, daß ihre Ergebnisse auf dem Wege der Praxis, des ständigen Gerichtsgebrauches, zum Recht würde. Das hätte eine edlere Weiterbildung des römischen Rechtes bedeutet, als der nutzlose Versuch, Prinzipien aus ihm herauszupressen, die es nicht zu spenden vermochte, oder die Einbildung, daß diejenige Schadensersatzverpflichtung, welche man nach subjektiver Auffassung, etwa von Treu und Glauben, für begründet hielt, Recht wäre. — — —

[18]) Eine Ausnahme ist festzustellen: Regelsberger, Zivilrechtl. Erörter. p. 76 sagt gelegentlich der Behandlung des Widerrufs der Offerte bei Vertragsschluß unter Abwesenden: „Wir sehen: ein wirksamer Rechtsschutz liegt nur in der Nichtbeachtung des Widerrufs und Behaftung des Antragenden bei seinem Angebote. — . . . Und damit befinden wir uns nicht bloß im Bereich der Wünsche und Forderungen an das Recht, sondern, wenn wir nur die Augen offen halten wollen für dasjenige, was um uns vorgeht, des wirklich bestehenden Rechts. Kaufleute und alle Personen, welche dem Verkehr nahe stehen, haben über die Gültigkeit jenes Satzes gar keinen Zweifel. Was aber in solcher Stärke im Bewußtsein des Volkes oder eines Standes lebt, in deren Handlungen sich ausprägt, das trägt alle Merkmale positiven Rechts an sich." Es ist hier also in dem Falle, in welchem wegen Widerrufs der Offerte der Vertrag nichtig war und demgemäß die Frage nach dem Ersatze des negativen Vertragsinteresses praktisch wurde, eine gewohnheitsrechtliche Lösung eingetreten, wenn auch nicht in dem Sinne der Ersatzpflicht des negat Interesses, sondern, um den Oblaten noch stärker zu schützen, im Sinne der Unwiderruflichkeit der Offerte. — Vgl. noch Kühn: Jahrbuch für Dogm. Bd. 16 p. 60 Anm. 1. Mit Unrecht erklärt daher Melliger a. a. O. p. 238 für unseren Fall eine Unterscheidung zwischen Handels- und Nichthandelsverkehr als willkürlich.

2. Buch.

Die Kasuistik der Theorie vom negativen Vertragsinteresse nach dem Bürgerlichen Gesetzbuch auf der Grundlage des gemeinen Rechts.

Einleitung.

Wie wir bei der Darstellung von Iherings Theorie hervorgehoben haben,[1]) bleibt es sein ungeschmälertes Verdienst, die Frage nach der Schadensersatzpflicht bei unwirksamen Verträgen nicht nur einheitlich beantwortet, sondern auch in einer überaus reichen Kasuistik alle möglichen Fälle fixiert zu haben, in der sie aufzuwerfen ist. Die Ihering nachfolgenden Autoren fußen auf dessen Kasuistik, mögen sie ihre Erörterungen an die einzelnen von ihm vorgebrachten Fälle selbst oder an seine Theorie als solche anknüpfen. Das Gleiche gilt von dem Bürgerlichen Gesetzbuch.

Iherings Theorie von der culpa in contrahendo war es, zu der man bei der Redaktion desselben in den einschlägigen Punkten bewußt Stellung nahm, sei es, daß man sie im Sinne dieser Theorie oder von ihr abweichend normierte.[2]) Darum ist es hier Ortes, auf die Kasuistik der Lehre vom negativen Vertragsinteresse einzugehen. Durch die parallele Darstellung der für unsere Lehre in Betracht stehenden Bestimmungen des BGB. werden wir eine scharfe Abgrenzung zwischen dem gemeinrechtlichen Stande unseres Problems und demjenigen in unserm geltenden Reichsrecht gewinnen.

---

[1]) Siehe oben p. 48.

[2]) Vgl. Motive I p. 194ff. II p. 178f. Protokolle I p. 98f., 450ff. Leonhard: Allgem. Teil p. 505 Anm. 5.

1. Kapitel.

Mangel in der Person.

§ 1.

Verpflichtungsfähigkeit.

Sowohl das gemeine Recht, wie das BGB. treffen Bestimmungen dahin, daß gewisse Personen schlechthin unfähig sind, sich durch Rechtsgeschäfte zu verpflichten, daß andere in ihrer Verpflichtungsfähigkeit Einschränkungen erfahren.[1]) Der Gedanke, der diesen Bestimmungen zu Grunde liegt, ist: denjenigen Personen, die aus irgend einem Grunde geistig oder sittlich nicht auf einer solchen Stufe stehen, daß man von ihnen eine geordnete, angemessene Regelung ihrer Rechtsverhältnisse erwarten darf, Schutz gegen sich selber zu gewähren. Nach derselben Maßgabe wie diese Fähigkeit zu rechtsgeschäftlichen Willenserklärungen war im gemeinen Recht die Verantwortlichkeit für unerlaubte Handlungen und für Verletzung obligatorischer Verpflichtungen geregelt. Für die Verpflichtungsfähigkeit nach allen ihren Richtungen hatte die gemeinrechtliche Doktrin den einheitlichen Ausdruck „Handlungsfähigkeit" geprägt.[2]) Nach dem BGB. ist eine bedeutsame Differenzierung in den verschiedenen Arten der Verpflichtungsfähigkeit eingetreten, und es kennt daher den umfassenden Begriff „Handlungsfähigkeit" nicht mehr.[3]) Einen besonderen terminus technicus hat das BGB. nur noch für die Fähigkeit zu rechtsgeschäftlichen Willenserklärungen, und zwar wird dieselbe als „Geschäftsfähigkeit" bezeichnet.[4])

Nach römischem, gemeinem Rechte und nach dem BGB. sind „geschäftsunfähig" diejenigen, welche noch nicht das 7. Lebensjahr vollendet haben, sowie diejenigen, deren Geist andauernd derartig gestört ist, daß sie keiner freien Willensbestimmung mächtig sind;[5])

---

[1]) Vgl. Windscheid: Bd. I § 54 p. 204ff, § 71 p. 277ff.; BGB. § 104ff.

[2]) Vgl. Planck: Komm. z. BGB. I p. 149; Leonhard: a. a. O. p. 270.

[3]) Vgl. Planck u. Leonhard l. c., Eck: Vorträge p. 177. In der Theorie wird die Verwertung des Begriffes „Handlungsfähigkeit" zuweilen noch beibehalten, vgl. z. B. Crome: System d. deutschen bürgerl. Rechts I p. 191.

[4]) BGB. 3. Abschnitt, 1. Titel. — Der Ausdruck „Geschäftsfähigkeit" entstammt dem preußischen Gesetze v. 12. Juli 1875 betr. die Geschäftsfähigkeit Minderjähriger. Vgl. Motive I p. 129.

[5]) Vgl. Windscheid l. c. BGB. § 104 Nr. 1, 2.

dazu nach BGB. schlechthin die wegen Geisteskrankheit Entwündigten.[6]) Wer geschäftsunfähig ist, dessen Willenserklärungen sind nichtig. Desgleichen sind nichtig solche Willenserklärungen, die im Zustande der Bewußtlosigkeit — hochgradige Trunkenheit, Fiberdelirium, Nachtwandeln, Schlaftrunkenheit — oder vorübergehender geistiger Störung abgegeben werden.[7])

Für veräußerungs- und verpflichtungsunfähig, resp. für beschränkt geschäftsfähig erklären das gemeine Recht und das BGB. die Personen vom vollendeten 7. bis zum vollendeten 21. Lebensjahre, ferner die wegen Verschwendung entmündigten Personen; insonderheit das BGB. diejenigen Personen, welche wegen Geistesschwäche[8]) oder Trunksucht entmündigt, und diejenigen, welche unter vorläufige Vormundschaft gestellt sind. Von solchen Personen ohne Einwilligung des gesetzlichen Vertreters abgeschlossene Verträge bedürfen der Genehmigung des gesetzlichen Vertreters oder ihrer selbst nach erlangter unbeschränkter Geschäftsfähigkeit. Bis zu dieser Genehmigung sind dieselben also unwirksam.[9])

Es ist von uns die Frage aufzuwerfen, ob bei solchen wegen Geschäftsunfähigkeit bezw. wegen beschränkter Geschäftsfähigkeit des einen Kontrahenten unwirksamen Verträgen eine Haftung auf das negative Vertragsinteresse eintreten kann.

Zunächst ist allgemein für das gemeine Recht anerkannt, daß Geschäftsunfähige sich in keinerlei Weise haftbar zu machen vermögen. Hierin trifft die Meinung derer, die in den fraglichen Fällen nur eine Haftung für dolus anerkennen, und derjenigen, die bereits für

---

6) Ohne Rücksicht darauf, ob sie wirklich krank sind und ohne Rücksicht auf lichte Zwischenräume. BGB. § 104 Nr. 3; vgl. aber § 115 und unten p. 75.

7) BGB. § 105.

8) Die unterschiedliche Behandlung der verschiedenen Grade geistiger Abnormität im BGB. hat das bereits in der Strafrechtswissenschaft lebhaft umstrittene Problem der „Zurechnungsfähigkeit" auch für das Bürgerl. Recht von erhöhter Bedeutung werden lassen. Unser Zusammenhang schließt ein weiteres Eingehen auf die äußerst schwierige Lehre aus. Wir verweisen in erster Reihe auf: Stammler, Recht d. Schuldverhältnisse p. 14ff. und Liepmann, Einleit. in das Strafrecht p. 86—113. Aus der civilistischen Literatur ist ferner bemerkenswert: Endemann: Einf. i. d. Studium des BGB. I p. 118ff. Hölder: Komment. z. BGB. p. 240f.

9) Vgl. Windscheid a. a. O. § 54 u. § 71; BGB. § 106ff. Bei einseitigen Rechtsgeschäften schreibt das BGB. sogar die (vorherige) Einwilligung des gesetzlichen Vertreters absolut vor, so daß selbst die (nachherige) Genehmigung das Rechtsgeschäft nicht mit rückwirkender Kraft rechtsgültig machen kann: BGB. § 111.

culpa in contrahendo einstehen lassen, zusammen. Wegen dolus können die Geschäftsunfähigen nicht haften, weil sie kraft positiver Rechtsvorschrift noch gar nicht deliktsfähig, wegen einer culpa nicht, weil sie hinsichtlich des Vertragsschlusses nicht als iniuriae capaces anzusehen sind.[10])

Strittiger ist im gemeinen Rechte die Haftung der beschränkt Geschäftsfähigen. Vor allem ist es Jhering, der den Minderjährigen einer Schadensersatzpflicht aus einer culpa in contrahendo für fähig erachtet.[11]) Jhering wird zu dieser Auffassung dadurch bewogen, daß ihm sonst die den Minderjährigen vom Rechte gewährte Rücksicht zu einer Rücksichtslosigkeit gegen alle andern Personen auszuarten scheint. Er giebt zwar zu, daß in den meisten Fällen der Minderjährige mit der actio doli zu belangen sei, indem er einen dolus z. B. bereits bei einem Verschweigen der Minderjährigkeit annimmt; immerhin, meint er, könnten die Umstände auch von der Art sein, daß sie einen dolus nicht begründen. Als Beispiel nennt Jhering den Fall, daß der Vormund des Minderjährigen bisher gewohnt gewesen ist, gewisse Kontrakte (z. B. Aufträge zu Bücherauktionen) zu genehmigen, letzterer diese Genehmigung in einem Falle auch mit Bestimmtheit erwartete, in dem sie ihm nunmehr wider Erwarten verweigert wird. Hier sagt Jhering „führt die actio doli nicht zum Ziel, es könnte also nur mittelst unserer Schadensersatzklage geholfen werden".[12]) Um seine Ansicht fester zu fundieren, hebt Jhering selbst drei Momente hervor, die gegen die Haftung geltend gemacht werden könnten, und versucht sie zu widerlegen. Von diesen ist vorab mit Jhering der zweite als nicht stichhaltig abzulehnen, der dahin geht, daß bei Nichtstattfinden einer Kontraktsklage auch eine Schadensersatzklage nicht in derselben Richtung eingreifen könne. Die Versagung der Kontraktsklage bezieht sich nur auf die Ausführung des Kontrakts; ob eine anderweitige Verpflichtung vorliegen könne, ist damit offen gelassen und steht gerade in Frage.[13]) — Zu leicht

[10]) Einen abweichenden Standpunkt nimmt Melliger a. a. O. p. 177 ff. ein, der auch für die Minderjährigen die reine Verursachungshaftung auf das negat. Vertragsinteresse durchgeführt wissen will; diese muß sich natürlich auch auf die inpuberes erstrecken, wenngleich hier praktisch meistens ein Verschulden des Gegenkontrahenten die Haftung ausschließen wird. Zur Kritik dieser Ansicht vgl. p. 65 f.

[11]) Jhering a. a O. p. 57 ff.

[12]) Jhering a. a. O. p. 58.

[13]) Vgl. hierzu Melliger a. a. O. p. 177 Anm. 177; seinen Ausführungen kann nicht beigestimmt werden, da der Ausgang derselben von dem Satze: „nicht

scheint Ihering uns über den ersten Einwand hinwegzugehen, den er selbst folgendermaßen präzisiert: „Es wäre Sache des andern Teils gewesen, sich nach den Verhältnissen seines Kontrahenten zu erkundigen,"[14]) Wenn wir uns über diese Erkundigungspflicht Rechenschaft abzulegen versuchen, so werden wir unterscheiden müssen, ob die Kontrahenten gegenwärtig bei einander oder ob sie getrennt sind. Nehmen wir letzteren Fall zuerst, so werden wir unbedenklich den Satz aussprechen, daß derjenige, der mit Personen kontrahieren will, die er von Gesicht zu Gesicht noch gar nicht kennt, sich erst über deren Persönlichkeit zu vergewissern hat. In der That tritt uns dies im ordentlichen, besonders kaufmännischen Verkehr, auch überall entgegen. Man kann demgegenüber durchaus nicht einwenden, daß dies eine zu große Beschränkung und Schwerfälligkeit des Verkehrs mit sich bringen würde, die aus praktischen Rücksichten nicht zu verlangen ist. Der weitaus größte Teil der Vertragsschlüsse unter Abwesenden findet zwischen Kaufleuten unter einander statt, wo also unsere Frage überhaupt nicht praktisch werden dürfte. Von den vorkommenden Fällen werden die meisten derart sein, daß bereits aus den Objekten die naheliegende Möglichkeit sich ergiebt, Minderjährige könnten die Kontrahenten sein, z. B. Kauf resp. Verkauf von Büchern, Briefmarken 2c. — Bei einem Minderjährigen, dem der Kontrahent persönlich gegenübersteht, wird oft dessen äußere Erscheinung eine genügende Mahnung sein, die Frage über seine Geschäftsfähigkeit in Betracht zu ziehen. Es bleibt somit die eine Möglichkeit, daß der Minderjährige infolge körperlicher Entwickelung durch seinen ganzen Habitus objektiv durchaus den Eindruck eines Volljährigen macht, so daß man dem persönlich ihm gegenüberstehenden Kontrahenten billig eine besondere Erkundigungspflicht nicht zumuten kann. In diese immerhin seltene

blos soll das unfähige Subjekt von sich allein aus nicht in Vertragsverhältnisse, wenigstens nicht nach der verpflichtenden Seite hin, eintreten können, sondern auch innerhalb derselben, wenn sie einmal durch andere Faktoren ins Dasein gerufen(?), nicht für culpa, soweit sie vertragliche Natur haben (soll wohl „hat" heißen), einstehen müssen" unrichtig ist. Würde der Minderjährige, selbst wenn die Voraussetzungen für einen rechtswirksamen Vertragsschluß erfüllt sind, innerhalb des Vertrages doch nicht für culpa, haften (und so verstehen wir die freilich etwas unklare Behauptung Melligers), dann wäre es ein gar zu gefährlich Ding, überhaupt je mit einem Minderjährigen in einem Vertragsverhältnis zu stehen. Vertragsfähigkeit und Vertragshaftung müssen sich stets ergänzen, keineswegs schließt aber an sich mangelnde Vertragsfähigkeit außervertragliche Haftung aus.

[14]) Ihering a. a. O. p. 58.

Möglichkeit schlägt denn auch der Thatbestand, den Ihering anführt, um darzuthun, daß dem betreffenden Einwande „so scheinbar er auf den ersten Blick ist“ kein großes Gewicht beizulegen sei.[15]) „Ein Minderjähriger von nahezu 25 Jahren hält sich vorübergehend in einem Lande auf, in dem die Volljährigkeit mit einem früheren Zeitpunkt eintritt, und wo jeder ihn für einen Volljährigen halten konnte, mietet z. B. in einem Bade auf einige Wochen eine Wohnung, nimmt seinen Mittagtisch auf Kredit u. s. w., verspielt sein Geld, und der Vormund weigert sich hinterher die Schulden zu bezahlen.“[16])

Wenn wir so die Grenzen der Erkundigungspflicht abstecken, werden wir sehen, daß für unsere Fälle die Frage nach der Ersatzpflicht für Haftung aus einem unwirksamen Vertrage zu minimaler Bedeutung herabsinkt. Durch das Ausüben der zu fordernden Erkundigung wird der Kontrahent entweder die Minderjährigkeit erfahren, oder er wird den Minderjährigen — bei Vorspiegelung der Volljährigkeit — in dolus versetzen. In letzterem Falle gilt aber der Satz: malitia supplet aetatem. Dann haftet der Minderjährige nicht nur für das negative Vertragsinteresse, sondern voll aus dem Vertrage, wie wenn er denselben als Volljähriger abgeschlossen hätte. Kommt der Kontrahent seiner Erkundigungspflicht nicht nach und ist aus den Umständen ein dolus des Minderjährigen nicht zu entnehmen, so fühlt er den Schaden ex sua culpa. Nach diesem Gesichtspunkt scheint uns auch der zuerst angegebene Thatbestand (oben p. 62) beurteilt werden zu müssen, wonach wir eine Haftung des gutgläubigen Minderjährigen verneinen werden. Auch in dem einen Falle, in dem wir eine Erkundigungspflicht nicht statutieren können (siehe oben), wird allermeistens ein dolus des Minderjährigen in Betracht stehen. Wir vermögen Ihering nicht anders zu verstehen, als daß er sich geradezu widerspricht, wenn er einmal meint, ein Minderjähriger, den jeder nach seiner Stellung oder seinem Äußeren für einen Volljährigen halten durfte, sei schlechterdings durch das bloße Verschweigen seiner Unfähigkeit dolos, falls er außerhalb, wo man seine Unfähigkeit nicht kannte und nicht zu kennen brauchte, kontrahierte, z. B. eine Weinbestellung macht, und dann doch in dem oben angegebenen Fall einen dolus des Minderjährigen für nicht annehmbar hält, weil er ursprünglich die Absicht hatte, seinen Verbindlichkeiten, wie Be-

---

15) Ihering a. a. O. p. 59.

16) Daß nach EG. z. BGB. Art. 7 Abs. 3 auch dieser Fall eine andere Regelung erfährt, darüber vgl. unten p 72.

zahlung der Wohnung, des Mittagstisches ꝛc., nachzukommen. Würden wir in dem bloßen Verschweigen der Unfähigkeit seitens eines Minderjährigen, der sich bewußt ist, daß er durch sein Äußeres den Anschein eines Volljährigen erweckt, stets Dolosität sehen, so ständen die Momente des tadelhaften Verhaltens des Mitkontrahenten und des dolus seitens des Minderjährigen in korrespondierendem Verhältnisse, so daß für unsere Frage der Ersatzpflicht überhaupt kein Raum bliebe; denn der Fall, daß ein Minderjähriger, der jedem berechtigter Weise als Großjähriger erscheint, dies nicht weiß, wird kaum vorkommen. Richtiger Ansicht nach liegt aber in dem Verschweigen allein noch kein dolus, es gehört dazu immer die auf Täuschung zielende Absicht. Wann diese aus dem Schweigen zu entnehmen ist, ist quaestio facti; sicherlich wird sie häufig in demselben enthalten sein. In den Fällen, in denen sie es nicht ist, da endlich greift nun unsere Frage ein. Gegen das Aussprechen der Schadensersatzpflicht erhebt sich jetzt aber der dritte Einwand, von Jhering selbst als der gewichtigste bezeichnet: daß dann der Schutz der bevormundeten Personen gegen leichtsinniges Kontrahieren illusorisch sein würde. Diesen Einwand gelingt es Jhering nicht zu beseitigen. Seine Ausführungen laufen nur da hinaus, daß die Gefahr, welche seine Theorie jenen Personen bringe, nicht so groß sei: das ist wahrlich nicht genug, um positiv ihre Anwendung zu rechtfertigen. Mit Recht sagt Regelsberger: „Das Gesetz, welches die Verpflichtungsunfähigen gegen die rechtlichen Folgen eines im übrigen fehlerfreien Vertragsschlusses in Schutz nimmt, würde mit sich selbst in Widerspruch treten, wenn es einem fehlerhaften Vertragsschlusse für den Verpflichtungsunfähigen verbindliche Wirkung beilegte.“ [17])

Jherings wiederholte Äußerungen, er wolle gern zugestehen, daß er sich seiner Sache keineswegs völlig gewiß sei, ob in unsern Fällen seine Schadensersatzklage zu gewähren sei, zeigen an, daß ihm die Konsequenzen seiner Theorie hier selbst mit seinem Rechtsgefühl in Konflikt bringen. Konsequent ist die Anwendung der culpa in contrahendo bei Jhering für unsere Fälle durchaus. Er stellt die culpa in contrahendo der culpa in contractu völlig gleich; da die Minderjährigen nun in bestehenden Kontraktsverhältnissen culpa zu gewährleisten haben, so müssen sie es folgerichtig auch in entstehenden. [18])

---

17) Regelsberger: Endemanns Hdbch. d. HR. II p. 415. Vgl. Mommsen, Erört. p. 85; Bähr: Jahrb. f. Dogm. XIV p. 408. Abw.: Melliger a. a. O. p. 179.

18) Vgl. oben Anm. 12; Drechsler a. a. O. p. 24.

Aber selbst wenn wir Iherings Theorie von der culpa in contrahendo als richtig anerkennen würden, könnte es u. E. nicht zweifelhaft sein, diese Konsequenz nicht zu ziehen. Wir treffen hier wieder auf einen wissenschaftlichen Fehler sehr verbreiteter Natur. So berechtigt das Streben ist, die Mannigfaltigkeit der Erscheinungen aller Art auf Grundprinzipien zurückzuführen, so sehr dies gerade die vornehmste Aufgabe jeder Wissenschaft ist, so steht doch fest: innerhalb der technischen Jurisprudenz kann a priori kein Satz ausnahmslose Geltung beanspruchen. Die Frage nach dem allgemeingültigen Grund der Gesetze der sozialen Ordnung kann nur abstrakt, formal beantwortet werden, und diese Antwort zu geben ist Sache der Sozialphilosophie. In der konkreten Regelung des sozialen Lebens, welche Aufgabe positiven Rechtes ist, erzeugt das Bestreben im Sinne eines so vorgefaßten Ideals das objektiv Richtige für die empirischen Verhältnisse zu gewinnen Erwägungen oft widerstreitender Art. In den komplizierten Lebenserscheinungen ist nicht ein Grundsatz schroff durchzuführen, sondern verschiedene Grundsätze begegnen sich oft, und es gilt zu entscheiden, welchem in konkreter Durchführung des jeweiligen Falles der Vorzug zu geben ist.[18a]) So würden wir selbst den zugestandenen Grundsatz Iherings betreffend der Haftung für culpa in contrahendo in Bezug auf Minderjährige durch den Grundsatz ihres Schutzes für durchbrochen erachten.

Unter diesem Gesichtspunkt finden wir die richtige Entscheidung und Begründung bezüglich der Frage nach der Ersatzpflicht des Minderjährigen auch nach der Theorie, welche überhaupt kein Verschulden für die Schadensersatzhaftung bei unwirksamen Rechtsgeschäften verlangt. Da nach dieser die Haftung, gleichviel aus welchem Grunde, an die einfache, objektive Thatsache der Vertragsunwirksamkeit geknüpft ist, so liegt der Schluß nahe, daß ein subjektives Moment, als welches sich die Minderjährigkeit darstellt, die Ersatzpflicht nicht hindern könne.[19]) Ein Verfechter der objektiven Haftung ex bona fide, Eisele, der aber auch das Ergebnis der Ersatzpflicht seitens der Minderjährigen ablehnt, begründet nun seine Auffassung so:[20]) „Die Rechtsordnung sagt dem Erklärungsempfänger nur: Du darfst Dich darauf verlassen,

---

18a) Vgl. Stammler, Wirtschaft u. Recht, bes. § 30 a. E.

19) So Melliger a. a. O. p. 176 ff., besonders p. 179: „Im Falle des negativen Vertragsinteresses aber haben wir es gar nicht mit Rechtsgeschäften oder Unterlassungen von solchen, sondern mit einfachen Rechtsthatsachen zu thun."

20) Eisele: Jahrb. f. Dogm. XXV p. 473 ff.

daß der von Dir vernommenen Erklärung der Wille, den ihr Inhalt ausdrückt, entspreche; sie sagt aber nicht, Du darfst Dich auch darauf verlassen, daß dieser Wille ein rechtsgültiger ist." Dieses Argument ist für uns absolut unverwertbar, weil damit die Schadensersatzpflicht überhaupt ausschließlich auf den Fall der wegen Irrtums (mangelnden Konsenses) eintretenden Unwirksamkeit des Vertrages beschränkt wird. Dann ist gar nicht einzusehen, warum überhaupt Eisele für unsere Fälle die Frage aufwirft, da die Nichthaftung dann gar nicht problematisch ist. Die einzige Lösung der Frage liegt u. E. in dem von uns dargelegten Gedanken, dessen Inhalt die oben wiedergegebene Äußerung Regelsbergers[21]) zum Ausdruck bringt: Das Prinzip der objektiven Ersatzpflicht findet für die Minderjährigen deshalb keine Anwendung, weil für sie das Prinzip des absoluten Schutzes für Nichthaftung aus ihren unwirksamen Verträgen entgegensteht. —

Das Bürgerliche Gesetzbuch steht hinsichtlich der Haftung der Geschäftsunfähigen und der in der Geschäftsfähigkeit Beschränkten ziemlich auf demselben Standpunkt, wie die herrschende Lehre des gemeinen Rechts. Freilich ist der Standpunkt des BGB. in unserer Frage nicht auf den ersten Blick zu überschauen. In dem Abschnitt über die Geschäftsfähigkeit, in dem das BGB. die Unwirksamkeit der von den Minderjährigen abgeschlossenen Verträge behandelt, findet sich eine Vorschrift über die Haftung der Minderjährigen auf das negative Vertragsinteresse nicht. Da das BGB. in allen anderen Fällen, in welchen es eine Ersatzpflicht des negativen Vertragsinteresses eintreten läßt, diese stets ausdrücklich im Anschluß an die jeweilige Vorschrift der Nichtigkeit der betreffenden Rechtsgeschäfte normiert, so scheint aus dem Schweigen des Gesetzbuchs in unserm Falle zunächst entnommen werden zu können, daß es eine Schadensersatzpflicht des Minderjährigen nicht kennt. Es ist aber klar, daß dieser Schluß, der sich auf die bloßen systematischen Gepflogenheiten des BGB. stützt, einen Anspruch auf Sicherheit nicht hat. Das BGB. könnte ja gerade in unserem Falle von denselben abgewichen sein. Thatsächlich ist eine dies bejahende Annahme verschiedentlich zu rechtfertigen. Man könnte folgendermaßen argumentieren:[22]) Ein Abschnitt über die „Geschäftsfähigkeit" kann der Bedeutung des Wortes entsprechend naturgemäß nur über die rechtsgeschäftliche Verpflichtungs-

---

[21]) Vgl. Anm. 17.

[22]) Vgl. Melliger a. a. O. p. 79.

möglichkeit handeln, hier wäre eine Norm über die Haftung auf negatives Vertragsinteresse ein Verstoß gegen die Logik. Den umfassenden Begriff „Handlungsfähigkeit“ hat das BGB. nicht aufgenommen; nur unter diesen wäre aber die fragliche Haftung des Minderjährigen zu subsumieren. Die anderen als rechtsgeschäftlichen Haftungen der Minderjährigen normiert das BGB. in dem Abschnitt über die „unerlaubten Handlungen“. Indem zunächst die Frage unentschieden bleiben kann, ob die Ersatzpflicht des negativen Vertragsinteresses sachlich eine Haftung aus einer unerlaubten Handlung darstellt, so ist demgemäß doch eine Haftung des Minderjährigen jedenfalls in diesem Abschnitt zu suchen. Was auch sonst an dieser Beweisführung auszusetzen sein mag, sie hätte jedenfalls den Erfolg für sich, wenn wirklich das Gesetzbuch unter den „unerlaubten Handlungen“ eine Ersatzpflicht des Minderjährigen auf das negative Interesse bei den von ihm unwirksam abgeschlossenen Verträgen statuierte. Dies ist nicht der Fall. Da jedoch die entgegengesetzte Meinung vertreten wird,[23]) und um nicht eine Reihe von Zweifelspunkten offen zu lassen, ziehen wir die einschlägigen Bestimmungen in den Kreis unserer Erörterung.

In erster Reihe ist es der § 828 BGB., der der Interpretation größere Schwierigkeiten, als es den Anschein hat, bietet. Der Paragraph handelt ganz allgemein von der Haftung der Minderjährigen für eine Schadenszufügung von ihrer Seite. Nach ihm scheiden zunächst die Kinder unter 7 Jahren aus; sie sind außer ihrer Geschäftsunfähigkeit auch absolut deliktsunfähig. Ein Minderjähriger vom 7. bis zum vollendeten 18. Lebensjahr ist nur dann für einen Schaden, den er einem andern zufügt, verantwortlich, wenn er Einsicht genug besitzt, um die Verantwortlichkeit seiner Handlung zu erkennen. Daraus ist scheinbar unanfechtbar argumento e contrario zu schließen, daß der Minderjährige über 18 Jahre für die Schädigung eines Dritten schlechthin haftet,[24]) also auch für den Schaden, den er einem Dritten durch den Abschluß eines nichtigen Vertrages verursacht, auf das negative Vertragsinteresse.

Es ist nicht zu leugnen, daß der Ausdruck in § 828 diese fehlerhafte Schlußfolgerung e r m ö g l i c h t; andererseits glauben wir aber, daß die Fehlerhaftigkeit sich trotzdem aus dem Wortlaut des

---

[23]) Dieselbe scheint ihre Entstehung aus Motive I p. 142 herzuleiten. Vgl. Melliger a. a. O. p. 79.

[24]) So Melliger a. a. O. p. 80.

§ 828 selbst nachweisen läßt, sich mit unzweifelhafter Sicherheit aber aus dem ganzen Zusammenhang, in welchem der § 828 steht, ergiebt.

In den §§ 823—826 normiert das BGB. die Haftung für persönliche Deliktshandlungen. Da das Gesetz hierbei grundsätzlich ein Verschulden des Thäters voraussetzt, so muß es notwendig im Anschluß an diese Bestimmungen den Kreis der Personen abgrenzen, welche einer Schuld überhaupt nicht fähig und demgemäß von der Haftung frei sind. Und dieser Aufgabe entledigt sich das BGB. in den §§ 827, 828[25].) Diejenigen Personen, welche nicht zu den Ausscheidenden gehören, haften selbstverständlich nach den allgemeinen Grundsätzen, d. h. nach den Bestimmungen der §§ 823—826. Dieser Schluß, der aus dem Sinne der §§ 827 und 828 als Ausnahmevorschriften folgt, kann durch eine rein dialektische Behandlung dieser Paragraphen selbst nicht entkräftet werden. Um auch bei solcher das Richtige zu ergeben, müßte man z. B. in § 828 Abs. 1 in der Bestimmung: „Wer nicht das siebente Lebensjahr vollendet hat, ist für einen Schaden, den er einem andern zufügt, nicht verantwortlich" hinter dem Wort „andern" sich den Satz eingeschoben denken: „in einem der in den §§ 823 bis 826 bezeichneten Fälle". Daß thatsächlich diese Einschiebung nicht erfolgt ist, ist wohl zu entschuldigen; in der positiven Vorschrift ist sie überflüssig, und einen offenbar falschen negativen Schluß durchaus zu verhindern, hatte das Gesetz kaum Veranlassung.[26]) Nun könnte zwar ein Vertreter der Ansicht, daß der § 828 eine Haftung des Minderjährigen für das negative Vertragsinteresse statuiert, den Einwand erheben, daß der dialektisch mögliche Schluß aus § 828 auch der sinngemäß richtige sei; denn das Gesetz habe mit Absicht eben gerade zur Normierung der fraglichen Ersatzpflicht von einem Hinweis auf die vorhergehenden Bestimmungen oder, was gleichbedeutend ist, von der Voraussetzung des Schuldmomentes abgesehen. Demgegenüber ist abschließend zu erwidern. Thatsache ist, daß nach § 828 für eine Haftung — gleichviel welcher Art — nur die Minderjährigen vom siebenten Jahre aufwärts und zwar diejenigen vom 7. bis zum 18. Jahr nur bei

---

25) Vgl. Planck a. a. O. p. 617 ad § 827.

26) Daran kann nichts ändern, daß BGB. § 829 thatsächlich den angegebenen Zusatz enthält, obwohl auch hier bei Fehlen desselben der richtige Sinn des Paragraphen nicht zu verkennen gewesen wäre. Immerhin bedeutet diese Verschiedenheit eine kleine Inkonsequenz in der Redaktion, aber auch lediglich eine solche.

Vorhandensein der erforderlichen Verantwortlichkeitseinsicht in Betracht kommen. Besonders diese letztere aus dem Strafrecht entlehnte Einschränkung zeigt zur Evidenz, daß der Paragraph lediglich die Grenze der persönlichen Verantwortlichkeit ziehen will. So notwendig eine solche sorgfältige Unterscheidung für die Frage ist, wann bei einem Minderjährigen die für die Fälle der §§ 823—826 vorausgesetzte Verschuldung vorliegen kann, ebenso unverständlich wäre sie, wollte der § 828 die Haftung des Minderjährigen auf das negative Vertragsinteresse normieren. Einzig und allein hätte hier die Unterscheidung Zweck, wenn der Minderjährige nur bei einem Verschulden seinerseits haftete. Völlig verfehlt wäre es aber, dies in dem § 828 ausgesprochen zu sehen. Selbst wenn man den § 828 für die fragliche Haftung des Minderjährigen verwerten will, so ist doch klar, daß der Satz, derjenige Minderjährige soll haften, der die zur Erkenntnis der Verantwortlichkeit erforderliche Einsicht hat, nur das Kriterium für die allgemeine Deliktsfähigkeit an die Hand giebt, daß in ihm von dem Erfordernis einer konkreten Verschuldung bei einem einzelnen Vertragsschluß mit keinem Worte die Rede ist. Überdies, wie wollte man aus dem § 828 das Schulderfordernis des Minderjährigen über 18 Jahren herauslesen? Daß für den Fall der Haftung des Minderjährigen auf das negative Vertragsinteresse ohne Rücksicht auf sein Verschulden es überhaupt gänzlich unangebracht wäre den jüngeren vor den älteren zu bevorzugen, vor allem aber es geradezu sinnlos wäre, diese Altersabstufung nach dem äußerst diffizilen Merkmal der Verschuldungsfähigkeit vorzunehmen, wo es gar nicht auf die Verschuldung ankommt, das braucht nicht weiter erörtert zu werden. Endlich ist noch hervorzuheben, daß die von uns abgelehnte Interpretation des § 828 sich durch ihre Konsequenz selbst richtet. Geht diese dahin, daß z. B. der über 18 Jahre alte Minderjährige für einen von ihm zugefügten Schaden schlechtweg haftet, so fällt unter diese Haftung freilich auch diejenige für Schadenszufügung durch Abschluß eines nichtigen Vertrages; aber augenscheinlich ist diese Schädigung doch nicht die einzig mögliche. Da nun in § 828 die Haftung nicht auf den Fall derjenigen für negatives Vertragsinteresse beschränkt ist, so wäre in allen übrigen Fällen der Minderjährige weit schlechter gestellt als der Volljährige, indem dieser nur für die Schädigung durch Verschulden nach Maßgabe der §§ 823—826 ersatzpflichtig ist.[27])

---

[27]) Melliger a. a. O. p. 79 a. E. u. p. 80 a. A. geht soweit zu behaupten,

Haben wir mit vorstehenden Ausführungen nachgewiesen, daß das BGB. eine Haftung der Minderjährigen für die von ihnen abgeschlossenen unwirksamen Verträge als solchen nicht kennt, so fragt sich nur noch, ob nach dem BGB., wie im gemeinen Recht, eine Haftung bei deliktuoser vorsätzlicher Schädigung durch den Minderjährigen gegeben ist. Die in Betracht stehende Norm, BGB. § 826, lautet:

„Wer in einer gegen die guten Sitten verstoßenden Weise einem anderen vorsätzlich Schaden zugefügt, ist dem anderen zum Ersatz des daraus entstehenden Schadens verpflichtet."

Es ist als zweifellos zu erachten, daß hiernach der Minderjährige, der seinen Kontrahenten über sein Alter täuscht, sich haftbar macht, selbstverständlich nur, wenn die im § 828 angegebenen Voraussetzungen zur Deliktshaftung erfüllt sind. Da hier keinerlei Bedenken der Subsumtion aufstoßen, so können wir im übrigen auf die für das gemeine Recht gegebene Kasuistik verweisen.[28]) Bezüglich eines Punktes bedarf dieselbe allerdings einer Ergänzung.

Wie wir oben[29]) gesehen haben, wird im ganzen nur selten der Fall vorkommen, indem weder eigenes Verschulden des Mitkontrahenten, noch Dolosität des Minderjährigen eine Schädigung durch den unwirksamen Vertragsabschluß verursacht. In diesen Fällen der Reibung zweier Interessensphären haben das gemeine Recht und das BGB. in dem Gedanken des dem Minderjährigen zu gewährenden Schutzes den Schaden dem Mitkontrahenten auferlegt. Da gemeinrechtlich hinsichtlich des internationalen Privatrechts für die Frage, nach welchem Rechte die Handlungsfähigkeit zu beurteilen ist, der Wohnsitz der Person maßgebend ist,[30]) so muß nach gemeinem Recht der genannte Schutz auch dann eintreten, wenn jemand außerhalb seines Wohnsitzes einen Vertrag abschließt, zu dessen wirksamer Kontrahierung er wohl nach dem Recht des Aufenthaltsortes, nicht aber nach dem Recht seines Wohnsitzes fähig ist. Das BGB. (E.G.

---

nach § 829 hafte auch der Unzurechnungsfähige auf das negat. Vertragsinteresse, denn die verlangte Voraussetzung der Billigkeit der Haftung sei hier schlechterdings erfüllt. Er übersieht völlig, daß § 829 diese Billigkeits-Haftung ausdrücklich nur für die in den §§ 823—826 bezeichneten Fällen eintreten läßt, in welchen eine Haftung für das negat. Vertragsinteresse, von Melliger selbst unbestritten, überhaupt nicht ausgesprochen ist.

[28]) Vgl. p. 62 ff.

[29]) Vgl. p. 64.

[30]) Vgl. Windscheid, Pand. § 35 Nr. 1 (p. 121) und die dort Citierten.

Art. 7 Abs. 1) weicht grundsätzlich vom gemeinen Recht darin ab, daß nach ihm für die sog. Personalstatuten nicht mehr der Wohnsitz, sondern die Staatsangehörigkeit maßgebend ist. Erwägt man aber, daß seit der Geltung des Reichsgesetzbuchs es ein verschiedenes Wohnsitzrecht im Inland für die Geschäftsfähigkeit gar nicht mehr giebt, so würde nach der Regel des Gesetzbuchs unsere Frage im gleichen Sinne, wie nach gemeinem Recht beantwortet werden, nur mit dem Unterschied, daß an die Stelle des ausländischen Wohnsitzes die ausländische Staatsangehörigkeit gesetzt wäre. Die Regel wird jedoch gerade für unsere Fälle vom BGB. bedeutsam durchbrochen. E.G. Art. 7. Abs. 3 bestimmt nämlich:

„Nimmt ein Ausländer im Inland ein Rechtsgeschäft vor, für das er geschäftsunfähig oder in der Geschäftsfähigkeit beschränkt ist, so gilt er für dieses Rechtsgeschäft insoweit als geschäftsfähig, als er nach den deutschen Gesetzen geschäftsfähig sein würde."[31])

Nach dieser Bestimmung würde bei dem oben nach Ihering angeführten Beispiel[32]) der nach seinem Heimatsrecht Minderjährige, welcher im Deutschen Reich Obligationen irgend welcher Art eingeht, sobald er nur nach dem BGB. die Volljährigkeit erlangt haben würde, durchaus rechtsverbindlich kontrahieren. — Der Rechtsgrund für diese Vorschrift ist u. E. nicht darin zu suchen, daß in den fraglichen Fällen von einer Schuld des Mitkontrahenten in der Regel nicht füglich wird gesprochen werden können, indem man eine Erkundigungspflicht nach der Nationalität und den im Ausland geltenden Recht nicht wird verlangen können. Unbedingt ist dies alles zuzugeben, aber auf der andern Seite ist auch eine völlige Nichtschuld des Mitkontrahenten bei Vertragsschluß mit einem inländischen Minderjährigen denkbar, und doch haben wir gesehen, daß dann der Minderjährige trotzdem in keiner Weise gebunden oder ersatzpflichtig ist.[33]) Der der betreffenden Norm zu Grunde liegende Gedanke ist, daß nach der Anschauung des deutschen Rechts jede Person über 21 Jahre ihre Angelegenheiten selbstverantwortlich zu ordnen imstande ist, und daß ihr demgemäß ein Rechtsschutz vor sich selbst grundsätzlich nicht

[31]) Keine Anwendung findet die Vorschrift auf familienrechtliche und erbrechtliche Rechtsgeschäfte, sowie auf Rechtsgeschäfte, durch die über ein ausländisches Grundstück verfügt wird. EG. Art. 7 III Satz 2.

[32]) Siehe oben p. 64.

[33]) Vgl. p. 63 a. E.

mehr zukommt, besonders da, wo ihr Schutz einen andern schädigen würde.[34])

Trotz der Übereinstimmung zwischen gemeinem Recht und BGB. darin, daß aus der Unwirksamkeit ihrer Verträge als solcher die Minderjährigen nicht haften, sondern daß sie nur bei vorhandener Deliktsfähigkeit sich durch Vorspiegelung ihrer Volljährigkeit, also durch vorsätzliche Schadenzufügung, haftbar machen, ist doch ein nicht unbeachtenswerter Unterschied zwischen der gemeinrechtlichen und der BGB.-Haftung vorhanden; in beiden ist die Thatsache der Haftung gegeben, aber in der Art derselben weichen die beiden Rechte auseinander. Diese Abweichung hängt mit der näheren Behandlung der Unwirksamkeit von Verträgen seitens der Minderjährigen zusammen. Im gemeinen Rechte besteht diese Unwirksamkeit darin, daß der Vertrag anfechtbar ist, und der Minderjährige das Recht auf in integrum restitutio, Einsetzung in den vorigen Stand, hat. Hat der Minderjährige sich aber doloser Weise für volljährig ausgegeben, so wird ihm die Berufung auf sein Privileg versagt.[35]) Seine Haftung liegt also nicht darin, daß er für den Fall der Anfechtung seinem Mitkontrahenten das negative Vertragsinteresse zu gewähren hat, sondern die Anfechtung selbst wird ausgeschlossen und der sonst anfechtbare Vertrag für voll wirksam erklärt.[36]) Nach dem BGB.

---

[34]) In richtiger Durchführung dieses Gedankens ist die in der ersten Kommission beantragte Beschränkung der Vorschrift, daß sie nicht gelten solle, wenn der andere Teil den Mangel der Geschäftsfähigkeit gekannt habe, abgelehnt worden. Vgl. Planck a. a. O. VI p. 80. Melliger a. a. O. p. 186 sieht mit Unrecht in der Nichtunterscheidung zwischen gut- und bösgläubigen Dritten in Abs. 3 einen Widerspruch mit dem in Abs. 1 ausgesprochenen Grundsatz, gemäß dem die Geschäftsfähigkeit nach den Gesetzen des Staates beurteilt wird, dem die Person angehört. Der Abs. 3 enthält nicht einen W i d e r s p r u c h, sondern eine A u s n a h m e zu Abs. 1, und eine solche wäre auch bei Anerkennung der gedachten Unterscheidung noch vorhanden gewesen.

[35]) l. 2, 3 C. 2, 42.

[36]) Ueber die Gründe, aus welchen außer der Dolosität des Minderjährigen die Restitution nicht eintritt, vgl. Windscheid a. a. O. § 117 (p. 514). — Zu betonen ist, daß eine weit verbreitete Meinung die im Text vertretene Auffassung nicht teilt. Nach derselben ist für das gem. Recht kein Unterschied mehr zwischen den Verträgen der Unmündigen und denen der Minderjährigen, wie es den röm. Grundsätzen entspricht, zu machen; auch von Minderjährigen ohne Beistand des Vormundes abgeschlossene Schuldverträge sind schlechtweg nichtig. Vgl. Windscheid ja. a. O. § 71 Anm. 6, Ihering a. a. O. p. 57 Anm. 57, Mommsen, Erört. p. 88 Anm. 3. In Verfolg dieser Ansicht regelt sich die Deliktshaftung des Minderjährigen, wie nach dem BGB. Siehe das im Text Folgende. Vgl. Mommsen

dagegen besteht die Unwirksamkeit des Vertrages darin, daß er überhaupt erst durch die Genehmigung des gesetzlichen Vertreters Rechtsbestand erlangt. Eine Bestimmung, daß hieran der dolus des Minderjährigen etwas ändere, hat das BGB. nicht.[37]) Wie wir gesehen haben, verpflichtet ihn § 826 nur zum Schadensersatz. Und hier ist nun für uns von Bedeutung festzustellen, welcher Art dieser ist. Grundsatz des BGB. ist, daß der Schadensersatzpflichtige den Zustand herzustellen hat, „der bestehen würde, wenn der zum Ersatze verpflichtende Umstand nicht eingetreten wäre".[38]) Nur soweit die Herstellung nicht möglich ist, hat der Ersatzpflichtige ein Äquivalent in Geld zu leisten.[39]) Diese Sätze, angewendet auf den Thatbestand eines durch einen Minderjährigen abgeschlossenen unwirksamen Vertrages, ergeben, daß der Minderjährige verpflichtet ist, für den Kontrahenten den Zustand herzustellen, der vorhanden, wenn von dem Vertrag gar nicht die Rede gewesen wäre, das ergiebt aber, da von einer naturalen Herstellung hier nicht gesprochen werden kann: Ersatzleistung des negativen Vertragsinteresses.[40]) Hiernach hat es den Anschein, als ob das BGB. den dolosen Minderjährigen in Bezug auf den Umfang seiner Haftung weit milder behandelt als das gemeine Recht. Daß dies zumindest sehr zweifelhaft ist, werden wir an späterer Stelle — bei der Darstellung des Verhältnisses zwischen negativem Vertragsinteresse und allgemeinem Schadensersatz — näher zu erörtern haben.[41])

Im Anschluß an unsere vorstehenden Ausführungen über die Minderjährigen ist auf die für unsere Frage interessierenden Bestimmungen über die Schadensersatzpflicht bei Verträgen einzugehen,

---

l. c. p. 85. — In eigenartiger Weise sucht Melliger a. a. O. p. 179 unter Anerkennung der gemeinrechtlichen Restitution diese mit der negativ. Interessehaftung des Minderjährigen zu vereinen. Wir halten dafür, daß eine den Schutz des Minderjährigen bezweckende Restitution unter gleichzeitiger Auferlegung einer Ersatzpflicht einen Widerspruch bedeutet, dessen rein formale Lösung durch Melliger nicht überzeugt, und daß billige Rücksicht auf den Mitkontrahenten lediglich zuweilen eine gewisse Beschränkung der Restitution zuläßt. Richtig Mommsen, Erört. p. 85; vgl. Mommsen, Beiträge Abt. II p. 33.

[37]) Vgl. Crome a. a. O. p. 362.

[38]) BGB. § 249.

[39]) BGB. § 251 Abs. 1.

[40]) Vgl. oben p. 22. Ueber die Berechtigung den § 249 als Basis unserer Schlußfolgerungen zu nehmen, vgl. das Schlußkapitel.

[41]) Vgl. unten das Schlußkapitel.

die wegen geistiger Abnormität des einen Kontrahenten bei Vertragsabschluß unwirksam sind.

Dem Minderjährigen unter sieben Jahren ist, wie in Bezug auf die Nichtigkeit der Rechtsgeschäfte, so auch hinsichtlich der Deliktsunfähigkeit, derjenige gleichgestellt, der sich im Zustande der Bewußtlosigkeit oder in einem die freie Willensbestimmung ausschließenden Zustand krankhafter Störung der Geistesthätigkeit befindet.[42]) Ein solcher kann also niemals für den Schaden, dem er einem andern durch Abschließung eines unwirksamen Geschäftes verursacht, haftbar gemacht werden. Als Beispiel: Ein Diener kauft in einem Anfall von Größenwahn, mit den Kleidern seines Herrn angethan, bei einem Juwelier mehrere kostbare Schmuckstücke. Kurz darauf kommt ein reicher Amerikaner, fragt nach den betreffenden Schmuckstücken und bietet dem Juwelier einen weit höheren Preis, als zu dem der Diener gekauft hat. Bei Kenntnisnahme der Unwirksamkeit des Kaufes ist der Amerikaner nicht mehr aufzufinden oder er hat seinen Bedarf anderweitig gedeckt.

Bemerkenswert ist für das BGB., daß der § 104 auf der einen Seite und der § 827 auf der anderen Seite nicht vollständig korrespondierend gefaßt ist. Der wegen Geisteskrankheit Entmündigte ist nach § 104 Nr. 3 schlechtweg geschäftsunfähig, jeder Vertrag seinerseits ist also unwirksam, gleichviel ob er bei Eingehung desselben wirklich geisteskrank war oder nicht. Dagegen ist, wie aus § 827 mit Sicherheit zu entnehmen, der wegen Geisteskrankheit Entmündigte nicht schlechtweg deliktsunfähig. Diese verschiedene Behandlung könnte gerade für unser Problem zu einem merkwürdigen Zweifelspunkt Anlaß geben. Ein durch irgend welche Intriguen wegen Geisteskrankheit Entmündigter schließt, nachdem es ihm etwa gelungen ist aus dem Irrenhaus zu entkommen, im Vollbewußtsein seiner geistigen Gesundheit Kaufverträge z. B. zur Anschaffung von Kleidung ꝛc. ab. Seine Angehörigen verweigern die Zahlung mit seinem Gelde unter Hinweis auf die Unwirksamkeit der geschlossenen Verträge. Später wird die geistige Integrität des Betreffenden festgestellt und die Entmündigung aufgehoben. Die Unwirksamkeit der Verträge ist nicht rückgängig zu machen,[43]) und daraufhin lehnt der nunmehr

[42]) BGB. § 827 Satz 1.

[43]) In der Voraussetzung, daß eine gewöhnliche Aufhebung der Entmündigung statt hat: erfolgt dieselbe infolge einer Anfechtungsklage, so erledigt sich unser Fall nach BGB. § 115, gemäß dem dann bei Aufhebung der Ent-

Geschäftsfähige auch selbst die Zahlung ab. Soll der Mitkontrahent nicht auf den ganz unzulänglichen Anspruch wegen ungerechtfertigter Bereicherung[44]) (BGB. § 812ff.) beschränkt sein, so muß entschieden werden, ob der Entmündigte sich nicht eines dolus schuldig gemacht hat, als er bei Wissen seiner Geschäftsunfähigkeit kontrahierte, so daß er dem Verkäufer nach § 826 schadensersatzpflichtig ist. Wir wollen diesen theoretisch nicht uninteressanten, aber doch mehr kuriosen Fall nicht weiter verfolgen; seine Entscheidung wird von den jeweiligen näheren Umständen abhängen.

Praktisch weit bedeutungsvoller ist die Frage, ob jemand, der sich selbst schuldhafter Weise in einen Zustand versetzt, daß sein Willensvermögen aufgehoben ist, für den von ihm eingegangenen unwirksamen Vertrag dem Kontrahenten Schadensersatz zu leisten verpflichtet ist. Für das gemeine Recht ist es bestritten. Jhering gelangt mit der culpa in contrahendo zu einer Bejahung der Ersatzpflicht.[45]) Er führt als Beispiel den Fall an, daß ein Trunkener durch einen Kellner aus dem Gasthof einen Wagen auf den folgenden Tag bestellen läßt, den er nachher nicht nehmen will. Jhering sagt: „Ein Kontrakt ist hier allerdings nicht abgeschlossen, dolus liegt ebensowenig vor, allein, sowie er wegen der in diesem Zustande der Unzurechnungsfähigkeit begangenen Delikte aus dem Grunde haftet, weil er sich kulposer Weise in diesen Zustand versetzt hat, so rechtfertigt derselbe Gesichtspunkt auch seine Haftung wegen culpa in contrahendo. In einem solchen Zustande soll man nicht kontrahieren." Wir müssen gestehen, daß gerade für einen Thatbestand vorliegender Art uns Jherings Theorie von der culpa in contrahendo sehr sympathisch ist. Wir meinen, es wird damit eine Haftung erzielt, wie sie für viele „böse Ulks", die im Zustande akuter Alkoholvergiftung ganz Unschuldigen gegenüber vorgenommen werden, dem Rechtsgefühle nur geziemend erscheint.

Nach dem BGB. ist deutlich aber eine solche Ersatzpflicht nicht gegeben. Da sich bei den Bestimmungen über die Unwirksamkeit der im Zustande der Unzurechnungsfähigkeit abgegebenen Willenserklärungen eine in Betracht kommende Norm gar nicht findet, sind wir wieder

---

mündigung die Wirksamkeit der von dem Entmündigten abgeschlossenen Verträge gar nicht wegen der Entmündigung in Frage gestellt werden kann. Vgl. Planck a. a. O. I p. 161; Crome a. a. O. p. 870 Anm. 51.

[44]) Man denke an den Wert getragener Kleidungsstücke.

[45]) Vgl. Jhering a. a. O. p. 72. 62.

auf die mögliche Subsumtion des Thatbestandes unter die „unerlaubten Handlungen" gewiesen. In Frage steht hier § 827, der bestimmt: „Wer im Zustande der Bewußtlosigkeit .... einem andern Schaden zufügt, ist für den Schaden nicht verantwortlich. Hat er sich durch geistige Getränke oder ähnliche Mittel in einen vorübergehenden Zustand dieser Art versetzt, so ist er für einen Schaden, den er in diesem Zustande widerrechtlich verursacht, in gleicher Weise verantwortlich, wie wenn ihm Fahrlässigkeit zur Last fiele; ...." Fahrlässigkeit begründet aber nur in dem der actio legis Aquiliae entsprechenden § 823 die Verpflichtung zum Schadensersatz. „Das Eigentum oder ein sonstiges Recht" wird selbstverständlich aber in allen uns interessierenden Fällen nicht verletzt. Es giebt kein Recht darauf, daß man nur wirksame Verträge schließt.[46]) Die gegen die guten Sitten verstoßende Schadenszufügung schlechthin, ohne daß sie gerade eine Rechtsverletzung darzustellen braucht, an die allein hier zu denken ist, hat eine Haftung nach § 826 aber nur bei Vorsatz zur Folge. Würde ohne die ausdrückliche Norm des § 827 vielleicht die Möglichkeit gegeben sein, in den fraglichen Fällen unter Umständen einen dolus zu konstruieren — nach Art des dolus eventualis —, so ist dies nach der Vorschrift, daß der Trunkene nur höchstens fahrlässig schuldhaft handeln kann, ausgeschlossen und die Subsumtion solcher Thatbestände unter § 826 nicht statthaft.

Bezüglich der wegen Verschwendung nach dem gemeinen Rechte, sowie außer diesen bezüglich der wegen Geistesschwäche oder Trunksucht Entmündigten oder der unter vorläufige Vormundschaft Gestellten nach BGB., die rechtlich den Minderjährigen über 7 Jahren gleichstehen, sind natürlich auch für unsere Frage der Haftung bei Abschluß von unwirksamen Verträgen dieselben Ausführungen maßgebend, wie für diese.[47]) [48])

---

[46]) Daher ist es unrichtig, wenn Melliger a. a. O. p. 188 mit Bezug auf das negative Vertragsinteresse von einer Haftung nach dem allgemeinen Grundsatze des § 823 spricht.

[47]) Bei den Genannten kann also eine Haftung auf das negative Vertragsinteresse auch nur auf Grund vorsätzlicher Schädigung nach § 826 eintreten. Dabei ist aber zu bemerken (vgl. auch oben p. 75), daß sie in Betreff der Deliktsfähigkeit nicht den Minderjährigen über 7 J. gleichbehandelt werden, daß sie also voll verantwortlich sind, wenn nicht der Thatbestand des § 827 gegeben ist. Dagegen sind Taubstumme nach § 828 II 2 Minderj. über 7 J. gleichgestellt. — Die Ausführungen Melligers a. a. O. p. 180 entsprechen nicht dem Gesetze. M. will den Geistesschwachen lediglich nach § 829 haftbar sein lassen, obwohl er für denselben

Als einen Mangel in der Person vermöchte man auch die Fälle anzusehen, in denen die Person kein Verfügungsrecht besitzt. Wir verweisen hier auf die §§ 135, 136, 161, 185 des BGB. sowie auf die §§ 6 und 7 der K.O. In allen diesen Fällen tritt jedoch nur eine Unwirksamkeit der Verfügung, nicht des Rechtsgeschäftes ein, durch das die Person sich in betreff des ihrer Verfügung nicht unterstehenden Gegenstandes verpflichtet. Die Unwirksamkeit ist daher ausschließlich eine dingliche, nicht eine obligatorische. Das Rechtsgeschäft ist wirksam, und der Kontrahent haftet dem Mitkontrahenten für das Erfüllungsinteresse. Demgemäß kommen diese Fälle für die uns beschäftigende Frage nicht in Betracht.[49])

§ 2.
Stellvertretung.

Wir gelangen nunmehr zu der wichtigen Frage nach der Schadensersatzpflicht bei Verträgen, die deshalb unwirksam sind, weil ein Mangel in der Person dahin vorliegt, daß die Verträge ohne Vertretungsmacht im Namen eines andern abgeschlossen worden sind, sei es, daß jemand überhaupt ohne jede Vertretungsmacht gehandelt, sei es, daß er die ihm erteilte überschritten hat.

Die Lehre von der Stellvertretung ist im gemeinen Rechte eine äußerst bestrittene.[1]) Das römische Recht kannte nur die sog. indirekte Stellvertretung, d. h. der Vertreter konnte immer nur den Vertrag im eigenen Namen abschließen; er trat somit stets selbst in das Vertragsverhältnis ein, um hinterher dann die für ihn entstandenen

---

§ 827 Satz 1 nicht für anwendbar hält, da „von einer Unzurechnungsfähigkeit, wie sie § 827 im Auge hat, bei bloß Geistesschwachen auch nicht die Rede sein“ könne. Er übersieht dabei, daß § 829 immer nur subsidiär, bei Vorhandensein der in §§ 827 u. 828 verlangten Thatbestände, in Betracht kommt. Da § 828 für den Geistesschwachen ausscheidet — er handelt nur von Minderjährigen und Taubstummen —, so ist die Anwendbarkeit des § 827 Voraussetzung zur Haftung des Geisteskranken gemäß § 829, Verneinung der ersteren und Bejahung der letzteren ist ein Widerspruch.

[48]) Wir haben in Vorstehendem die zu negativem Interesseersatz verpflichtende Deliktshaftung nur auf der Grundlage ihrer regelmäßigen Voraussetzung, der „persönlichen Verantwortlichkeit“, behandelt. Inwieweit das BGB. in seinem § 829 darüber hinausgehend eine rein sachliche Schadenshaftung kennt, und welche Bedeutung diese Norm für die Lehre vom negat. Vertragsinteresse hat, werden wir zweckdienlich an anderer Stelle ausführen. — Vgl. 3. Buch 2. Kap. § 2.

[49]) Vgl. Crome a. a. O. § 84f. bes. Anm. 6. Planck a. a. O. I p. 186f.

[1]) Litteraturnachweis vgl. bei Windscheid a. a. O. I § 73 (p. 295f.).

Rechte und Verbindlichkeiten auf den Prinzipal zu übertragen. Konnte schon das römische Recht sein Prinzip, obwohl es noch im Justinianischen Rechte das geltende ist, nicht ausnahmslos durchführen,[2]) so ist es im gemeinen Recht durch Gewohnheitsrecht beseitigt worden.[3]) Nach der herrschenden gemeinrechtlichen Lehre ist an seine Stelle das Prinzip der sogenannten „direkten Stellvertretung" getreten.[4]) Dieses vertritt dieselbe Auffassung, wie sie auch jetzt im BGB.[5]) zum Ausdruck kommt: durch Rechtsgeschäfte, die der Vertreter innerhalb der ihm zustehenden Vertretungsmacht, im Namen des Vertretenen vornimmt, wird unmittelbar der Vertretene berechtigt und verpflichtet.

Wie sind die Rechtsbeziehungen zwischen den Beteiligten aber, wenn der Vertreter ohne Vertretungsmacht kontrahierte? Sowohl nach gemeinem Rechte, wie nach dem BGB. hängt die Wirksamkeit des Vertrages dann von der Genehmigung des Vertretenen ab.[6]) Erfolgt die Genehmignng, so ist die Lösung einfach: durch sie wird der Mangel der ursprünglichen Berechtigung des Vertreters ersetzt, und das Rechtsgeschäft wird für den Genehmigenden wirksam, wie wenn es mit seiner Vollmacht abgeschlossen worden wäre.

Weit schwieriger ist de lege ferenda die richtige Lösung aber dann, wenn der Vertreter die Genehmigung verweigert. Für das gemeine Recht bestehen denn diesbezüglich auch die größten Meinungsverschiedenheiten, und auch bei der Redaktion des BGB. hat man lange zwischen den verschiedenen Grundsätzen hin und her geschwankt.

Als feststehend ist zunächst zu bezeichnen, daß das Rechtsgeschäft für den Vertretenen gar keine Wirkung erzeugt, denn er steht ganz außerhalb der rechtlichen Beziehungen zwischen den Kontrahenten. Es fragt sich nur, welcher Art ist die Haftung des Vertreters, des sog. „falsus procurator"?

Laband[7]) und Mitteis[8]) gehen von der Ansicht aus, daß der

---

[2]) Vgl. Windscheid a. a. O. I § 73 (p. 298).

[3]) Vgl. Windscheid l. c. (p. 300).

[4]) Ueber die Begründung des Gewohnheitsrechts, über den Herleitungsversuch der „direkten Stellvertretung" aus dem röm. Rechte selbst (Savigny: Oblig. R. II §§ 56, 57), sowie über diejenigen, welche die Geltung des Prinzips der dir. Stellvertr. auch für das gemeine R. verneinen, vgl. Windscheid l. c. (p. 301 f.) und die dort Genannten.

[5]) BGB. § 164.

[6]) Der sog. ratihabitio. Vgl. Windscheid a. a. O. I § 74 (p. 311) BGB. § 117.

[7]) Laband: Ztschrft. f. d. ges. Hand.-R. X p. 183 ff.

[8]) Mitteis: Die Lehre von d. Stellvertretung n. röm. R. u. s. w.

falsus procurator sich einer culpa in contrahendo schuldig mache; nach ihnen haftet derselbe daher dem Dritten für das negative Vertragsinteresse, und er ist sogar völlig frei, wenn er sich über den Inhalt seiner Vertretungsmacht in einem entschuldbaren Irrtum befunden hat. Dernburg[9]) läßt auch nur den schuldhaft Handelnden und zwar gleichfalls nur für das negative Vertragsinteresse haften. Hölder[10]) unterscheidet für die Haftung, ob der Vertreter sich im dolus oder im Irrtum bei dem Kontrahieren befunden habe. Für den ersten Fall legt er ihm die Ersatzpflicht des positiven, für den letzteren die des negativen Vertragsinteresses auf. Regelsberger[11]) läßt die Haftung lediglich von dem entschuldbaren Nichtwissen des Dritten abhängen; jedenfalls habe dann der Vertreter das negative Vertragsinteresse zu leisten; ob er auch für das positive Interesse einzustehen hat, entscheidet Regelsberger nicht. Nach Mommsen[12]) ist die Haftung gleichfalls nur dadurch bedingt, daß der Mitkontrahent nicht wußte und nicht zu wissen brauchte, daß es an einer genügenden Ermächtigung des Stellvertreters fehle. Er läßt dann dieselbe Wirkung eintreten, wie wenn das Geschäft vom Stellvertreter im eigenen Namen abgeschlossen worden wäre; der Stellvertreter hat also das persönlich zu leisten, wozu er sich im fremden Namen verpflichtet hat. Das Prinzip der unmittelbaren Stellvertretung tritt nur auf seiten des Mitkontrahenten in die Erscheinung. Da dieser nur mit dem Prinzipal, nicht mit dem Stellvertreter persönlich kontrahieren wollte, so ist er berechtigt, ganz von dem Geschäft zurückzutreten. Den Anspruch auf das negative Vertragsinteresse hat er in diesem Fall jedoch nur bei dolus des Vertreters.[13]) Bähr[14]) schließt ganz allgemein die Entschädigungsklage aus, wenn der Stellvertreter ohne Verletzung der Interessen des Mitkontrahenten die Erfüllung des Vertrags in Natur übernehmen kann und will. Als die herrschende Meinung ist wohl die von dem Reichsgerichte[15]) vertretene anzusehen; es läßt den falsus procurator

[9]) Dernburg: Pand. I § 119, II § 10 a. E.

[10]) Hölder: Pand. § 57 p. 205.

[11]) Regelsberger: Pand. I § 164 II 4.

[12]) Mommsen, Erörter. p. 114f. (Citat bei Windscheid a. a. O. § 74 Anm. 8 [p. 315] ist unrichtig); vgl. Seuff. Arch. I p. 209.

[13]) Dolus des Vertreters liegt vor, wenn er die fehlende Ermächtigung bewußt dem Mitkontrahenten verheimlicht. Mommsen a. a. O. p. 115 Anm. 7.

[14]) Bähr, Jahrb. f. Dogm. VI p. 292. Vgl. Mommsen a. a. O. p. 115. Anm. 8.

[15]) Vgl. R.Ger.Entsch. VI p. 214ff., XXXV p. 145ff., auch Seuff. Arch. L. 83.

schlechtweg auf Erfüllung des Vertrages haften, wenn der Mitkontrahent den Mangel der Vollmacht nicht kennt, unabhängig davon, ob dem Vertreter dolus oder culpa zur Last fällt oder nicht. Die juristische Rechtfertigung für seine Auffassung findet das Reichsgericht darin, daß in dem Kontrahieren des Stellvertreters stets die stillschweigende Garantie für die Vollmacht enthalten sei. In der Theorie kommt Windscheid dieser Ansicht ziemlich nahe; freilich sind die wenigen Modifikationen nicht unbedeutend. Windscheid[16]) läßt prinzipiell den Vertreter nur haften, wenn er für die Erteilung der Genehmigung oder das Dasein der Vollmacht ausdrücklich oder stillschweigend die Garantie übernommen hat. Wie das Reichsgericht sieht er eine stillschweigende Garantieübernahme aber auch bereits in der bloßen Thatsache des Kontrahierens im fremden Namen durch einen Nichtbevollmächtigten, welches ohne Angabe des Mangels der Vollmacht erfolgt. Dem Reichsgericht gegenüber macht er jedoch die Einschränkung, daß der Stellvertreter sich wenigstens kulpos in der Meinung befunden haben muß, sein Mitkontrahent sei mit dem Mangel seiner Vertretungsmacht nicht bekannt. Während ferner das Reichsgericht ausschließlich den Vertreter zur Erfüllung des Vertrages verpflichtet, läßt Windscheid ihn gehalten sein, dem andern Vertragsschließenden sein Interesse zu vergüten und nur, wenn das Interesse dieses darauf geht, den Vertrag selbst zu erfüllen.

Die eben gekennzeichnete Fülle von mannigfachen Auffassungen lag vor, als die Redaktoren des BGB. ihre Norm aufzustellen hatten. Der Entwurf I schloß sich im Ganzen der herrschenden gemeinrechtlichen Lehre an: sein Standpunkt liegt noch zwischen dem des Reichsgerichtes und dem Windscheids. In seinem § 128 bestimmt er:

„Der Vertreter, welcher bei Schließung des Vertrages nicht kundgegeben hat, daß er ohne Vertretungsmacht sei, ist, wenn die Genehmigung des Vertrages verweigert wird, dem anderen Vertragsschließenden persönlich verhaftet. Der Andere kann nach seiner Wahl Erfüllung oder Schadensersatz wegen Nichterfüllung fordern. Die Haftung des Vertreters tritt nicht ein, wenn der andere den Mangel der Vertretungsmacht gekannt hat."

Die Motive[17]) führen zur Begründung dieser Norm aus, daß zwar theoretisch manches dafür sprechen möchte, die Haftung des Ver-

16) Windscheid: a. a. O. § 74 (p. 315).

17) Vgl. Motive I p. 243 f.

treters, soweit nicht Betrug vorliegt, auf die culpa in contrahendo abzustellen und damit dieselbe auf das negative Vertragsinteresse zu beschränken; dem Verkehrsinteresse werde jedoch nur dann genügend Rechnung getragen, wenn „Jeder, der als ermächtigter Vertreter auftritt, voll dafür einzustehen habe, daß die Vertretungsmacht vorhanden sei oder doch die Genehmigung des Vertretenen nachträglich hinzutrete." Bestärkend für diese Auffassung war, daß sie bereits im HGB. Art. 55, 298 II geltendes Recht war. Insbesondere folgte man diesem auch darin, daß man dem Dritten nach seiner Wahl das Recht auf Erfüllung oder Schadensersatz gab. Bedeutsam ist endlich der Punkt, daß man die Haftung des Stellvertreters schlechtweg davon abhängig machte, daß der Dritte den Mangel nicht kannte und den Vertreter nicht auch schon dann von der Ersatzpflicht befreite, wenn der Dritte den Mangel hätte kennen müssen. Man ging davon aus, daß man bei der Haftung des Vertreters, gleichsam aus einem Garantieversprechen, dem Dritten keinerlei Verpflichtung auferlegen könne, über das wirkliche Vorhandensein der Vertretungsmacht Erkundigungen einzuziehen.

In den Beratungen der Kommission für die zweite Lesung des BGB.-Entwurfs trat der Gegensatz der verschiedenen Ansichten grell hervor.[18]) Nicht weniger als 8 Anträge wurden gestellt, deren jeder die Ersatzpflicht des falsus procurator anders geregelt haben wollte. In der Diskussion befaßte man sich zunächst grundlegend mit der Frage, ob der Vertreter im Fall der Nichtgenehmigung des geschlossenen Vertrags dem Dritten zur Erfüllung bezw. zum Schadensersatze wegen Nichterfüllung oder nur zum Ersatze des sogenannten negativen Vertragsinteresses verpflichtet sein solle. Für letztere Art der Haftung wurde geltend gemacht: In Theorie und Praxis des gemeinen Rechtes seien beide aufgeworfenen Alternativen gleichmäßig vertreten, so daß man sich keiner herrschenden Ansicht anzuschließen hätte. Aber auch mit dem HGB. übereinzustimmen sei deshalb kaum möglich, da die Bestimmungen des HGB. selbst äußerst zweifelhaft und bestritten seien. „Bei dieser Lage des geltenden Rechts sei die Entscheidung lediglich nach den Gesichtspunkten der Gerechtigkeit und des praktischen Bedürfnisses zu treffen." Des weiteren wird dann ausgeführt, daß die Haftung für das Erfüllungsinteresse in der Theorie besonders auf zwei Arten begründet worden sei. Die erste ist Annahme eines still-

[18]) Vgl. zum folgenden: Protokolle I p. 156—164.

schweigenden Garantieversprechens. Die Unterstellung eines solchen laufe aber in den meisten Fällen auf eine Fiktion hinaus und könne eigentlich nur dann angenommen werden, wenn der Vertreter mit dem Bewußtsein gehandelt habe, daß er keine Vertretungsmacht besitze, nie aber in den Fällen, in welchen er sich über das Vorhandensein der Vertretungsmacht im Irrtum befunden habe. Die zweite Art der juristischen Konstruktion ist die namentlich von Bähr[19]) und Thöl[20]) vertretene, daß eigentlicher Kontrahent der Vertreter sei, und daß nur die Wirkungen des Vertrags auf den Vertretenen abgelenkt würden. Diese Konstruktion widerspräche aber dem Wesen der direkten Stellvertretung. „Es bleibe daher nur übrig, davon auszugehen, daß der Vertreter, wenn er als solcher auftrete, dies auf seine Gefahr thue. Von diesem Standpunkte gelange man zu der Beschränkung der Haftung auf den Ersatz des negativen Vertragsinteresses."

Bei diesem Gedankengang fällt sofort auf, daß, wenn zugestandenermaßen überall da, wo der Stellvertreter bewußt ohne Vertretungsmacht kontrahiert, die Garantiekonstruktion ganz natürlich ist, doch kein Grund vorhanden ist, die Haftung schlechtweg auf das negative Vertragsinteresse zu beschränken. An diesem Punkte setzen denn in der That auch die weiteren Erwägungen ein; es wird ein Vermittelungsantrag angenommen, der dahin geht, daß grundsätzlich der Vertreter ohne Vertretungsmacht dem Dritten bei Nichtgenehmigung des Vertrages durch den Vertretenen nach Wahl des Dritten den Vertrag zu erfüllen oder Schadensersatz zu leisten habe, daß jedoch, wenn der Vertreter sich im Irrtum über den Mangel seiner Vertretungsmacht befunden habe, er nur zum Ersatz des negativen Vertragsinteresses gehalten sei. Einverständnis herrschte ferner darüber, daß im Gegensatz zum Entwurfe der Anspruch des Dritten nicht nur dann auszuschließen sei, wenn dieser den Mangel der Vertretungsmacht gekannt hat, sondern auch schon dann, wenn er ihn nach Lage der Sache hätte kennen müssen. — Dieser Mittelstandpunkt ist denn auch endgültig in das BGB. übergegangen und findet folgendermaßen in § 179 seinen Ausdruck:

„Wer als Vertreter einen Vertrag geschlossen hat, ist, sofern er nicht seine Vertretungsmacht nachweist, dem andern Teile nach dessen Wahl zur Erfüllung oder zum Schadensersatz verpflichtet, wenn der Vertretene die Genehmigung des Vertrages verweigert.

19) Siehe Anm. 14.

20) Thöl: Handelsr. I §§ 71, 76.

Hat der Vertreter den Mangel der Vertretungsmacht nicht gekannt, so ist er nur zum Ersatze desjenigen Schadens verpflichtet, welchen der andere Teil dadurch erleidet, daß er auf die Vertretungsmacht vertraut, jedoch nicht über den Betrag des Interesses hinaus, welches der andere Teil an der Wirksamkeit des Vertrages hat.

Der Vertreter haftet nicht, wenn der andere Teil den Mangel der Vertretungsmacht kannte oder kennen mußte......"[21])

Die Lösung, die hiermit unsere Frage im BGB. gefunden hat, scheint uns eine durchaus sachgemäße zu sein. Die Streitigkeiten, welche, wie wir gesehen, über die Frage geherrscht hatten, haben

---

[21]) Der Schlußsatz des § 179 Abs. III lautet: „Der Vertreter haftet auch dann nicht, wenn er in der Geschäftsfähigkeit beschränkt war, es sei denn, daß er mit Zustimmung seines gesetzlichen Vertreters gehandelt hat." Diese Bestimmung entspricht ganz den in den §§ 107 ff. gegebenen Schutzvorschriften; der Minderjährige (und der ihm rechtlich Gleichgestellte) soll sich nicht zu seinem Nachtheil rechtsgeschäftlich verpflichten können. Selbstverständlich bleibt auch durch die Norm des § 179 Abs. III die mögliche Deliktshaftung des beschränkt Geschäftsfähigen nach § 826 unberührt. Vgl. Planck a. a. O. I p. 226; Hölder: Komm. z. BGB 1 p. 379. Crome a. a O. p. 471. Leonhard: Der allgem. Teil des BGB. p. 329 f. Melliger a a. O. p. 92. M. hält die Bestimmung, daß die Minderjährigen auch nicht auf das negative Interesse haften sollen für sinnlos. Das ist von seinem Standpunkt aus, nach dem die negative Interessehaftung an die Schadensveranlassung schlechthin geknüpft sein soll, erklärlich. Die oben (p. 68 ff.) dargelegte irrige Meinung, daß auch in Bezug auf die Minderjährigen das BGB. §§ 828 f. thatsächlich diese Auffassung vertrete, verwickelt M. aber in einem Widerspruch. M. sieht in §§ 828 f. die Haftung des Minderjahrigen auf das negative Vertragsinteresse statuiert ohne Voraussetzung der culpa als Thatbestandsmoment. Danach hält er konsequent dafür, daß nach dem Wortlaut des Gesetzes (§ 179 III) die Haftung des in der Geschäftsfähigkeit Beschränkten ganz allgemein verneint werden müßte, selbst wenn die Voraussetzungen der Haftbarkeit aus unerlaubter Handlung gegeben sind; denn er trennt ja nicht wie wir die rechtsgeschäftliche und die — nur nach BGB. § 826 mögliche — Delikts-Haftung des beschr. Geschäftsfähigen. Nun sprechen aber die gesetzgeberischen Materialien den Gedanken, daß § 179 III die Delikts-Haftung des beschr. Geschäftsf. nicht ausschließe, mit solch unverkennbarer Deutlichkeit aus, daß M. sich auch zu dieser Ansicht bekennen muß. Wie unterscheidet sich aber nach M. die Haftung gemäß § 828 von der nach § 179 III verneinten Haftung? Das erklärt M. nicht. Soll § 828 die allgemeine Haftung auf das neg. Vertragsinteresse seitens des Minderjährigen statuieren — ohne Erfordernis deliktuosen Verschuldens –, dann fällt darunter auch die Schadenszufügung des beschr. Geschäftsfähigen durch unwirksamen Vertragsabschluß als falsus procurator. So führt der Verfolg seiner Ansicht dahin, daß das BGB. bezüglich desselben Thatbestandes gleichzeitig eine Haftung und eine Nichthaftung des beschr. Geschäftsfähigen vorschreibt

überdies das Gute gezeitigt, daß wir nunmehr im BGB. eine Norm haben, die durch die klare und ausführliche Auseinandersetzung ihres Inhalts kaum Raum der Möglichkeit geben wird, in prinzipiellen Punkten über dieselbe verschiedener Meinung zu sein und die Interpretation subjektiven Auffassungen anzupassen.[22]) Für das systematisch-juristische Verständnis der Gesetzesnorm bleiben jedoch noch einige Punkte zu erörtern.

Wir haben es in unserer Untersuchung mit der Schadensersatzpflicht bei unwirksamen Verträgen zu thun. An anderer Stelle haben wir dargelegt, daß es mit dem Begriffe des „unwirksamen" Vertrages unvereinbar erscheint, den einen Kontrahenten auf Erfüllung resp. auf das positive, das Erfüllungs-Interesse haften zu lassen. Dieses ist ja gerade die „Wirkung", die ein Vertrag überhaupt nur hervorbringen soll und kann und ist demgemäß nur bei wirksamen Verträgen denkbar. Es wäre geradezu als eine perplexe Spielerei einer Rechtsordnung zu bezeichnen, wollte sie ein Rechtsgeschäft unwirksam nennen und an ihm doch die Folgen eines wirksamen Geschäftes knüpfen.

BGB. § 177 Abs. 1 bestimmt nun, daß, wenn jemand ohne Vertretungsmacht im Namen eines andern einen Vertrag abschließt, die Wirksamkeit des Vertrages für und gegen den Vertretenen von dessen Genehmigung abhängt. Daraus ergiebt sich leicht argumento e contrario, daß das Rechtsgeschäft des falsus procurator für sich genommen ein „unwirksames" ist.[23]) Wie ist es, so fragen wir, mit dieser gesetzlich ausgesprochenen Unwirksamkeit des Vertrages in Einklang zu bringen, daß trotzdem der Vertreter ohne Vertretungsmacht seinem Mitkontrahenten nach Maßgabe des § 179 Abs. 1 auf Erfüllung oder Schadensersatz haftet?

Es ist klar, nur das „richtige Recht" zu schaffen, darf Richtschnur für die Aufstellung einer Gesetzesnorm bilden, immerhin muß aber für die Fassung der Norm der juristisch adäquate Ausdruck gefunden werden. Aber auch der Gedanke, daß die Redaktoren des § 179 etwa über die Billigkeitsrücksichten sich vielleicht einer juristischen Inkonsequenz schuldig gemacht haben, wird durch Einblick in die gesetzgeberischen Vorarbeiten völlig beseitigt.

---

[22]) Vgl. jedoch unten p. 87 Anm. 27.

[23]) Siehe oben Buch I p. 6.

Drei Möglichkeiten sind bei dem Abschluß eines Vertrages durch einen falsus procurator vorhanden. Die erste ist, der Vertreter weiß, daß er keine Vertretungsmacht besitzt und handelt dolos, d. h. mit dem Bewußtsein, daß die Genehmigung nicht zu erwarten sei; die zweite ist, der Vertreter weiß auch, daß er keine Vertretungsmacht hat, aber er ist bona fide, d. h. er handelt in der Voraussetzung, die Genehmigung werde sicher erfolgen; die dritte schließlich ist, der Vertreter ist in der Meinung, daß er eine Vertretungsmacht besitzt.[24]) Für die letzte Möglichkeit schreibt der § 179 Abs. 2 thatsächlich nur die Haftung für das negative Vertragsinteresse vor, so daß wir von ihr für jetzt absehen müssen. Augenscheinlich genügte diese beschränkte Haftung den Gesetzesverfassern nicht, wenn der Stellvertreter gewußt hat, daß er ohne Autorisation im Namen des Prinzipals Geschäfte abschließt. Es läge nun der Gedanke nahe, einen solchen Vertrag dann einfach für wirksam zu erklären. Und ist nicht vielleicht nach § 177 I auch die Wirksamkeit anzunehmen? Als Stütze dieser Behauptung ließe sich anführen, daß ja § 177 I von der Genehmigung des Vertretenen nur die Wirksamkeit des vom falsus procurator abgeschlossenen Vertrages für und gegen ihn, den Vertretenen, abhängen läßt. Damit sei nicht ausgeschlossen, daß der Vertragsabschluß eine Wirksamkeit des Vertrages für den Vertreter selbst erzeuge. Würde dieses Vorbringen richtig sein, so würde die Frage nach der Schadensersatzpflicht bei einem solchen Vertrage, als nicht eine bei unwirksamem Vertrage, außerhalb des Rahmens unserer Erwägungen liegen. Dem ist aber nicht so. Nur eine einzige Wirkung kommt in Betracht, um ein Rechtsgeschäft als ein „wirksames" zu bezeichnen: das ist die in dem Rechtsgeschäft gewollte rechtliche Wirkung.[25]) Der Vertreter, der, wenn auch ohne Vertretungsmacht, ein Rechtsgeschäft im Namen eines anderen abschließt, hat für sich aber keine rechtliche Wirkung erzeugen wollen. Hierzu kommt noch, daß die Haftung des falsus procurator nach § 179 I in Wirklichkeit auch eine andere ist, als wenn sein Vertrag einfach ihm gegenüber als rechtswirksam angesehen würde. In diesem Falle hätte der Mit-

---

[24]) Vgl Leonhard: Allgem. Teil p. 324. Von dem Fall, daß der unberechtigte Vertreter in erklärter Erwartung einer späteren Genehmigung des Vertretenen handelt, sehen wir ab, weil die Erklärung Kenntnis des Dritten von dem Mangel der Vertretungsmacht bedingt und dann eine Ersatzpflicht des Vertreters überhaupt nicht vorliegt. BGB. § 179 III Satz 1.

[25]) Siehe oben p. 6.

kontrahent ausschließlich den Anspruch auf Erfüllung, zu dem nur nach Maßgabe der allgemeinen Vorschriften des Obligationen-Rechts (§§. 280—283, 286) ein Anspruch auf Schadensersatz wegen Nichterfüllung treten könnte.[26]) Der § 179 I giebt dem Dritten aber das Recht, Erfüllung oder Schadensersatz (schlechthin) nach freier Wahl zu verlangen.[27]) Wenn so an der Unwirksamkeit des Ver-

---

[26]) Vgl. Planck a. a. O. I p. 227 2 Abs. 1.

[27]) Es handelt sich dann um ein alternatives Schuldverhältnis; vgl. Planck a. a. O. I p. 227 f. 2 Abs. 2 u. 3. — Wie das Verhältnis des Anspruchs auf Schadensersatz zu dem auf Erfüllung näher zu denken ist, ist strittig. Nach BGB. § 249 hat der Schadensersatzpflichtige denjenigen Zustand herzustellen, der bestehen würde, wenn der zum Ersatze verpflichtende Umstand nicht eingetreten wäre. Dieser zum Ersatz verpflichtende Umstand ist für unsern Fall der Mangel der Vertretungsmacht und die Verweigerung der Genehmigung. Auf der einen Seite erklärt man nun: Bei Nichtvorhandensein dieser Mängel würde der von dem Vertreter geschlossene Vertrag unmittelbar für und gegen den Vertretenen wirksam gewesen sein (§§ 164, 184). Diese unmittelbare Wirksamkeit sei der Zustand, dessen Herstellung gemäß § 249 dem Vertreter eigentlich obliege; da dieselbe jedoch nicht möglich sei, so habe er nach § 251 dem Mitkontrahenten Schadensersatz in Geld zu leisten. Danach geht der Anspruch des Dritten auf Geldersatz. Auf der anderen Seite hält man es für unrichtig, den Thatbestand der „unmittelbaren Wirksamkeit" des Vertrages als den Zustand anzusehen, der bei Fehlen des Vertretungsmangels — des verpflichtenden Umstandes — vorhanden gewesen wäre. Nicht dieses abstrakte Moment, sondern die reale Sachlage, welche durch den Vertrag bezweckt ist und deren Bestehen die Folge des für und gegen den Vertretenen wirksam abgeschlossenen Vertrages gewesen wäre, sei der nach § 249 in Betracht kommende Zustand, zu dessen Herstellung der Vertreter verpflichtet sei. Da bei einem obligatorischen Vertrag dieser Zustand durch Erfüllung des Vertrages hergestellt wird, so geht nach dieser Meinung der Anspruch des Dritten auf Schadensersatz zunächst doch immer auf Erfüllung des Vertrages durch den Vertreter. Der Unterschied von dem in § 179 statuierten prinzipalen Erfüllungsanspruch besteht darin, daß bei diesem die in beiden Fällen subsidiäre Geldentschädigung nur gemäß den allgemeinen Vorschriften über Schadensersatz wegen Nichterfüllung (§§ 280—283, 286) verlangt werden kann, während sich bei der Erfüllung als Schadensersatz dieses nach den Vorschriften der §§ 249 ff regelt. — Wir lehnen die Ansicht, nach der auch der Schadensersatzanspruch zunächst ein Anspruch auf Erfüllung ist, ab und schließen uns derjenigen an, die in dem Ersatzanspruch einen sofortigen Anspruch auf Geldentschädigung erblickt. Bezüglich des nach § 249 zu eruierenden Zustandes scheint die von uns vertretene Meinung mehr formalistisch, die andere dagegen mehr auf das Wesen der Sache gerichtet zu sein. Wir geben zu, daß wir gegen die freiere Interpretation nichts einzuwenden hätten, wenn ihre Ergebnisse im Sinne des Gesetzes lägen. Das ist jedoch zu verneinen. Welchen Zweck zwei Erfüllungs-Ansprüche haben sollten, ist überhaupt nicht einzusehen. Ihre — gleichfalls als irgendwie sinngemäß nicht zu erkennenden — verschiedenen Konsequenzen

trages festzuhalten ist, so ist es unsere Sache, die juristische Fundierung der gekennzeichneten Haftung vorzunehmen. Von vornherein ist auszusprechen: Aus der Unwirksamkeit allein ist folgerichtig nur die Ersatzpflicht des negativen Vertragsinteresses zu schließen,[28]) das ist unumstößlich; wenn vorliegend daher eine andere Art der Ersatzpflicht vorhanden ist, so muß sie ihren Ursprung unbedingt aus einem anderen Momente als der bloßen Unwirksamkeit herleiten. Für die erste der beiden von uns angegebenen Möglichkeiten, daß der Vertreter weiß, es ist gar keine Aussicht auf Genehmigung da, wirft sich uns naturgemäß die Frage auf, ob nicht die vorgeschriebene Haftung die Folge seines dolus sei, d. h. nicht ob der dolus den Grund abgebe für dieselbe, was unzweifelhaft ist, sondern ob nicht die fragliche Haftung in den allgemeinen Grundsätzen über die dolus-Haftung begründet sei. Daß dies zu verneinen, ist insofern nicht zu verkennen, als ja der dolus nur zum Ersatz des vorsätzlich zugefügten Schadens verpflichtet. Hier tritt der oft nicht prägnant genug betonte Unterschied zwischen „Interesse" und „Schaden" scharf hervor. Unter dem Interesse wäre auch, falls die Haftung des Mitkontrahenten auf die Ersatzleistung dieses ginge, die Erfüllung des Vertrages zu verstehen,[29]) der Ersatz des Schadens setzt aber die Nichterfüllung des Vertrages gerade voraus. Des weiteren ist hervorzuheben, daß der Schaden, der gemäß § 179 anstatt der Erfüllung zu ersetzen ist, ein

---

betreffs der subsidiären Geldentschädigung bedingten außerdem, daß der Dritte jedesmal erklärte, ob er die Erfüllung als Schadensersatz oder als prinzipalen Erfüllungsanspruch verlange. Der Schadensersatzanspruch neben dem Erfüllungsanspruch kann nur den Zweck haben, daß der Kontrahent geschützt wird, sich eine Erfüllung durch einen anderen als den Gläubiger gefallen lassen zu müssen. Dadurch wird dem persönlichen Moment bei einem Vertragsabschluß die gebührende Bedeutung zuerkannt. Der Dritte soll von der Individualität seines Mitkontrahenten absehen dürfen, nicht aber absehen müssen. — Vgl. Hölder a. a. O. p. 378. Crome a. a. O. p. 471. Melliger a. a. O. p. 90 (ebenso). Planck a. a. O. I p. 227 2. Hellmann, Vorträge: Allgem. Teil p. 109 (abw.). Ein weiterer Unterschied der von § 179 I geschaffenen Rechtslage vom einfach gültigen Vertrage ist darin gelegen, daß der falsus procurator nicht auch seinerseits eine Klage auf die Gegenleistung hat. Nur einredeweise (exceptio non adimpleti contractus) gegen den Anspruch des Mitkontrahenten auf Erfüllung kann er sie geltend machen. Bei der Forderung des Schadensersatzes kommt die Frage der Gegenleistung überhaupt nicht in Betracht; selbstverständlich findet bei der Schadensberechnung die von dem Mitkontrahenten ersparte Leistung Berücksichtigung.

[28]) Vgl. oben p. 22.

[29]) Vgl. Windscheid § 74 (p. 815) Anm. 8 a. A.

ganz anderer ist, als der sich aus der dolus-Haftung ergebende. Gerade ein Fall, in dem die Dolosität des Vertreters evident ist, kann leicht zu einer falschen Anwendung des § 179 Abs. 1 führen. Man ist dann geneigt, die Ersatzpflicht des Vertreters aus seinem dolus eintreten zu lassen; diese führt aber ausschließlich zum Ersatz des negativen Vertragsinteresses, weil gemäß § 249 der Zustand, der vorhanden gewesen wäre, wenn der zum Ersatze verpflichtende Umstand, nämlich der dolus, nicht eingetreten wäre, immer der ist, daß der betreffende Vertragsschluß nicht stattgefunden hätte.[30]) Der Schaden, der nach § 179 I aber zu ersetzen ist, ist der positive, geht auf das Erfüllungsinteresse. Das ist ohne Anzweiflungsmöglichkeit.[31]) Zunächst besagt es der Zusammenhang, in dem die Schadensersatzpflicht auferlegt wird, daß sie neben den Anspruch auf Erfüllung gesetzt ist; ferner, daß sinngemäß der Schadensersatz, den der Mitkontrahent wahlweise neben der Erfüllung fordern kann, eine dieser entsprechenden Haftung ist, was bei dem negativen Vertragsinteresse nicht der Fall wäre. Vor allem ist es aber auch der rein formellen Interpretation des § 179 zu entnehmen. In § 179 wird die Schadensersatzpflicht nicht an den Thatbestand des dolus, sondern einfach an den Thatbestand geknüpft, daß der Vertreter ohne Vertretungsmacht gehandelt hat und die Genehmigung durch den Vertretenen nicht erfolgt ist. Der Zustand, der bestehen würde, wenn dieser Umstand nicht vorgelegen hätte, ist aber Vorhandensein der Vertretungsmacht, Genehmigung seitens des Vertretenen.[32])

Vorstehende Erwägungen zeigen, daß die Haftung des falsus procurator gemäß § 179 I von der allgemeinen dolus-Haftung bedeutsam abweicht und in ihr nicht die juristische Konstruktion finden kann. Wenn sich für die in § 179 I normierte Haftung bei dem unwirksamen Vertragsabschluß durch den unbevollmächtigten Vertreter schon bei dolus desselben keine außerkontraktliche Ersatzpflicht zur Begründung heranziehen läßt, so wird dies erst recht nicht der Fall sein bei der zweiten von uns angegebenen Möglichkeit, daß der Vertreter bona fide war, der Genehmigung des Dritten sicher zu sein glaubte. Zu einem Anspruch auf Erfüllung eines Vertrages, sowie

30) Daran ändert nichts, daß der Vertretene auch in diesem Falle durch Genehmigung den Vertragsschluß wirksam machen kann. — Vgl. p. 74.

31) Es ist auch nicht bestritten.

32) Siehe oben Anm. 27.

auf positive Interesseleistung führt ein außerkontraktlicher Anspruch, selbst wenn er bei Gelegenheit eines Vertragsabschlusses entsteht ebensowenig, wie ein unwirksamer Vertrag selbst, da ja auch er stets, wie der Name schon besagt, einen Nichtkontrakt voraussetzt. Es scheint demgemäß, als ob in der Bestimmung des § 179 I ein Widerspruch enthalten ist. Für die Lösung desselben giebt uns die Kenntnisnahme der Beratungen, die zur Abfassung des § 179 geführt haben, die Mittel zur Hand.[33]) Um es genau zu präzisieren, es geht aus ihnen hervor: 1. Man hält in unserm Fall die Haftung des Vertreters auf Erfüllung oder Schadensersatz für gerecht, wenn er den Mangel in seiner Person kannte, gleichviel ob er dolo oder bona fide handelte. 2. Man ist sich bewußt, daß es einer ausdrücklichen Normierung dieser Haftung bedarf, da a) bei dolus des Vertreters die einfache Deliktshaftung eine andere ist und b) bei bona fides des Vertreters es mindestens zweifelhaft sei, ob sonst die Rechtsprechung auf Grund eines zu unterstellenden Garantieversprechens zu der betreffenden Haftung käme. Dies letztere läßt uns das lösende Wort finden. Wie es auch ohne die ausdrückliche Norm des § 179 I möglich gewesen wäre auf Grund eines stillschweigenden Garantievertrages die jetzt dort zum Ausdruck kommende Haftpflicht des Vertreters auszusprechen, so ist ganz entsprechend die im Gesetz positiv normierte Haftung durch Annahme eines Garantievertrages juristisch zu fundieren. Dieser stillschweigende im eigenen Namen durch den Vertreter abgeschlossene Garantievertrag tritt in Wirkung, wenn der expressis verbis im fremden Namen abgeschlossen rechtsunwirksam ist. In dem wirksamen Garantievertrage, nicht in dem unwirksamen Vertragsabschluß ist die Haftung auf Erfüllung resp. positives Vertragsinteresse begründet.[34]) Der Garantievertrag ist nicht nur da anzunehmen, wo der Vertreter gutgläubig war, sondern auch dort, wo er dolos handelte. Das Kontrahieren im fremden Namen birgt konkludent die

[33]) Vgl. Protokolle I p. 156—164.

[34]) Der scheinbare Widerspruch in § 179 und seine Lösung durch die Garantie-Konstruktion bleibt in der Literatur fast durchgängig unbeachtet; man begnügt sich mit der einfachen Feststellung der Norm, was freilich für die positiv-formelle Begründung der Haftung ausreicht. Über den Versuch, die neg. Interessehaftung durch die Garantie-Konstruktion im gem. R. formell zu begründen, vgl. unten p. 151 ff. Richtig Crome a. a. O. p. 471, der ausdrücklich hervorhebt, daß der Vertreter sich als „Garant" behandeln lassen muß.

Garantie in sich; die innere Arglist, die gleichsam den Vertreter zu sich selbst jede Garantie verneinen läßt, ist eine Art Mentalreservation und kommt rechtlich nicht in Betracht.[35]) Der Garantie-Konstruktion entspricht es auch völlig, daß die strengere Haftung des Vertreters nur eintritt bei seiner Kenntnis von dem Mangel seiner Vertretungsmacht. Dem Vertreter, der vermeint, er habe Vertretungsbefugnis, kann man unmöglich insinuieren, er leiste Garantie auch für den Fall, daß er thatsächlich keine habe. Müßte jeder Vertreter trotz der Überzeugung von seiner Vollmacht die Möglichkeit seines Befugnismangels in Erwägung ziehen, — nur dann wäre auch hier eine Garantieannahme gerechtfertigt — so würden sich gewiß nur wenige noch dazu verstehen, als Stellvertreter Rechtsgeschäfte abzuschließen. In richtiger Konsequenz läßt darum § 179 II den Vertreter, der den Mangel der Vertretungsmacht nicht gekannt hat, dem Mitkontrahenten nur für das negative Vertragsinteresse haften.[36])

---

2. Kapitel.

Mangel im Willen.

§ 1.

Willens- und Erklärungstheorie.

Rechtswille ist Willenserklärung. Solange der Wille im Innern des Menschen verborgen ist, läßt ihn das Recht unbeachtet. Die Voraussetzung seiner Wirkung ist, daß er in die Außenwelt tritt:

[35]) Damit scheidet für unsere Fälle die Haftung aus § 826 nicht überhaupt aus, sondern man wird bei dolus des Vertretenen dem Dritten auch den Anspruch aus § 826 zuerkennen. Zu bemerken ist nur, daß bei letzterem dem Dritten der Nachweis der „vorsätzlichen Schädigung" obliegt, während er zur Begründung des Anspruches aus § 179 nur darzuthun hat, daß der Vertreter den Vertrag im Namen des Vertretenen abgeschlossen, und daß der Vertreter die Genehmigung verweigert hat. Darum wird die Haftung nach § 179 die praktisch weit bedeutsamere sein. Vgl. Planck a. a. O. I p. 228, 3

[36]) Nicht zustimmen können wir der Ansicht Hölders (a. a. O. p. 379), daß der Vertreter die Haftung auf das negative Vertragsinteresse durch Erfüllung des Vertrages abwenden kann. Ebensowenig, wie der Dritte eine Erfüllung durch den Vertreter zu beanspruchen hat, ebensowenig braucht er eine solche anzunehmen. Ohne seinen Willen kann ihm kein anderer Kontrahent als der von ihm beim Vertragschluß gemeinte Vertretene gegenübergestellt werden. (Vgl. oben Anm. 27.)

dies geschieht durch seine Erklärung, nämlich durch Worte oder durch Handlungen. Die Erklärung, der der Wille nicht immanent innewohnt, die gleichsam der Bote ist, welchen das Innenleben des Menschen absendet, um seinen Inhalt der Außenwelt mitzuteilen, kann diesen Inhalt aber unrichtig übermitteln: die Äußerung des Willens und der Wille selbst können auseinandergehen; das als gewollt Bezeichnete kann möglicher Weise nicht gewollt sein.[1]) Die Frage ist, was soll bei Eintritt dieses letzteren Falles Ausschlag geben: die Erklärung oder der Wille? Ein noch unausgetragener Streit hat sich in der neueren gemeinrechtlichen Doktrin hierüber entsponnen.[2]) Die ältere — wohl noch herrschende — Lehre geht von der Ansicht aus, daß es der Wille ist, dem die Rechtsordnung rechtsgestaltende Kraft beilegt, und daß demgemäß da, wo eine Divergenz von Wille und Erklärung feststeht, die Erklärung die als gewollt bezeichnete rechtliche Wirkung nicht erzeugt: man bezeichnet sie als die „Willenstheorie".[3]) Die neuere Ansicht stellt als Prinzip auf, daß für die rechtliche Wirkung der Willenserklärungen nicht entscheidend sei der wirkliche Wille des Urhebers der Willenserklärung, sondern dasjenige, was den der Willenserklärung Gegenüberstehenden in berechtigter Weise als sein wirklicher Wille erscheine: die sogen. Erklärungstheorie. — Es liegt außerhalb unserer Aufgabe, auf die tieferen theoretischen Begründungsversuche dieser Meinungen einzugehen. Nur soweit sie direkt auf die Frage unserer Schadensersatzpflicht Einfluß haben, werden wir sie in kritische Erwägung nehmen müssen. Dieser Einfluß ist allerdings ein ganz bedeutender.

In zweierlei Hinsicht kann bei Willenserklärungen die Divergenz zwischen dem Willen und der Erklärung stattfinden: die Erklärung kann nach eigener Absicht des Redenden oder Handelnden den Willen nicht wiedergeben sollen, oder sie bringt thatsächlich entgegen der Absicht des Erklärenden den Willen zu keinem adäquaten Ausdruck. Diese einfache Analysierung läßt sofort erkennen, daß das Auseinander-

---

[1]) In diesem Falle ist nur die Erklärungshandlung gewollt, nicht aber der in derselben objektiv zum Ausdruck kommende Geschäftsinhalt. Diese Unterscheidung zwischen Willen zur Erklärungshandlung und Willen zu einem bestimmten Erklärungsinhalt halten wir für die juristische Theorie für ausreichend. Vgl. dagegen Leonhard: Allgem. Teil p. 488 Anm. 1.

[2]) Vgl. Windscheid a. a. O. § 75 Anm. 1a (p 322).

[3]) Eine weitere uns hier noch nicht interessierende Frage ist, wann eine Divergenz von Wille und Erklärung vorliegt.

gehen von Wille und Erklärung als Ursachen Momente durchaus verschiedener sittlicher Wertung haben kann, und daß es nicht angebracht sein kann, schlechthin alle Wirkung entweder auf den Willen oder auf die Erklärung zu legen. Man denke, jemand empfängt eine Vertragserklärung, an deren Zuverlässigkeit zu zweifeln für ihn nicht der geringste Anlaß vorliegt. Im Vertrauen, daß er einen rechtsgültigen Vertrag abgeschlossen habe, trifft er alle Vorbereitungen zur Ausführung desselben, läßt andere Gelegenheiten zu günstigen Abschlüssen vorübergehen und anderes mehr. Nachher kommt sein Gegner mit der Behauptung, im geheimen habe er gar nicht gewollt, was er erklärt habe. Es ist klar, daß es geradezu ein unlauteres Verhalten sanktionieren hieße, wollte man hier auf Grund eines starken Willensdogmas den Vertrag einfach für nichtig erklären. Ebenso muß es andererseits jeder billigen Regelung der Verhältnisse widersprechen, wenn die Vertragserklärung jemandes ganz ohne Verschulden seinem Kontrahenten falsch übermittelt wird, so daß in ihr vielleicht gerade das Gegenteil, als das Gewollte enthalten ist, die Erklärung, so wie sie ist, Rechtens bestehen zu lassen, während die Nichtigkeit des Vertrages dem Empfänger vielleicht nicht den geringsten Schaden, die Wirksamkeit dem Erklärenden aber bedeutenden Verlust zu bringen geeignet ist. Dies führt uns zu einer grundlegenden Charakteristik der genannten Theorien. Die Erklärung als prinzipiellen Ausgangspunkt für die Rechtswirkung einer rechtsgeschäftlichen Äußerung zu machen, müssen wir als dem Wesen der Privatrechtsordnung widersprechend ablehnen. Das Privatrecht ist das Gebiet des Willens. Es steckt zwar gleichzeitig auch die Grenzen ab, wie weit dem Privatwillen überhaupt rechtsgestaltende Kraft zukommt, innerhalb dieser Grenzen läßt es aber dem individuellen Willen die Freiheit rechtsgestaltend zu wirken: Rechtsverhältnisse zu begründen, zu verändern und aufzuheben. Allerdings bedarf der Willen, da er seine Schöpferkraft in sozialer Gemeinschaft d. h. gegenüber anderen Menschen bethätigen soll, der Kenntnisnahme durch diese; das ist allein durch Verlautbarung, durch Erklärung des Willens möglich. Aber nie darf außer Acht gelassen werden, daß die Erklärung stets nur ein Mittel, nicht Selbstzweck ist. Die Thatsache, daß dieses einzige Mittel, den Willen in die äußere Erscheinung treten zu lassen, besonders im modernen Verkehr mit der Vervielfältigung seiner Formen, oft unvollkommen und fehlerhaft wirkt, läßt die Behauptung nicht übertrieben sein, daß bei Ausschlaggebung der Erklärung an Stelle freier, zweck- und zielsetzender Willensbethätigung geradezu die Wirkung des Zufalls treten würde. Die Erklärungstheorie ist u. E. ein überstiegener Fortschritt gegenüber scheinbar mißlichen Konsequenzen der Willenstheorie. Als ein Hauptargument wird für sie vorgebracht, daß sie allein den Bedürfnissen des Verkehrs gerecht werde, und selbst ein so bedeutender Gegner wie Windscheid glaubt anerkennen zu müssen, daß in ihr ein Zug verwertet wird, „der in dem modernen Rechtsbewußtsein sich mit Energie geltend macht, der Zug nach Gleichstellung des bona fide als Wirklichkeit angenommenen Scheins mit der Wirklichkeit".[4]) Wie sehr verraten diese Worte nicht den Geist der historisch-romantischen Rechtsphilosophie. Als ob alles, was das „Volk" als Recht sein sollend empfindet, schon Recht wäre, als ob es auch nur de lege ferenda unzweifelhaft zur Normierung kommen müßte. Sonst verhehlt man sich doch nicht die Schwächen und Abgründe der menschlichen Natur, und man versucht erziehlich und leitend zu wirken. Warum sollte denn in Sachen des Rechtes, jener vornehmsten Kunst der Regelung des sozialen Lebens, das blinde Triebleben der kompakten Masse maßgebend sein? Es ist unbestreitbar, die Anschauung des Volkes, besonders der kaufmännischen Kreise, geht dahin, daß die einmal abgegebene Erklärung unantastbar dastehen, daß es auf den zu Grunde liegenden Willen nicht ankommen solle. Dahingestellt mag bleiben, wie eng überhaupt der Gesichtskreis dieser Meinung, wie oft nur laienhafte Verallgemeinerung eines konkreten Vorkommnisses ihr Anlaß ist, für uns erhebt sich nur die eine Frage: giebt sie die Grundlage eines „richtigen Rechtes", eines Rechtes zur Förderung des Gemeinschaftslebens im Sinne eines sozialen Ideals? Mit keinem Zweifel verneinen wir die Frage! Die Erklärungstheorie ist die Förderin eines krassen Egoismus. Die an sich berechtigte Freude am Gewinne sanktioniert sie zu einem unverletzlichen Rechtsgut, das bloße Vertrauen jemandes auf die Wirksamkeit eines guten Geschäftsabschlusses schützt sie selbst zum höchsten Schaden des Nebenmenschen. U. E. sichert sie nicht sowohl den Verkehr, wie sie eine Geschäftsgier wider Treu und Glauben rechtfertigt. Ein Beispiel, das Bähr[5]) anführt, diene zur Erläuterung: „Ein Theaterdirektor will eine Sängerin, die er persönlich irgendwo kennen gelernt hat, engagieren. Er schreibt aber infolge

---

[4]) Windscheid a. a. O. § 75 Anm. 1a (p. 323).

[5]) Bähr: Jahrb. f. Dogm. XIV p. 416.

Verwechselung an deren Schwester, die gleichfalls Sängerin ist, und engagiert diese. Kann er nun, wenn dieselbe anlangt, sie ‚wegen wesentlichen Irrtums‘ wieder nach Hause schicken?“ Bähr, ein Hauptvertreter der Erklärungstheorie, meint, „wenn das Engagement in einer Weise erfolgte, daß die Sängerin den Irrtum durchaus nicht erkennen konnte, so müßte ihr der Kontrakt gehalten werden“. Auf den bloßen Zufall des Verschreibens soll der Direktor eine Sängerin nehmen müssen, die er vielleicht gar nicht verwenden kann, weil sie ein anderes Stimm- oder Rollenfach hat, als die noch benötigte haben muß? Etwa weil die Sängerin sich darauf gefreut hat, ein Engagement zu haben? Kein Unterschied, ob die Sängerin noch ein anderes ebenso gutes Engagement bekommen kann, ob ihr auch nicht der geringste Schaden aus dem Versehen des Direktors erwachsen ist? Dieser „Fortschritt“ im Verkehr scheint uns das Rad der Zeit zurückzudrehen in die Zustände des ältesten römischen Rechtes, wo ein kleinstes Versehen in den vorgeschriebenen Formen das materielle Recht konsumierte.

Welches ist denn aber die Ursache, die eine solche Theorie neben der seit Alters herrschenden Willenstheorie zeitigte? Vermochte diese denn die Lebensverhältnisse in praktischer Hinsicht so wenig befriedigend zu gestalten? Hier kommen wir zu dem Punkte, in welchem den Bestrebungen der Erklärungstheorie ein gewisses Verdienst nicht abzusprechen ist. Die einfache Durchführung der Willenstheorie führt zu unbilligen und unleidlichen Erscheinungen. Knüpfen wir gleich variierend an das obige Beispiel an. Nach der Willenstheorie ist der Vertrag zwischen dem Direktor und der Sängerin wegen essentiellen Irrtums nichtig. Soll damit aber in der That alles erledigt sein? Soll die Sängerin wegen des Versehens eines andern die Reise, Hôtelkosten 2c. zu tragen haben? Wie, wenn ihr kurz nach dem versehentlichen Engagementsantrag ein anderer zugekommen ist, den sie im Vertrauen auf die Wirksamkeit des ersteren abgelehnt hat und nunmehr nach Herausstellung des Irrtums, vielleicht kurz vor Beginn der Spielzeit, ihr nur noch ein ungünstigeres Engagement zu erhalten möglich ist? Kann nach billiger Erwägung ihr etwa all dieser Schaden aufgebürdet werden? Allgemein gesprochen: Wenn ein Vertrag wegen Divergenz von Willen und Erklärung bei einem Kontrahenten unwirksam ist, soll der unschuldige Teil die Kosten, die der Gegner, sei es unschuldig, sei es durch seine Unvorsichtigkeit, Unwachsamkeit,

Nachlässigkeit veranlaßt hat, tragen? Trefflich führt Jhering[6]) hierüber aus — von seiner falschen Konstruktion sehen wir ab —: „Diese so klar zu Tage liegende Gefahr und Unbilligkeit ist (nun) in unseren Quellen, so oft sie auch dahin gehörige Fälle berühren, gar nicht weiter berücksichtigt. Ob die Römer dieselbe wirklich nicht gefühlt, möge auf sich beruhen, genug! sie ist vorhanden, und es bedarf eines Schutzes gegen sie. . . . Beim Kontrahieren hat jeder für die Zuverlässigkeit seiner Willenserklärung einzustehen, ein Mangel derselben, welcher die vom Gegner angenommene Perfektion des Kontrakts in Wirklichkeit ausgeschlossen hat, verpflichtet ihn zum Schadensersatz." Damit ist grundsätzlich der richtige Weg gekennzeichnet, der zwischen Willenstheorie und Erklärungstheorie einzuschlagen ist. An seine äußere Erklärung kann der Vertragsschließende nicht unbedingt gebunden sein, denn die Rechtsordnung, die ihm mit der einen Hand die Freiheit giebt, seinem Willen gemäß Rechtsgeschäfte einzugehen, kann ihn mit der anderen Hand nicht dieser Freiheit berauben, indem sie ihn an ein Rechtsgeschäft fesselt, das er dem äußeren, trüglichen Scheine nach einging, das einzugehen aber gar nicht sein Wille war. Andererseits kann die Rechtsordnung an den allein richtigen Gedanken, daß, wo zwischen Vertragsschließenden eine Willensübereinstimmung nicht vorhanden war, entweder ein Vertrag nicht zustande gekommen ist, oder der Vertrag der Anfechtung unterliegt, nicht die unrichtige Konsequenz knüpfen, daß mithin auch keinerlei Rechte und Pflichten zwischen ihnen entstanden seien. Derjenige Kontrahent, in dessen Person der Grund der Nichtigkeit gelegen, wird seinem Mitkontrahenten in billiger Weise den Schaden ersetzen müssen, den dieser in berechtigtem Vertrauen auf die Wirksamkeit des Vertrages erlitten hat.[7])

§ 2.

Mentalreservation, Simulation, Scherz.

Die Erklärung eines Willens kann insofern mangelhaft sein, als jemand etwas erklärt, mit dem Bewußtsein, daß er das Erklärte gar nicht will. Drei Fälle gehören hierher: Mentalreservation, Simulation und Scherz. Für unsere Frage scheidet sowohl nach gemeinem Recht, wie BGB.[1]) der Fall der Simulation aus. Da bei ihm

---

6) Jhering a. a. O. p. 7.

7) Näheres hierüber unten Buch III.

1) Vgl. BGB. § 117.

zwischen den Kontrahenten stets Einverständnis über die Nichtigkeit des Geschäftes herrscht, so kann dasselbe naturgemäß zwischen ihnen keine Verbindlichkeiten erzeugen. Ein Dritter, der durch ein Scheingeschäft getäuscht worden ist, wird nur nach den allgemeinen Grundsätzen über unerlaubte Handlungen, nach gemeinem Recht mit der actio doli, nach BGB. gemäß § 823, § 826, Schadensersatz zu fordern haben.[2])

Hinsichtlich der Mentalreservation ist im römischen, gemeinen Rechte und im BGB. übereinstimmend anerkannt, daß sie Beachtung nicht zu finden hat, das Erklärte also rechtsgültig ist.[3]) In der Theorie wird darüber gestritten, wie man vom Standpunkte der Willenstheorie bei hier vorliegender Divergenz von Wille und Erklärung zur Rechtswirksamkeit der Erklärung gelangen könne.[4]) Da die Thatsache der Rechtswirksamkeit unbestritten ist, erübrigt sich in unserem Zusammenhange ein tieferes Eingehen auf die verschiedenen theoretischen Begründungsversuche. Zuzugeben ist, daß bei konsequenter Durchführung der Willenstheorie Nichtigkeit der Erklärung — unter Deliktshaftung auf Schadensersatz — statthaben müßte. Die Statuierung der Wirksamkeit der Erklärung im gem. R., und daraus übernommen im BGB., bedeutet aber nicht ein Abweichen vom Prinzip der Willenstheorie, sondern eine positive Ausnahme, die sich für die konkrete Sachlage aus der Erwägung ergiebt: Das Recht kann nicht zugeben, daß jemand sich auf seine Lüge beruft.[5])

Mehr als für sich genommen beansprucht die Mentalreservation unsere Aufmerksamkeit hinsichtlich ihrer Abgrenzung zum „Scherz". Der Thatbestand der scherzhaften Willenserklärung ist mit dem der Mentalreservation formell gleichartig: bei beiden erklärt der Betreffende etwas mit dem geheimen Vorbehalte, das Erklärte nicht zu

---

[2]) In den Fällen, in denen er nicht schon durch die zu Gunsten Dritter erlassenen allgemeinen Schutzvorschriften des BGB. geschützt ist. (BGB. §§ 172, 405, 892, 893, 932ff. ꝛc.) Ausdrücklich abgelehnt ist der Schutz redlicher Dritter gegen Schäden durch Betrügereien, die sich nicht wider sie, sondern gegen andere richten (Protok. I p. 97). Vgl. Leonhard a. a. O. p. 460. Planck a. a. O. I p. 162f Hölder a. a. O. p. 255. Crome a. a. O. p. 416.

[3]) Windscheid a. a. O. § 75 (p. 324), BGB § 116.

[4]) Litteratur bei Windscheid l. c.

[5]) Windscheid l. c. Anm. 1c; Zitelmann: Jahrb. f. Dogm. XVI p. 435 a. E. Abw. Melliger a. a. O. p. 224ff., der beachtenswert nachzuweisen versucht, daß bei der Mentalreservation eine Divergenz von Wille und Erklärung nicht vorliegt. Vgl. in dieser Richtung auch Hölder a. a. O. p. 253.

wollen. Der Unterschied liegt in der Gesinnung des Erklärenden: dort die Meinung, der andere merkt die Nichternsthaftigkeit, hier die Absicht zu täuschen. Freilich deckt sich der Sprachgebrauch mit dieser Unterscheidung nicht völlig. Alle diejenigen Fälle, die man gewöhnlich mit den Worten „böser Scherz" bezeichnet, gehören juristisch zur Mentalreservation, als ihnen die Meinung unterliegt, der andere Teil werde thatsächlich auf die Ernsthaftigkeit der Erklärung vertrauen.

Innerhalb der wirklich scherzhaften Willenserklärungen sind wiederum zwei Möglichkeiten als für die rechtliche Behandlung bedeutsam hervorzuheben: Dem Scherzenden fällt eine grobe Fahrlässigkeit zur Last, insofern als er nicht annehmen durfte, daß der andere den Scherz verstehen werde, oder dies ist nicht der Fall. Diese beiden Momente sind im gemeinen Recht anders geregelt als im BGB. Das gemeine Recht geht von dem Grundsatz aus, daß hier die grobe Nachlässigkeit, lata culpa, dem dolus — also der Mentalreservation — gleichzustellen ist.[6]) Man argumentiert ungefähr so: nur bei lata culpa des Erklärenden werden die Umstände derartig sein, daß der andere den Mangel der ernstlichen Absicht nicht erkennen mußte. Sind sie aber derartig, so ist die Einrede des Scherzes gar nicht zuzulassen, die Erklärung als wirksam zu betrachten; mußte der andere jedoch den Scherz erkennen, so ist er selbst in culpa, wenn er ihn verkannte, und er hat Anspruch auf Entschädigung nicht.[7]) Hiernach liegt im gemeinen Rechte „ein praktisches Bedürfnis für ein besonderes Schutzmittel zu Gunsten des Empfängers der Erklärung . . . . nicht vor."[8])

Der Entwurf I des BGB. normiert in § 97 in der Hauptsache die Lehre des gemeinen Rechtes. Nachdem der Abs. 1 vorschreibt, daß diejenige Willenserklärung, bei der bewußt aber ohne Täuschungsabsicht etwas anderes als das wirklich Gewollte erklärt worden, nichtig ist, bestimmt der Abs. 2: „Die Willenserklärung ist jedoch gültig, wenn dem Urheber grobe Fahrlässigkeit zur Last fällt." Des weiteren weicht dann aber der Entwurf von der herrschenden gemeinrechtlichen Lehre etwas ab. Während, wie wir gesehen haben, im gemeinen Recht für unseren Fall die lata culpa gleichsam negativ bestimmt wird, daß sie nämlich nur da nicht vorhanden ist, wenn die

6) Windscheid a. a. O. § 75 Anm. 1d (p. 324).

7) Vgl. Ihering a. a. O. p. 74; Mommsen: Erörter. p. 99; abw. Melliger a. a. O. p. 219.

8) Mommsen l. c.

Umstände so gestaltet sind, „daß der Empfänger der Erklärung den Mangel einer ernstlichen Absicht erkennen mußte oder wenigstens doch hinreichenden Grund hatte, an dem Vorhandensein eines ernstlichen Willens zu zweifeln,“[9]) also entweder lata culpa des Erklärenden oder culpa des Empfängers vorliegt, schiebt der Entwurf noch eine Zwischenstufe ein: er nimmt noch den Fall an, daß der Erklärungsempfänger den Dissens weder gekannt hat, noch kennen mußte und doch dem Erklärenden keine grobe Fahrlässigkeit — sondern nur geringere — zur Last fällt. Hier soll die Erklärung nichtig sein, aber der Erklärende dem Empfänger für das negative Vertragsinteresse haften.[10])

Einen ganz anderen Standpunkt nimmt das BGB. ein. § 118 bestimmt:

„Eine nicht ernstlich gemeinte Willenserklärung, die in der Erwartung abgegeben wird, der Mangel der Ernstlichkeit werde nicht verkannt werden, ist nichtig.“

Hierzu ist dann § 122 zu nehmen, dessen für § 118 in Betracht kommenden Stellen lauten:

„Ist eine Willenserklärung nach § 118 nichtig, ... so hat der Erklärende, wenn die Erklärung einem Anderen gegenüber abgegeben war, diesem, anderenfalls jedem Dritten den Schaden zu ersetzen, den der Andere oder der Dritte dadurch erleidet, daß er auf die Gültigkeit der Erklärung vertraut, jedoch nicht über den Betrag des Interesses hinaus, welches der Andere oder der Dritte an der Gültigkeit der Erklärung hat.

Die Schadensersatzpflicht tritt nicht ein, wenn der Beschädigte den Grund der Nichtigkeit . . . . kannte oder infolge von Fahrlässigkeit nicht kannte (kennen mußte).“

Die §§ 118 bezw. 122 sind ihrem Inhalte nach von der Kommission für die 2. Lesung des Entwurfs zum BGB. normiert worden.[11]) Die zunächst in die Augen springende Abweichung vom gemeinen Recht resp. dem Entwurf I ist darin gelegen, daß nach BGB. bei scherzhaften Erklärungen die lata culpa nicht dem dolus gleichgestellt und demgemäß jede nicht dolose Erklärung bei

---

[9]) Mommsen l. c.

[10]) Diese Regelung war bereits vorgezeichnet von Windscheid: a. a. O. § 75 Anm. 1d a. E.: „Liegt culpa lata nicht vor, so kann dem anderen Teil nur auf dem Wege des sog. negativen Vertragsinteresses geholfen werden.“

[11]) Vgl. zum Folgenden: Protokolle Bd. I p. 987, 116ff.

mangelndem Willen nichtig ist. U. E. stellt das BGB. mit Recht die Wirksamkeit der Erklärung allein auf die Gesinnung ab. Hinsichtlich dieser, so erwog die Kommission, bestände aber zwischen dem dolus und der lata culpa ein großer Unterschied. „Hinzukomme, daß die Grenzlinie zwischen der groben und nicht groben Fahrlässigkeit sehr schwer festzustellen sei."

Während nach dieser Richtung das BGB. den nicht ernsthaft Erklärenden günstiger stellt, als der Entwurf I und das gemeine Recht, verschärft es seine Haftung nach einer anderen Richtung hin. Wie sich aus den Worten des § 97 Abs. 3 Entwurf I, daß der Empfänger der Erklärung Anspruch auf das negative Vertragsinteresse habe, wenn „dem Urheber eine Fahrlässigkeit zur Last (fällt), welche keine grobe ist" ergiebt, ist der Erklärende bei Schuldlosigkeit völlig haftfrei. Das BGB. dagegen nimmt auf das Verschulden des Erklärenden überhaupt keine Rücksicht; es kommt nach ihm gemäß § 122 Abs. 2 nur darauf an, ob der Empfänger die Nichternsthaftigkeit fahrlässig nicht kannte. Trifft den Empfänger kein Verschulden, so haftet der Erklärende stets für das negative Vertragsinteresse.

Endlich stellt sich nach dem BGB. als ein höchst bemerkenswerter Unterschied vom gemeinen Rechte dar, daß nach dem BGB. die Ersatzpflicht nicht auf diejenigen Willenserklärungen beschränkt ist, die einem anderen gegenüber abzugeben sind, auf die sog. empfangsbedürftigen Willenserklärungen. Bei den nicht empfangsbedürftigen kann jeder Dritte den Schaden ersetzt verlangen, den er dadurch erleidet, daß er nicht schuldhaft die Rechtswirksamkeit der Erklärung annimmt.[12])

§ 3.

Irrtum.

Bei weitem das Hauptanwendungsgebiet für die Frage nach der Schadensersatzpflicht bei unwirksamen Verträgen bildet die Lehre vom Irrtum. Nach beiden möglichen Richtungen hin ist diese Lehre als eine der schwierigsten Rechtsmaterien zu bezeichnen: einmal nach ihrer rechtlichen Normierung überhaupt und dann hinsichtlich der Subsumtion der konkreten Thatbestände unter die Normen. Neben den juristischen treten hier psychologische Erwägungen aller subtilster Art zu ausschlaggebender Bedeutung hervor. Kein Wunder, daß daher

[12]) Vgl. Planck a. a. O. I p. 172 f. Kipp bei Windscheid a. a. O § 75 p. 327.

die Lehre vom Irrtum eine der bestrittensten der Jurisprudenz ist. Dies darf selbst schon heute von dem BGB. gesagt werden, obwohl u. E. seine Norm über den Irrtum (§ 119) sich durch präzise und klare Ausdrucksweise auszeichnet. Da alle Streitpunkte naturgemäß darauf hinauslaufen, ob eine bestimmte Willenserklärung wirksam oder unwirksam ist, so können wir an derselben nicht achtlos vorübergehen, denn die uns beschäftigende Frage der Haftung auf das negative Vertragsinteresse hängt von der Entscheidung der Wirksamkeit resp. Unwirksamkeit einer Willenserklärung ab. Andererseits kann es aber auch hierortens nicht unsere Aufgabe sein, auch nur im Umriß die gesamte Lehre vom Irrtum darzustellen. Wir werden demgemäß ganz kurz die herrschende Lehre wiedergeben und die andern Auffassungen nur da heranziehen, wo sie unmittelbar uns interessierende Punkte abweichend entscheiden.

Als die im gemeinen Rechte herrschende Irrtumslehre kann ohne Zweifel die Savignys gelten.[1]) Savigny unterscheidet zunächst grundlegend den Irrtum im Beweggrunde, den sog. echten Irrtum, und den unechten Irrtum. Der Irrtum im Beweggrunde ist ein solcher, der durch eine irrige Vorstellung von dem Zustande der Dinge hervorgerufen wird. Da der Wille bei der Erklärung immerhin doch ein wirklich vorhandener ist, und der vorhandene mit der Erklärung übereinstimmt, so wird grundsätzlich dem echten Irrtum ein Einfluß auf die Wirksamkeit der Willenserklärung nicht zugeschrieben. Ein „unechter" „wesentlicher", willenausschließender Irrtum liegt dann vor, wenn der Erklärende etwas anderes erklärt, als wie er wirklich will, und diese Divergenz, wenn nicht die ganze, so doch mindestens einen wesentlichen Bestandteil der Erklärung trifft. Wesentlich aber ist:

1. Der error in negotio: der Irrtum über die juristische Natur der zu begründenden Rechtsverhältnisse.

2. Der error in persona, es sei denn, daß die Person im konkreten Falle gerade gleichgültig ist (z. B. beim Barkauf).

3. Der error in corpore.

4. Der error in substantia, d. h. über solche Eigenschaften der Sache, welche nach der Verkehrsanschauung das Wesen der Sache bestimmen.

---

[1]) Vgl. Savigny: System d. r. R. III §§ 135—139.

5. Bei Verträgen endlich kann ein Irrtum dahin vorkommen, daß zwar jeder Kontrahent seinen wirklichen Willen erklärt, aber die Erklärenden annehmen, daß von der Gegenseite ein anderer Wille erklärt worden sei, als wie es thatsächlich geschehen ist, und sie so zu keinem Konsense gelangen. (Irrtum als Mißverständnis).

Dieser „unechte Irrtum" macht die mit ihm behaftete Willenserklärung, und wenn diese eine Vertragserklärung ist, folglich auch den Vertrag unwirksam.[2]) — Wenn wir Savignys Irrtumslehre zur Grundlage unserer Erörterungen nehmen,[3]) so können wir nach ihr und in Abweichung von ihr für unsere Frage folgende Standpunkte feststellen: 1. Man entscheidet die Unwirksamkeit eines Vertrages nach den gegebenen Merkmalen der Wesentlichkeit eines Irrtums und legt dem Irrenden eine Ersatzpflicht nur dann auf, wenn sich eine solche aus einem besonderen juristischen Verhältnis, wie Mandat, Garantievertrag begründen läßt. 2. Man beurteilt gleichfalls die Unwirksamkeit der Willenserklärung nach den gegebenen Merkmalen, legt aber dem Irrenden schlechterdings eine Ersatzpflicht auf. 3. Man läßt die Erklärung nach ihrem objektiven Inhalt unbedingt wirken und gestattet die Berufung auf einen Irrtum irgend welcher Art überhaupt nicht.[4])

Zur Veranschaulichung dieser Auffassungen weisen wir auf den berühmt gewordenen Fall Weiler (Bankhaus in Frankfurt a. M.) contra Oppenheim (Bankhaus in Köln). Weiler erhielt im Jahre 1856 von Oppenheim eine Depesche des Inhalt: Verkaufen Sie 1000 Stück österreichische Kredit-Aktien ꝛc. Weiler führte sofort den Auftrag aus und telegraphierte Oppenheim Antwort. Dieser drahtete zurück, der Antrag habe auf Kaufen gelautet und er nehme von dem geschehenen Verkaufe keine Notiz.

Nach den Meinungen unter 1 und 2 ist der Kauf wegen wesentlichen Irrtums unwirksam, nach der unter 3 jedoch rechtswirksam. Nach der Meinung unter 1 ist Oppenheim zum Schadensersatz ver-

---

[2]) Über die gemeinrechtl. Streitfrage, ob und inwiefern zur Beachtlichkeit eines Irrtums noch dessen Entschuldbarkeit erforderlich ist, vgl. Windscheid §§ 76[10], 77 a. E., 78[8], 79a. Überwiegend wird die Entschuldbarkeit verlangt. Bezüglich des BGB. vgl. p. 108 Anm. 18.

[3]) Im übrigen verweisen wir auf Windscheid a. a. O. I §§ 76—79[a] (p. 328ff.).

[4]) Vgl. Reyscher: Ztschr. für deutsches Recht XIX p. 271—320, p. 456 bis 477; Fuchs: Arch. f. civ. Pr. XLIII p. 94—120; Ihering: a. a. O. p. 6, 106ff.

pflichtet wegen einer stillschweigend von ihm übernommenen Garantie, nach der Meinung unter 2 gleichfalls, aber einfach deswegen, weil er ihn veranlaßt hat.

Ist die Entscheidung des angeführten Falles insofern nicht schwer, als auf einen an sich klaren Thatbestand nur die verschiedenen Grundauffassungen eine verschiedene Beurteilung ergeben, so wird die Sachlage komplizierter, wenn ein Thatbestand bereits innerhalb einer prinzipiellen Meinung verschieden beurteilt wird. Als Beispiel:[5]) Ein Apotheker oder Forstmann bestellt sich bei einem Buchhändler ein indogermanisches Wurzellexikon, in dem Glauben, daß das Werk von offizinellen Wurzeln handele; bei Empfang sieht er, daß es ein philologisches Werk ist. Oder der bekannte Fall, daß ein Offizier sich Albrechts Buch „Die Gewere" zusenden läßt, in der Meinung, es handle von Gewehren. Nach der Erklärungstheorie ist der Vertrag natürlich wirksam. „Wer ein bestimmtes Buch unter seinem Titel bestellt, muß es behalten, mag er sich über dessen Inhalt gedacht haben, was er will."[6]) Die Vertreter der Willenstheorie gehen in ihren Ansichten auseinander. Jhering meint, der Käufer habe sich in einem Irrtum über eine wesentliche Eigenschaft der Sache befunden; der Vertrag sei nichtig, aber der Verkäufer habe Anspruch auf Ersatz des negativen Vertragsinteresses. Mommsen dagegen rechnet den Irrtum des Käufers zu einem im Beweggrunde. „Der Apotheker hat hier das bestimmte Buch, welches er bestellt hat, auch bestellen wollen. Dieser Wille ist freilich dadurch veranlaßt worden, daß er über den Inhalt des Buches irrte; dies ist aber ein Irrtum in den Beweggründen, dem man einen Einfluß auf die Gültigkeit des Geschäftes nur dann würde beimessen können, wenn er als ein sog. error in substantia zu betrachten wäre, was entschieden nicht der Fall ist."[7])

Ist in dem hier in Betracht stehenden Momente, nämlich ob erstens der error in substantia überhaupt ein willensausschließender oder nicht vielmehr nur ein Irrtum im Beweggrunde ist,[8]) zweitens,

---

[5]) Vgl. Jhering' a. a. O. p 76. Bähr: a. a. O. p. 416. Mommsen: Erört. p. 100 Anm. 14.

[6]) Bähr l. c.

[7]) Mommsen l. c.

[8]) Vgl. Zitelmann: Irrtum und Rechtsgeschäft p. 560ff. Pfersche: Zur Lehre v. sog. error in substantia p. 15ff. Weitere Litteratur bei Windscheid: a. a. O. § 76a Anm. 7.

wann ein error in substantia vorliegt, die eine Hauptquelle der Streitigkeiten gelegen, so entspringt die andere — um es gleich hier zu sagen — einer im gemeinen Rechte nie gehobenen Unklarheit, wann die Grundsätze über den Irrtum, und wann die über die Auslegung von Willenserklärungen resp. Verträgen zur Anwendung zu bringen sind. Nach beiden Richtungen sind durch das BGB. nunmehr die bedeutsamsten praktischen Inkonvenienzen der gemeinrechtlichen Irrtumslehre dadurch beseitigt, daß man bei der Redaktion desselben vor allem bestrebt war, die Norm über den Irrtum zur Entscheidung der praktischen Fälle möglichst zweifellos zu gestalten, den theoretischen Ausbau der Lehre der Wissenschaft überlassen hat.

BGB. § 119 bestimmt:

> Wer bei der Abgabe einer Willenserklärung über deren Inhalt im Irrtum war oder eine Erklärung dieses Inhalts überhaupt nicht abgeben wollte, kann die Erklärung anfechten, wenn anzunehmen ist, daß er sie bei Kenntnis der Sachlage und bei verständiger Würdigung des Falles nicht abgegeben haben würde.
>
> Als Irrtum über den Inhalt der Erklärung gilt auch der Irrtum über solche Eigenschaften der Person oder der Sache, die im Verkehr als wesentlich angesehen werden."

Sowohl die Willenstheorie wie die Erklärungstheorie suchen den Standpunkt des BGB. für sich zu vindizieren.[9]) Hat das BGB. auch keine von beiden absolut zum Leitstern genommen, so unterliegt es für uns doch keinem Zweifel, daß das BGB. von den Grundanschauungen der Willenstheorie ausgeht.[10])

Von der herrschenden gemeinrechtlichen Lehre unterscheidet sich das BGB. in erster Reihe darin, daß nach ihm der Irrtum, soweit ihm Einfluß auf die Wirksamkeit des Rechtsgeschäftes eingeräumt wird, stets nur Anfechtbarkeit und nicht Nichtigkeit begründet. Aber auch dies ist mehr eine Abweichung in der Gesetzes-Technik, als in der praktischen Gestaltung.[11]) Findet sich das BGB. mit der herr-

---

[9]) Vgl. die bei Leonhard: Allgem. T. p. 465 Anm. 3 und 4 Citierten.

[10]) D. i. von dem Bestreben, Willensmängel möglichst zu beachten. Vgl. Leonhard a. a. O. p. 464 a. E.

[11]) Die entgegengesetzte Auffassung bei Leonhard a. a. O. p. 466 a. E. In der bloßen Anfechtbarkeit und nicht absoluten Unwirksamkeit der mit Irrtum behafteten Erklärungen sieht L. den Beweis dafür, daß die sog. Erklärungstheorie in der Irrtumsnormierung des BGB. den Löwenanteil erhalten habe; die Er-

schenden gemeinrechtlichen Doktrin darin zusammen, daß es in gewissen Fällen dem Irrtum die Möglichkeit verleiht, die Wirksamkeit einer rechtsgeschäftlichen Willenserklärung zu entkräften, so hebt es sich in der konkreten Durchführung darin von ihr ab, daß es für die Kennzeichnung des beachtlichen Irrtums andere Kriterien giebt. Hatten diese auch zunächst wohl nur den Zweck, da, wo die erstere der oben von uns angegebenen Zweifelsfragen Platz greift,[12]) die Sachlage durch positive Vorschrift zu klären, so ist doch durch die lex lata auch über den Umkreis des Zweifels hinaus eine andere Subsumtionsbasis geschaffen worden.

Die beiden Fälle, die der Absatz 1 zum Ausdruck bringt, faßte noch der Entwurf I § 98 unter „Mangel der Übereinstimmung des wirklichen Willens mit dem erklärten Willen" zusammen. Hiermit blieb gerade der strittige Punkt unentschieden, ob in allen Fällen eines Irrtums über den Inhalt der Erklärung eine Divergenz zwischen Willen und Erklärung oder nur ein Irrtum im Beweggrunde vorliege. Dadurch, daß das BGB. den Irrtum über den Inhalt der Erklärung nun ausdrücklich unabhängig von dieser theoretisch-psychologischen Frage als relevant aufstellt, ist es z. B. in den oben erwähnten Fällen gewiß, daß sowohl der Apotheker den Kauf des indogermanischen Wurzellexikons, wie der Offizier den Kauf von Albrechts „die Gewere" anfechten kann. Der thatsächliche Inhalt ihrer Erklärungen ging auf ein philosophisches bezw. juristisches Werk, während sie meinten, ihre Erklärungen hätten zum Inhalt die Bestellung eines offizinellen bezw. militärischen Buches.[13])

---

klärungstheorie habe genau dasselbe gewollt; auch sie sei gern bereit gewesen, dem Irrenden besondere Anfechtungsrechte zu gewähren. Letzteres mag für L. persönlich zutreffen — er lehnt auch selbst ab noch als Vertreter der Erkltheor. genannt zu werden (a. a. O. p. 464 Anm. 2) — im allgemeinen widerstreitet es den Thatsachen. Die unabänderliche Wirksamkeit der Willenserklärung nach ihrem objektiven Inhalt bedeutet gerade den Kern der Erklärungstheorie. Der bei Anfechtbarkeit wie bei Nichtigkeit der irrtüml. Erklärungen mögliche und sich ergebende Schutz des Erklärungsempfängers, der Anspruch auf Schadensersatz, ist gerade von ihrer Seite als unpraktikabel und unzulänglich verworfen. (Vgl. Schluß.) Maßgebend ist die in das freie Belieben des Erklärenden gestellte Möglichkeit, bei Vorhandensein eines vom Gesetze überhaupt als beachtlich angesehenen Irrtums, seine Erklärung unwirksam zu machen. Dies charakterisiert den Standpunkt des BGB. als einen der Erklärungstheorie entgegengesetzten, der Willenstheorie konformen.

[12]) Siehe p. 103 a. E.

[13]) Mit der Betonung des Irrtums über den Inhalt der Erklärung verwirklicht das BGB. die berühmten Ausführungen Zitelmanns in „Irrtum und

Durch die Kennzeichnung des Irrtums über den Geschäftsinhalt schlechthin als einen beachtlichen, ist aber nicht nur der error in substantia der Anzweiflung seiner Bedeutung enthoben, sondern auch die andern gemeinrechtlichen Kategorien des error in negotio, persona, re können nicht mehr als ausschließliche Gegenstände eines rechtserheblichen Irrtums gelten. Man wird sagen müssen, daß zwar die angeführten Punkte als Maßstäbe für die Beurteilung auch für das neue Recht noch durchaus bemerkenswert sind, daß über sie hinaus aber auch der Irrtum über andere Punkte, wie z. B. über Ort und Zeit, bestimmte modi der Leistung, als Irrtum über den Inhalt des Geschäftes sich darstellt und demgemäß die Anfechtbarkeit der Erklärung begründet.[14])

Das Bestreben der Redaktoren, mögliche Streitigkeiten von vornherein abzuschneiden, ging noch weiter. Man hielt es nicht für gewiß, ob als Irrtum über den Inhalt der Erklärung der Irrtum über Eigenschaften der Person oder Sache würde mit inbegriffen werden. Um für Irrtümer dieser Art in gewissen Fällen die Anfechtung sicher zu stellen, haben sie den Absatz 2 des § 119 gegeben. Der Zusatz hat insofern den gewünschten Erfolg nicht gehabt als sich betreffs der Frage nach seinem Verhältnis zum Abs. 1 die größte Meinungsverschiedenheit herausgebildet hat. Zwei Ansichten stehen sich direkt gegenüber. Die eine geht dahin, daß ein Irrtum über die Eigenschaften der Person oder der Sache an sich kein Irrtum über den Inhalt des Rechtsgeschäftes ist, daß also der Abs. 2 eine positive Ausnahmevorschrift enthält und auf diese zu beschränken ist. Die andere erklärt den Absatz 2 als eine bloße Erläuterung des Abs. 1, dessen Hervorhebung lediglich einen Protest gegen die Meinung bedeute, daß die Eigenschaften gleichgültig seien, der aber die Thatsache, daß auch andere, als die in ihm genannten wesentlichen Eigenschaften, zum Geschäftsinhalte gehören können, keineswegs verneint.[15])

Rechtsgeschäft", in denen derselbe das Hauptgewicht nicht auf Divergenz von Willen und Erklärung, sondern auf die Fälschung des Willens- oder Erklärungsinhalts legt. Vgl. a. a. O. p. 433 ff. Leonhard a. a. O. p. 487, 490. Planck a. a. O. I p. 162, 2a.

14) Schon in der neueren gemeinrechtl. Doktrin machte sich das Bestreben geltend gegenüber der herrschenden Lehre über die Skala der Quellenbeispiele hinauszugehen. Vgl. Windscheid a. a. O. § 76 Anm. 9 (p. 331). Zitelmann a. a. O. p. 491ff. Für das BGB. vgl. Leonhard a. a. O. p. 486, 489.

15) Litteratur vgl. bei Leonhard a. a. O. p. 494 Anm. 3, 4, 5. Vgl. ferner: Kipp bei Windscheid a. a. O. § 77 p. 339f.

Wir vertreten in dieser Streitfrage folgende Auffassung. Es ist u. E. nicht richtig von der Entscheidung der Frage auszugehen, ob der Abs. 2 bedeutet: „An und für sich gehören Eigenschaften der Person oder der Sache nicht zum Inhalt eines Rechtsgeschäfts, für verkehrswesentliche Eigenschaften fingiere ich dies nur", oder ob er lediglich erklärend sagt: „Unter dem Inhalt des Rechtsgeschäfts will der Abs. ·1 auch die verkehrswesentlichen Eigenschaften verstanden wissen", m. a. W. ob der Abs. 2 eine Fiktion oder eine Auslegungsvorschrift enthält. Indem die Fassung des Abs. 2 beide Wendungen in gleich logischer Berechtigung zuläßt, ist einmal die Entscheidung dieser Frage nicht möglich, sodann ist aber ihre Bedeutung für verschiedene Schlußfolgerungen nicht einzusehen. Ebenso wie bei Annahme einer Fiktion nur die verkehrswesentlichsten Eigenschaften von Einfluß sind, so kann auch Abs. 2 als Auslegungsvorschrift die Inhaltsqualität auf die verkehrswesentlichen Eigenschaften beschränken; wir verstehen nicht, warum im letzteren Falle dann durchaus auch andere als die wesentlichen Eigenschaften sollen von Belang sein können. Diese Beschränkung des Irrtums auf die verkehrswesentlichen Eigenschaften scheint uns bei unbefangener Prüfung Abs. 2 aber ohne Zweifel zu enthalten, gleichviel, ob man ihn sagen läßt: die verkehrswesentlichen Eigenschaften sollen so behandelt werden, wie Momente des rechtsgeschäftlichen Inhalts, oder die verkehrswesentlichen Eigenschaften sind Momente des rechtsgeschäftlichen Inhalts. Zum zweiten Punkt in § 119 Abs. 1, daß der Erklärende eine Erklärung abgiebt, die er gar nicht abgeben wollte, gehören die Fälle des Verschreibens, Versprechens ꝛc. Die Abgrenzung vom Irrtum über den Inhalt der Erklärung erscheint zweifelhaft; da hier wie dort die Anfechtbarkeit begründet ist, ist sie aber praktisch gleichgültig.[16]) [17])

Nachdem wir vorstehend die wesentlichen Punkte hervorgehoben haben, in denen nach BGB. die Anfechtbarkeit von Willenserklärungen

---

16) Vgl. Kipp l. c. Leonhard a. a. O. p. 489. Planck a. a. O. p. 169, 2a. Abs. 2.

17) Über die in § 119 enthaltene Voraussetzung für die Anfechtbarkeit einer irrtümlichen Willenserklärung: daß der Erklärende bei Kenntnis der Sachlage und bei verständiger Würdigung des Falles die Erklärung nicht abgegeben haben würde, vgl. die Ausführungen bei: Planck a. a. O. p. 169b, Kipp a. a. O. p. 340, Leonhard a. a. O. p. 500f., Hölder a. a. O. p. 260, Crome a. a. O. p. 425 und die das. Anm. 24 Citierten.

wegen Irrtums statthat, ist es für uns von Wichtigkeit festzustellen, daß das BGB., wie es die prinzipiell richtige Auffassung der Willenstheorie zu der seinigen gemacht hat, doch auch andererseits alle ungerechten Konsequenzen aus dieser vermieden hat. Entsprechend der Vorschrift bei scherzhaften Willenserklärungen legt § 122 dem Irrenden, der seine Erklärung anficht, die Ersatzpflicht des negativen Interesses auf und zwar bei empfangsbedürftigen Willenserklärungen gegenüber dem Empfänger, bei anderen gegenüber jedem Dritten. Wie allgemein auch schon für das gemeine Recht anerkannt, tritt diese Ersatzpflicht jedoch dann nicht ein, wenn der Beschädigte den Irrtum kannte oder kennen mußte. Bloße eigene Schuldlosigkeit dagegen hilft dem Urheber der Erklärung nichts.[18])

Besonders häufig ist die Art des Irrtums, daß jemand eine Erklärung abgiebt, die er gar nicht abgeben will, da, wo der Betreffende seinen Willen nicht persönlich erklärt, sondern sich einer Mittelsperson oder Anstalt bedient.[19])

Bis zu Iherings Abhandlung über die culpa in contrahendo war dieser Fall nur von Thöl, von Ihering[20]) selbst und von Bähr[21]) behandelt worden. Ihering[22]) giebt folgendes Beispiel: „Ich ersuche einen Freund, der nach Bremen reist, mir bei meinem Cigarrenlieferanten ¼ Kiste Cigarren zu bestellen, er versieht sich aber und bestellt 4 Kisten. Dieselben werden mir übersandt, von mir aber zurückgewiesen.“ Er wirft die Frage auf, ob der Absender die doppelten Transportkosten zu zahlen hat, oder ob er sie von dem Besteller oder dem Boten ersetzt verlangen könne. Thöl suchte mit einer actio doli gegen den Boten zu helfen. Ihering lehnte dies ab, da ja gar kein dolus des Boten vorhanden zu sein brauche, und wollte ihn aus der actio legis Aquiliae haften lassen, obwohl er sich „das Mißliche einer so weit getriebenen Ausdehnung dieser Klage nicht verhehlte.“ Bähr meinte, der Bote, der ein Versehen

[18]) Es ist also zu bemerken, daß nach BGB. Verschulden des Erklärungsempfängers den Ersatzanspruch, nicht aber Verschulden des Erklärenden die Anfechtung der Erklärung ausschließt. Damit sind die gemeinrechtlichen Streitfragen über die Entschuldbarkeit des Irrtums erledigt. (Siehe oben p. 102 Anm. 2.) Vgl. Crome: a. a. O. p. 419 Anm. 5. Planck: a a. O. I p. 170 Nr. 3. Kipp: a. a. O. p. 341.

[19]) Thöl: Handelsrecht I § 25 (3. Aufl. p. 104).

[20]) Ihering: Jahrb. f. Dogm. I p 280—282.

[21]) Bähr: Jahrb. f Dogm. I p. 462 Note 161.

[22]) Ihering: Jahrb. f. Dogm. IV p. 4.

begehe, werde damit Prokurator und hafte als solcher dem Dritten für das Vorhandensein des Mandats. Hiernach würde der Bote als Kontrahent gelten und den Kontrakt zu erfüllen haben, was Jhering mit Recht als theoretisch nicht zu rechtfertigen und praktisch unangemessen bezeichnet. Mit der Aufstellung seiner Theorie von der culpa in contrahendo ist es Jhering klar, daß nur der Absender des Boten dem andern Kontrahenten zum Schadensersatz verpflichtet ist. Diese Ansicht ist im gemeinen Rechte dann die herrschende[23]) geworden, und sie wird auch — mit derselben Abweichung, wie beim Irrtum, daß nämlich die falsche Übermittelung nicht Vertragsnichtigkeit, sondern nur Anfechtbarkeit hervorruft — von dem BGB. vertreten. Nachdem dies in § 120 eine Willenserklärung, welche durch die zur Übermittelung verwendete Person oder Anstalt unrichtig übermittelt worden ist, unter der gleichen Voraussetzung für anfechtbar erklärt, wie nach § 119 eine irrtümlich abgegebene, bestimmt es auch in § 122, daß dieselbe Ersatzpflicht des Anfechtenden eintrete, wie nach § 119.

Der § 120 beansprucht nach einigen Richtungen hin noch eine Erklärung.

„Die zur Übermittelung verwendete Person", von der § 120 spricht, bezeichnet diejenige, welche man gemeinhin „Boten" nennt. Die Übermittelung der Willenserklärung kann mündlich oder schriftlich erfolgen. Im ersteren Fall kann zuweilen die Abgrenzung der Botschaft von der Stellvertretung Schwierigkeiten verursachen. Man wird mit der betreffenden Definition von Bähr[24]) unter einem Boten als Mittelsperson bei Vertragsschlüssen denjenigen verstehen, „welcher durch seine vermittelnde Thätigkeit ein Geschäft in einer Weise zustande bringt, welche ihn dem Dritten gegenüber nicht als bewußten Träger des Geschäfts erscheinen läßt." Man darf nicht soweit gehen, daß man bei der mündlichen Übermittelung nur dann von einer Botschaft reden will, wenn der Übermittler gleichsam wie ein abgerichteter Papagei wortgetreu die Erklärung des Absenders ausspricht: gerade bei der am häufigsten vorkommenden Art, bei Vertragsschlüssen durch sog. Bestellungen, wird der Absender seine Erklärung nicht einmal immer genau formulieren. Es ist aus der ge-

---

[23]) Abweichend z. B. Mommsen

[24]) Vgl. Bähr: Jahrb. f. Dogm. VI p. 295. Weitere Litteratur bei Windscheid a. a. O. I § 73 Anm. 1 (p. 296)

samten Handlungsweise zu entnehmen, ob der betreffende lediglich referierte, oder ob die Willenserklärung aus seiner eigenen Erwägung entspringt.

Da § 120 eine diesbezügliche Einschränkung nicht macht, so ist die Anfechtbarkeit der falsch übermittelten Erklärung auch dann gegeben, wenn der Bote die Übermittelung doloser Weise unrichtig ausführt, und demgemäß findet auch in diesem Falle eine Haftung des Absenders auf das negative Interesse statt.[25]) Hier ist aber bisher nicht die Frage berücksichtigt worden, in welches Verhältnis sich die Haftung des Absenders zu einer Haftung des Boten aus seiner unerlaubten Handlung stellt.

Man wird unterscheiden müssen, daß der Schädigungsvorsatz sich sowohl gegen den Absender, wie gegen den Erklärungsempfänger richten kann. Der erste Fall, der sich leicht nach dem zwischen Boten und Absender bestehenden Vertragsverhältnis regelt, interessiert uns nicht weiter. Der zweite Fall erheischt jedoch darauf eine Antwort, ob der Erklärungsempfänger überhaupt einen Anspruch gegen den Boten hat, und welcher bei der Bejahung dieser Frage der primäre ist, der gegen den Absender oder der gegen den Boten.

Zunächst werden wir mit Sicherheit sagen dürfen, daß der Anspruch aus § 122 einen Anspruch gegen den Boten, als welcher selbstverständlich nur der aus § 826 in Betracht steht, nicht ausschließt. Es ist in nichts einzusehen, warum der deliktisch Handelnde daraus Vorteil ziehen sollte, daß aus gewissen rechtlichen Erwägungen heraus jemand anders in einem bestimmten Maße für den durch seine Bosheit herbeigeführten Schaden einzustehen hat. Dieser Vorteil würde sich aber aus dem für den Erklärungsempfänger bedeutsamen Umstand ergeben, daß der Ersatzanspruch auf das negative Interesse aus § 122 auf den Enttäuschungs-Schaden begrenzt ist — also der Bote dem Absender auch nur den Betrag dieses von dem Absender zu erstattenden Schadens zu ersetzen hätte — während

---

[25]) Vgl. Planck a. a. O. I p. 170. Crome a. a. O. p. 422 Anm. 12. Abw. Hölder a. a. O. p. 266 f., der eine unrichtige Übermittelung stets dann nicht für vorliegend erachtet, wenn die Mittelsperson absichtlich die Erklärung verändert. Das geht u. E. zu weit, obwohl wir nicht verkennen, daß dadurch die Sachlage sehr vereinfacht wird, indem die im einzelnen oft schwer zu treffende Entscheidung fortfällt, wann noch von — falscher — Übermittelung einer Willenserklärung gesprochen werden muß, wann selbständige Abgabe einer anderen Willenserklärung anzunehmen ist.

§ 826 die Haftung für den eingetretenen Schaden in seinem ganzen Umfange enthält. Auf der anderen Seite hat die allgemeine Vorschrift des § 826, daß jemand für den ihm in einer gegen die guten Sitten verstoßenden Weise vorsätzlich zugefügten Schaden vollen Ersatz verlangen kann, keine Ausnahme dahin, daß dieser Anspruch dann mangelt, wenn der Beschädigte für einen Teil des Schadens auch anderweitig Ersatz beanspruchen kann. Weit schwieriger ist jedoch die Frage zu beantworten, welcher Art die Konkurrenz ist, in die § 122 und § 826 in unserem Falle treten. Soll der Absender, der auf das negative Interesse belangt wird, die Einrede erheben dürfen, daß zunächst der Bote aus seiner unerlaubten Handlung ersatzpflichtig zu machen ist, oder soll der Bote, der nach § 826 haftbar gemacht wird, die Einrede haben, daß in erster Reihe — wenigstens bis zur Höhe des negativen Interesses — der Absender den Schaden zu tragen hat? Ohne auf eine detaillierte Untersuchung dieses Punktes einzugehen,[26]) entscheiden wir uns für das letztere. Die Haftung des Absenders auf das negative Interesse würde einen wesentlichen Teil ihrer Bedeutung einbüßen, falls sie erst hinter die eventuelle Haftung des Boten treten würde. Sie ist vom Gesetz als Korrelat zur Anfechtbarkeit gedacht und muß infolgedessen sofort und ohne Einschränkung mit der Ausübung des Anfechtungsrechtes in Wirksamkeit treten. Entsprechend kann der Erklärungsempfänger, soweit eine Ersatzpflicht des negativen Interesses aus § 122 Platz greift, zunächst nur den Absender ersatzpflichtig machen, dessen Sache es dann ist, sich an dem Boten schadlos zu halten. Soweit der Ersatz des — in seinem Höchstbetrage auf das Erfüllungsinteresse beschränkten — negativen Interesses den gesamten Schaden des Erklärungsempfängers aber nicht deckt, wird der Empfänger mit Fug den Boten selbständig haftbar machen können. —

Wir wenden uns nunmehr zu dem Irrtum als Mißverständnis, zu dem sog. Dissense. — Nach gemeinem Rechte und nach dem BGB. ist zur Wirksamkeit eines Vertrages erforderlich, daß die Willenserklärungen der Kontrahenten über alle wesentlichen Punkte des Vertrages übereinstimmen. So sagt BGB. § 155: „Haben sich die Parteien bei einem Vertrage, den sie als geschlossen ansehen, über einen

---

[26]) Zur Aktionen-Konkurrenz und der damit zusammenhängenden exceptio ex jure tertii vgl. Stammler: „Einrede aus dem Rechte eines Dritten“ in der Festgabe der Universität Halle für Dernburg (auch in Sonderabdruck).

Punkt, über den eine Vereinbarung getroffen werden sollte, in Wirklichkeit nicht geeinigt, so gilt das Vereinbarte, sofern anzunehmen ist, daß der Vertrag auch ohne eine Bestimmung über diesen Punkt geschlossen sein würde." Der Vertrag ist also nichtig, wenn dies nicht anzunehmen ist.

In welchem Verhältnis steht diese Vorschrift über den Konsens beim Vertragsschluß zu der Norm über den Irrtum? Es ist zunächst möglich, logisch ganz konsequent zu behaupten: wenn bei einem Vertrage eine Partei sich im Irrtum über ihre eigene Willenserklärung befindet, haben die Kontrahenten sich nicht geeinigt, indem die eine Partei gemäß der Erklärung etwas für den Willen der anderen Partei hält, was gar nicht deren Wille ist. Hieraus würde sich dann ergeben, daß auch der § 155 auf einen solchen Vertrag Anwendung zu finden hat. Jetzt käme man aber in die Schwierigkeit, daß § 155 einfache Nichtigkeit des Vertrages statuiert, ohne irgend einer der Parteien eine Ersatzpflicht aufzuerlegen, während derjenige, der seine irrtümliche Willenserklärung anficht, dem Gegner zum Ersatz des negativen Vertragsinteresses verpflichtet ist. Es bliebe hier der Ausweg, den § 155 als die weitere Norm zu betrachten, die sich allgemein über den Vertrag äußert, und in den §§ 119, 120, 122 die spezielleren Bestimmungen über die einzelnen Willenserklärungen zu sehen. Aber auch hiermit wäre die Ansicht noch nicht gesichert. Man müßte einwenden: Die Normen über den Irrtum lassen die irrtümliche Willenserklärung doch nur anfechtbar sein; der Mangel im Willen ist doch aber unabhängig von der Anfechtung und bleibt bestehen, auch wenn die Anfechtung nicht erfolgt. Ist letzteres der Fall, so ist also eine wirksame, aber mit einem Irrtum behaftete Willenserklärung vorhanden. Wollte man nun annehmen, daß durch den Irrtum die Einigung unter den Parteien ausgeschlossen wird und demgemäß nach § 155 der Vertrag unwirksam ist, so würde man dadurch die für den Fall der Anfechtung einer irrtümlichen (Vertrags-)Willenserklärung gesetzlich statuierte Ersatzpflicht des negativen Vertragsinteresses völlig illusorisch machen. Denn es ist klar, daß, wenn ohne Anfechtung der für die Partei weit günstigere Erfolg — die einfache Vertragsnichtigkeit — als bei Ausübung des Anfechtungsrechtes eintritt, die Partei die Anfechtung stets unterlassen wird. Diese Konsequenz ist aber dem Sinne des Gesetzes, das die Anfechtung als ein Recht zu Gunsten des Irrenden gegeben hat, unzweifelhaft zuwider. Es folgt vielmehr aus derselben mit Evidenz, daß der § 155 auf andere Willenserklärungen sich beziehen muß, als auf solche, die den ihr zu Grunde liegenden Willen selbst mangelhaft erklären.

Wie oben bemerkt, ist ein Dissens unter den Vertragschließenden auch dann vorhanden, wenn keine Partei über ihre eigene, sondern über die Erklärung des anderen Teils im Irrtum ist. Es ist aber zu fragen, ob diesem Thatbestande eine selbständige Bedeutung zukommt. Hölder[27]) verneint dies mit dem Bemerken, daß in den Fällen dieser Art stets entweder der Antragende über die Bedeutung seines Antrages oder der Annehmende über diejenige seiner Annahme irre, somit auch hier die einzelnen Willenserklärungen mit dem Irrtum behaftet seien. Hölders Ansicht ist zuzustimmen, nicht ist jedoch mit ihm der Schluß zu ziehen, daß damit die Fälle des sog. „verdeckten Dissenses" überhaupt wegfallen. Die prinzipielle Unterscheidung ist unanfechtbar: In den Fällen des verdeckten Dissenses sind zwei an sich wirksame Willenserklärungen vorhanden, die aber auseinandergehen und deshalb keine Vertragswirkung äußern; bei den irrtümlichen Vertragserklärungen ist die eine oder sind beide Willenserklärungen selbst fehlerhaft.[28])

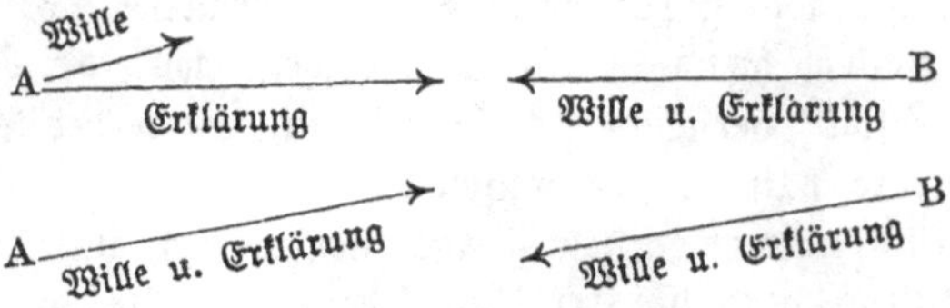

Daran vermag die Erkenntnis, daß diejenige Erklärung, die einen Irrtum über die Erklärung des anderen Teils enthält, als selbst

[27]) Vgl. Hölder: Pand. p. 239.

[28]) Die herrschende gemeinrechtl. Doktrin bedurfte dieser Differenzierung für die Beurteilung der Wirksamkeit eines Vertrages nicht, da für diese schlechthin der Konsens zwischen den Parteien maßgebend war und dieser auch im Fall des einseitigen Irrtums fehlte, so daß bei Vorliegen, wie bei Nichtvorliegen eines Irrtums, sobald nur die Parteien dissentierten, Nichtigkeit des Vertrags eintrat. Daß jedoch das Zurückgehen auf die causa des Dissenses für die Feststellung der Haftung auf das neg. Vertragsinteresse auch bereits für das gem. R. wertvoll gewesen wäre, darüber vgl. unten p. 117. Auch die Erklärungstheorie gelangte zu der fraglichen Unterscheidung innerhalb des Dissenses nicht, aus dem entgegengesetzten Grunde wie die Willenstheorie. Vgl. unten p. 114 a. E. — Für das BGB. sind wir schon durch die verschiedene Behandlung der einschlägigen Fälle (Anfechtbarkeit des Vertrages bei Konsensmangel wegen Irrtums, Nichtigkeit des Vertrages bei Konsensmangel wegen Mißverständnisses ohne vorliegenden Irrtum) zu der im Texte beobachteten Einengung der Dissens-Kategorie genötigt.

irrtümliche Erklärung nicht in die Kategorie des Dissenses eingereiht werden darf, nichts zu ändern. Wir kommen vielmehr dadurch zu dem Satze, daß die Fälle des verdeckten Dissenses durch diejenigen Vertragserklärungen gebildet werden, die auseinandergehen, ohne daß ein Irrtum der einen Partei über die Erklärung der anderen Partei vorliegt. Die Fälle dieser Art sucht § 155 allein zu regeln.[29]) Im einzelnen bietet die Abgrenzung der Dissens-Fälle von den Irrtums-Fällen erhebliche Schwierigkeit.

Nehmen wir zu unserer folgenden Erwägung einen praktischen Fall zum Ausgangspunkt. In einer süddeutschen Stadt, wo man das Erdgeschoß allgemein als „ersten Stock" bezeichnet, wird im Anzeigeblatt der erste Stock eines Hauses zur Miete angeboten; ein Norddeutscher, in dessen Wohnort unter „erstem Stock" die eine Treppe hoch belegene Wohnung verstanden wird, mietet den ersten Stock, indem er damit den zuletzt erwähnten Sinn verbindet.[30])

Vier Fragen sind aufzuwerfen: 1. Ist der Vertrag wirksam oder unwirksam? 2. Ist der Vertrag nach BGB. § 155 nichtig, oder kann der Mieter seine Willenserklärung unter Haftung für das negative Vertragsinteresse nach § 119 bezw. § 122 anfechten? 3. Wie ist der Fall zu beurteilen, wenn der Vermieter weiß, was der Mieter unter dem „ersten Stock" versteht? 4. Wie dann, wenn der Vermieter es hier in concreto hätte wissen müssen?

Hinsichtlich unserer ersten Frage stehen sich für das gemeine Recht die Willens- und die Erklärungstheorie gegenüber. Nach jener ist der Vertrag unwirksam, nach dieser wirksam. Keinen Unterschied macht es, ob man innerhalb der Erklärungstheorie die Erklärung als solche gültig sein läßt und den Inhalt des Vertrages durch Feststellung des obj. Sinnes findet, oder ob man dadurch, wie es z. B. Hartmann[31]) thut, daß man die Willenserklärung nach ihrem objektiven Sinn auslegt, fingiert, daß der Vertrag durch Konsens zustande gekommen sei. Zu betonen ist, daß nach der Erklärungstheorie die Frage, ob eine Divergenz zwischen Wille und Erklärung auf Seiten eines Vertragschließenden oder ob Dissens vorliegt, gar nicht

---

[29]) Vgl. Crome a. a O. p. 420ff. C. unterscheidet treffend zwischen Mißverständnis im Willen (Fall des Irrtums) und Mißverständnis in den Erklärungen (Fall des verdeckten Dissenses).

[30]) Vgl. Hartmann: Jahrb. f. Dogm. XX p. 36. Eisele: Jahrb. f. Dogm. XXV p. 494f.

[31]) Vgl. Hartmann a. a. O. p. 58. Dazu Eisele a. a. O. p. 453ff.

praktisch wird: Gleichviel, wo der Mangel liegt, die Erklärungen werden als solche genommen, und der Vertrag ist seinem objektiven Inhalt nach wirksam.[32]) Aber auch die Erklärungstheorie vermag diesen Grundsatz nicht durchzuführen. „Ausnahmsweise" kann auch nach ihr Nichtigkeit des Vertrages begründet sein. Wie eine theoretische Rechtfertigung dieser Ausnahme nach der Erklärungstheorie u. E. unmöglich ist, so begegnen wir auch nicht dem Versuche einer solchen. Diese Ausnahme tritt dann ein, wenn es mit der Billigkeit einmal absolut nicht zu vereinbaren ist, den Willen des einen Kontrahenten, der wirklich etwas Anderes als das Erklärte gewollt hat, als einwilligend zu fingieren.[33]) Es braucht nicht gesagt zu werden, daß hier die Erklärungstheorie ihr Prinzip einfach im Stiche läßt. Aber nicht das wäre zu tadeln. Womit die Erklärungstheorie selbst über sich den Stab bricht, ist, daß sie für die Grenzlinie zwischen der Regel und der Ausnahme absolut keine Norm aufzustellen weiß. Die Fälle, in denen das eine oder das andere eintritt, sind sachlich ganz gleicher Natur. Dem Ermessen des Richters bleibt es überlassen, die feinsten Nüancierungen des Verkehrslebens mit scharfem Schwerte zu zerteilen und zu sagen: Hier Wirksamkeit des Vertrages — hier Unwirksamkeit. Und diese Theorie will dem Verkehr gerecht werden![34])

Nicht so leicht wie nach gemeinem Rechte ist nach dem BGB. die Frage nach der Wirksamkeit des Mietsvertrages in unserem Falle zu beurteilen. Während nach gemeinem Rechte die Nichtigkeit sowohl vorliegt bei Irrtum auf seiten einer Partei, wie bei verdecktem Dissense, so ist nach BGB. die Nichtigkeit schlechtweg nur bei letzterem gegeben; bei Irrtum bedürfte es zur Unwirksamkeit des Vertrages erst der Anfechtung des Irrenden. Wenngleich diese in unserem Falle vorauszusetzen ist, — andernfalls würde es als wirksames Rechtsgeschäft nicht weiter interessieren — so sind wir damit auf unsere zweite Frage geleitet, ob der Thatbestand unter den § 155 oder unter die §§ 119 bezw. 122 zu subsumieren ist. Die Bedeutung derselben liegt darin, daß sich, wie schon bemerkt, nach ihrer Beantwortung die Schadensersatzpflicht bestimmt.

---

[32]) Vgl. Anm. 28.

[33]) Vgl. Bähr: Jahrb. f. Dogm. XIV p. 417 f.

[34]) Von Vermittelungsversuchen zwischen Willens- und Erklärungstheorie weisen wir besonders hin auf die Abhandlung von G. Hartmann „Wort und Wille im Rechtsverkehr" Jahrb. f. Dogm. XX p. 1 ff.

Man vermöchte folgendergestalt zu argumentieren: Der Vermieter wollte von seinem Standpunkte aus den „ersten Stock" vermieten und hat seinen Willen auch erklärt: ein Irrtum liegt bei ihm nicht vor. Aber auch der Mieter wollte von seinem Standpunkte aus einen „ersten Stock" mieten und hat gleichfalls erklärt, was er wollte. Die beiden Willenserklärungen sind demgemäß als einzelne ohne Mangel; sie treffen sich nur beide nicht, indem jeder der Kontrahenten den Begriff des „ersten Stockwerks" anders auffaßt als sein Mitkontrahent. Auf den Thatbestand ist daher der § 155 anzuwenden; Über die Etage sollte vertragsmäßig eine Bestimmung getroffen werden: man glaubte sich geeinigt zu haben, es war nicht der Fall. Der Vertrag ist folglich nicht zustande gekommen. So schlüssig diese Beweisführung erscheint, wir können sie nicht als richtig anerkennen. In ihr wird der Begriff des Dissenses in der weiten gemeinrechtl. Bedeutung gefaßt, wie er u. E. für das Gesetzbuch nicht mehr zu verwenden ist.[35]) Wir leiten unsere Auffassung aus den ersten Gründen her. Es ist als ein zweifelloses Verdienst der Erklärungstheorie zu bezeichnen, daß sie auf den sog. „objektiven Sinn" einer Willenserklärung hingewiesen hat. Eine geringe Überlegung zeigt, daß auch die Willenstheorie ohne diesen objektiven Sinn nicht auskommen kann, ja, daß seine Feststellung überhaupt die Voraussetzung ist, um von einem Irrtum, einer Divergenz von Wille und Erklärung zu sprechen. Dadurch, daß der § 119 sagt, „wer bei der Abgabe seiner Willenserklärung über deren Inhalt im Irrtum war" ist deutlich zu erkennen, daß auch das BGB. von der Ansicht ausgeht, eine Willenserklärung könne einen objektiv feststellbaren Inhalt haben, unabhängig von der Meinung des Erklärenden selbst.[36]) Es giebt nun aber keine Worte und keine Erklärungshandlungen, die losgelöst von Zeit, Ort und Umständen unveränderlich und eindeutig denselben festen Sinn haben. Daher ist die Feststellung des objektiven Inhalts mit Rücksicht auf alle individuellen Momente, die in Frage stehen, vorzunehmen. Zwei Möglichkeiten sind dann vorhanden: entweder man findet als Ergebnis einen bestimmten objektiven Sinn der Erklärung, oder die Erklärung stellt sich als objektiv zweideutig und undeutlich dar. Im ersten Fall ist der Erklärende, der mit der Erklärung einen andern als den gefundenen Sinn verbunden hat, im Irrtum über den Inhalt

---

35) Vgl. oben p. 113 Anm. 28.

36) Wir folgen hier den treffenden Ausführungen von Kipp bei Windscheid a. a. O. § 77 p. 339, 341.

seiner Erklärung, im zweiten ist ein Irrtum über den Inhalt der Erklärung ausgeschlossen. Beurteilen wir unter diesem Gesichtspunkt unsern vorliegenden Thatbestand, so sind wir mit Hartman[37]) durchaus der Ansicht, daß nach dem Gebote der guten Treue als objektiver Sinn des „ersten Stockes" der anzunehmen ist, welcher nach dem Sprachgebrauche des Ortes, in dem das Haus gelegen ist, und der erfolgten Ankündigung der allgemein geltende ist. Ist hiernach unter dem „ersten Stock" das Erdgeschoß anzusehen, so ist dahin zu entscheiden, daß der Mieter, welcher unter dem „ersten Stock" die eine Treppe hoch belegene Wohnung verstanden hat, in einem Irrtum über den Inhalt seiner Willenserklärung gewesen ist. Er kann demgemäß seine Erklärung anfechten, wodurch der Vertrag nichtig wird, ist aber dem Vermieter zum Ersatze des negativen Vertragsinteresses verpflichtet. — Daß dieses Ergebnis ein billigeres ist, als die einfache Nichtigkeit des Vertrages, wird wohl unbestreitbar sein.

Wir meinen, daß dieselbe Argumentation, wie wir sie eben nach dem BGB. gegeben haben, auch für das gemeine Recht die einzig richtige ist. Die gekennzeichnete weite Fassung des Dissensbegriffes im gem. Recht hat es verschuldet, daß die Unterscheidung, ob Irrtum auf Seiten eines Kontrahenten oder Dissens (in unserem engeren Sinne) der beiden vorliegt, für die Beurteilung der Schadensersatzpflicht auch von Vertretern der Willenstheorie nicht benutzt worden ist. Für diese wird ausschlaggebend gehalten, ob der Erklärungsempfänger in gutem Glauben die Erklärung in seinem Sinne verstanden und dies auch nach objektiver Sachlage mit Recht thun konnte. So motiviert z. B. Eisele die Haftung des Mieters für unsern Fall, wie folgt:[38]) „Der in Rede stehende Vermieter konnte den „ersten Stock" in dem Blatte natürlich nur in dem Sinne offerieren, in welchem derselbe in dem Kreise verstanden wird, für den die Annonce berechnet ist. Wird diese Offerte von auswärts her ohne weitere Nachfrage acceptiert, so darf der Vermieter, wenn ihm nicht zufällig bekannt ist, daß an dem andern Orte derselbe Ausdruck im andern Sinne gebräuchlich ist, in durchaus korrekter Weise unterstellen, es sei acceptiert in dem Sinne, wie offeriert. Es ist gewiß, daß man in den meisten Fällen mit dem Kriterium Eiseles zu denselben Schlüssen kommt, wie mit unserm, aber die Bedenklichkeit, alles auf das subjektive,

---

[37]) Hartmann a. a. O. p. 35, 52; vgl. Eisele a. a. O. p. 454 f., 495.
[38]) Eisele a. a. O. p. 495.

korrekte Verhalten des einen Kontrahenten zu legen, ist doch nicht zu verkennen. Das zeigt sich nicht sowohl bei der Beurteilung von solchen Thatbeständen, in denen wir Irrtum eines Kontrahenten annehmen, da hier ja wirklich der Gegenkontrahent nur bei tadellosem Verhalten (BGB. § 122) Anspruch auf das negative Vertragsinteresse hat, als wie bei solchen Thatbeständen, in denen nach unserer Ausführung Dissens unter den Parteien in Betracht steht. Nach Eisele findet nur dann keine Ersatzpflicht statt, wenn der andere Kontrahent nicht exakt verfahren hat. Er erläutert dies selbst an dem Beispiel, daß jemand eine „links von der Hausthür gelegene Wohnung" mietet. Der Mieter meint links vom Eingang, der Vermieter aber links vom Ausgang genommen. Nach Eisele ist der Vertrag einfach nichtig; der Vermieter kann deshalb keinen Ersatz des negativen Vertragsinteresses fordern — er findet vielleicht rechtzeitig keine passende Wohnung mehr und muß ins Hotel ziehen — weil er bei der Acceptation der Offerte nicht korrekt verfahren ist; bei einiger Überlegung hätte er das zweideutige derselben erkennen und dann sich erkundigen müssen.[39]) Gelingt es hier Eisele noch ungezwungen dem Mieter ein tadelhaftes Verhalten zuzusprechen, so möchten wir bestreiten, ob es ihm auch bei folgender Variation unseres früheren Beispiels möglich wäre: Der norddeutsche Mieter erfährt das Angebot des „ersten Stocks" nicht aus der Zeitung, sondern er trifft mit dem Vermieter in einem Badeorte zusammen, wo sie im Gespräch über die Wohnung verhandeln. Hier werden wir unter Berücksichtigung der individuellen Umstände nicht den Sprachgebrauch am Orte des Vermieters für den objektiv richtigen Sinn maßgebend sein lassen; unter den gegebenen Verhältnissen waren die Worte „erster Stock" objektiv zweideutig; keine der Parteien konnte über ihren Inhalt irren. Es liegt somit Dissens vor, und der Vertrag ist nach § 155 einfach nichtig. Wir sind überzeugt, daß auch Eisele hier keiner der Parteien eine Ersatzpflicht auferlegen wird, aber es ginge doch sicher zu weit, hier einem der Kontrahenten irgend einen Vorwurf machen zu wollen. Aber selbst wenn in concreto einer der Parteien, z. B. den Vermieter, ein solcher Vorwurf träfe, — einige Tage vorher war z. B. zufällig von diesem verschiedenen Sprachgebrauch am Biertisch die Rede gewesen, und er unterläßt es fahrlässig, den Mieter auf denselben aufmerksam zu machen — würde u. E. nach dem BGB. keine Haftung

[39]) Vgl. Eisele a. a. O. p. 494; Hartmann a. a. O. p. 35.

für das negative Vertragsinteresse auf Seiten des Vermieters gegeben sein. Objektiv liegt nach wie vor ein Dissens vor und auf Entschuldbarkeit dieses kommt es nach § 155 nicht an. Anders wäre der Sachverhalt, indem wir unsere 4. Frage beantworten, bei der ursprünglichen Fassung unseres Beispiels. Hier würde das fahrlässige Nichtkennen des Vermieters den anfechtenden Mieter von der Ersatzpflicht befreien. Man möchte meinen, daß in gleichem Sinne auch die Frage 3 zu beantworten ist, da ja im Falle des Irrtums die Kenntnis dem Kennenmüssen gleichgesetzt ist (§ 122 Abs. 2). Das können wir aber nicht zugeben. Wir sind der Ansicht, daß wenn in den Vertragsverhandlungen über die Miete des „ersten Stocks", der Vermieter genau weiß, in welchem Sinne der Mieter die betreffenden Worte nimmt, dieser Sinn der objektiv richtige ist, genau so, wie er es ist, wenn zwei Norddeutsche über den „ersten Stock" verhandeln. U. E. ist dann der „Wille" des Vermieters, das Erdgeschoß zu vermieten, nichts anderes als ein geheimer Vorbehalt; der Thatbestand fällt dann nicht unter § 119 bezw. § 122, sondern unter § 116. Der Vertrag ist demnach rechtswirksam, der Mieter hat Anspruch auf Einräumung der eine Treppe hoch gelegenen Wohnung, — wenn diese frei steht — bezw. auf Ersatz des Erfüllungsinteresses.

Gerade bei derartigen Meinungsverschiedenheiten über den Sinn eines Wortes muß strengstens an der Unterscheidung von Irrtum, Dissens und Mentalreservation festgehalten werden. Es war u. E. auch für das gemeine Recht fehlerhaft aus der Auslegung der Willenserklärung unmittelbar die Rechtsverhältnisse zwischen den Kontrahenten bestimmen zu wollen; das führte zu Unklarheit, wie sie überall da eintritt, wo nicht mit festen Begriffen operiert wird. Wenn es sich z. B. in einem Vertrage um einen Ortsnamen handelt, der im Deutschen Reiche einer bekannten Stadt zukommt, gleichzeitig aber auch irgend einem kleinen Städtchen in den Vereinigten Staaten von Amerika, so kann man, ohne vielleicht ganz unbillig zu verfahren, weder schlechtweg den Sinn maßgebend sein lassen, den der Erklärende mit dem Worte verbunden hat, noch den, welchen der Empfänger dem Worte thatsächlich beilegte, noch kann es gerecht sein, den sog. objektiven Sinn einfach als für beide Teile bindend zu bezeichnen; ebensowenig ist schließlich mit dem Urteile anzufangen: „Derjenige, welcher, ohne dies hervorzuheben, das amerikanische Städtchen gemeint haben will, würde sich nicht probe auf diese seine abweichende

Sondervorstellnng berufen können."[40]) Warum soll er es nicht können?! Die Auslegung kann nicht eigenmächtig den Inhalt einer Willenserklärung prägen, sondern sie kann nur passiv feststellen, welchen Inhalt eine Willenserklärung thatsächlich hat;[41]) sie ist nur Mittel zu dem Zweck die Norm zu finden, nach der der einzelne Thatbestand zu regeln ist. Habe ich als den objektiven Sinn die deutsche Stadt festgestellt, so muß ich juristisch exakt urteilen: Hat der eine Kontrahent dolos verschwiegen, daß er das amerikanische Städtchen meinte, so ist sein vom objektiven Sinn abweichender Wille als Mentalreservation irrelevant; fällt ihm culpa lata zur Last, so gilt für das gemeine Recht dasselbe, wie für den dolus, nach BGB. kann er den Vertrag wegen Irrtums anfechten unter Haftung für das negative Vertragsinteresse; trifft ihn ein gewöhnliches Verschulden, so tritt die letztgenannte Wirkung sowohl nach gemeinem Recht, wie nach BGB. ein. Kann nach Lage der Sache objektiv der Name sowohl die deutsche Stadt, als das amerikanische Städtchen — die

---

40) Vgl. Hartmann a. a. O. p. 55. Eisele a. a. O. p. 454.

41) Vgl. BGB. § 133: „Bei der Auslegung einer Willenserklärung ist der wirkliche Wille zu erforschen und nicht an dem buchstäblichen Sinne des Ausdruckes zu haften." Zur Interpretation dieser umstrittenen Vorschrift bemerken wir: Aufgabe der Auslegung ist, den objektiven Inhalt (vgl. p. 116) der Erklärung festzustellen. Bei dieser Feststellung soll nicht formalistisch an den einzelnen Worten gehangen, d. h. nicht lediglich grammatisch interpretiert werden, sondern der Wille des Erklärenden soll als Hilfsmittel benutzt werden. Der objekt. Sinn kann aber sowohl augenscheinlich ein anderer sein wie der vom Urheber gewollte, als auch können andere Erkenntnismittel — die Berücksichtigung aller Umstände, unter denen die Abgabe der Erkl. erfolgte — ergeben, daß der obj. Sinn nicht mit dem Willen des Erkl. konform ist. Dann gilt stets der obj. Sinn der Erkl., und keineswegs ist diese etwa nach dem Willen des Erkl. auszulegen: in allen diesen Fällen ist ein Irrtum des Erkl. über den Inhalt seiner Erkl. vorhanden. Es ist nicht richtig mit Planck (a. a. O. I p. 185) bei bloßer Möglichkeit einer mit dem Willen konformen Auslegung diese schon vorzunehmen. Das führt zu dem unbrauchbaren Ergebnis, daß in den Fällen möglicher Mehrdeutigkeit von Worten bei verschiedenen Auffassungen der Parteien der Vertrag stets wegen Dissenses nichtig ist. (Vgl. oben p. 116.) U. E. ist durchaus an der nach Maßgabe der konkreten Sachlage zu eruierenden Bedeutung der Erkl. festzuhalten. (Darum urteilen wir auch in unserem Beispielsfalle, daß derjenige, der (bona fide) das amerik. Städtchen gemeint hat, sich im Irrtum über den Inhalt seiner Erkl. befunden hat.) Praktisch sehr bedeutsam wird die Vorschrift des § 133 bei objekt. zweideutigen Erklärungen. Bei diesen wird man ausschließlich nach dem Willen des Erkl. entscheiden, wie die Erkl. thatsächlich aufzufassen ist. — Vgl. Kipp bei Windscheid a. a. O. I § 84 p. 381 f. Hölder: Allg. Teil p. 298 ff. und die bei Windscheid § 84 Citierten (p. 378).

Vertragsschließenden kontrahieren auf einer Reise von Deutschland nach Amerika — bezeichnen, so ist der Vertrag wegen Dissenses nichtig. —

§ 4.

Fortfall des Willens.

Die letzte Klasse der Fälle, bei denen unsere Frage nach der Schadensersatzpflicht bei einem wegen Mangels im Willen unwirksamen Rechtsgeschäft aufzuwerfen ist, wird durch diejenigen gebildet, in welchen ein ursprünglich vorhandener Wille später wegfällt und dadurch ein wirksamer Vertrag nicht zustande kommt: es sind die Fälle des Widerrufs der Offerte, des Todes bezw. Handlungsunfähigkeit des Offerenten und der Zurücknahme einer öffentlichen Auslobung.

Für unsere Frage steht nur der Vertragsschluß unter Abwesenden in Betracht, da bei einem Vertragsschluß unter Anwesenden eine Gefährdung des Erklärungsempfängers wegen der sofortigen Gewißheit über die Vollendung des Vertrages nicht vorliegt.[1]) Das Zustandekommen eines Vertrages unter Abwesenden erfolgt in der Regel durch eine Offerte von seiten des einen Kontrahenten und der Annahme dieser Offerte von seiten des andern. Mit welchem Augenblick von der „Vertragsannahme" zu sprechen ist, das ist im gemeinen Rechte „eine in alter und neuer Zeit lebhaft verhandelte Streitfrage".[2]) Da stehen sich die Vernehmungstheorie, die reine Äußerungstheorie, die Übermittelungs-, die Empfangs-, die Realisierungs-, die gemischte Theorie und noch andere unbenannte Theorieen gegenüber. Bis diese so überaus verschieden festgesetzte Annahme erfolgt ist, steht es nach der herrschenden Lehre dem Offerenten frei, seine Offerte zu widerrufen und damit das Zustandekommen des Vertrages zu hindern, indem es dann in dem entscheidenden Moment an dem gleichzeitigen Konsens der Parteien fehlt. Dadurch, daß das römische Recht so den Wankelmut des Offerenten zuläßt, ist das Kontrahieren unter Abwesenden für den Oblaten eine stete Gefahr. Er acceptiert die Offerte, weist infolgedessen andere Angebote zurück, trifft Veranstaltungen, macht Aufwendungen rc., und nachher stellt sich die Unwirksamkeit der Offerte heraus. Zur Erläuterung seien zwei Beispiele angeführt:[3]) „Ein Kutscher wird für den übernächsten Tag brieflich zur Abholung des

[1]) Vgl. BGB. § 147.

[2]) Vgl. Windscheid: a. a. O. § 306 Anm. 1 (p. 225).

[3]) Vgl. Ihering a. a. O. p. 89; Thon, Arch. f. civ. Pr. Bd. 80 p. 65.

Schreibens an einen sechs Stunden entfernten Ort hinbestellt. Er muß andere Gelegenheiten zu Fahrten ablehnen, selbst schon am Tage zuvor, um seine Pferde zu schonen. Unmittelbar vor dem Abfahren bekommt er Gegenorder: Der Besteller hat sich einen andern Reiseplan entworfen und wird die Fahrt nicht machen!" „In einem Gasthof werden brieflich von einem dem Wirt bekannten Reisenden für sich und seine Familie für den Abend des nächsten Tages bestimmte Zimmer bestellt. Der Gasthofbesitzer reserviert das Logis und muß demzufolge, da sein Haus besetzt ist, die Anträge anderer abweisen. Kurz vor Ankunft des Zuges, der die Gäste bringen soll, erhält er telegraphische Absage und hat nun keine Gelegenheit mehr, die Zimmer für diesen Tag anderweit zu vergeben."

Es liegt nicht im Bereiche unserer Aufgabe die verschiedenen Perfektionstheorien zu untersuchen, und demgemäß lassen wir es auch unerörtert, ob nicht nach der einen oder der andern in den angegebenen Beispielen ein Vertrag schon zustande gekommen ist. Setzen wir die Unwirksamkeit der Verträge voraus, so ist die uns interessierende Frage, ob der Oblat den Schaden, den er durch die begründete Hoffnung auf die Wirksamkeit des Vertrages erlitten hat, selbst tragen muß, oder ob er ihn von dem Offerenten ersetzt verlangen darf.

Entsprechend wie bei dem Widerruf ist das Zusammentreffen des Willens beider Kontrahenten in demselben Zeitpunkte auch nicht vorhanden, wenn nach erfolgter Offerte, aber vor der Acceptation, Tod oder Handlungsunfähigkeit des Offerenten eintritt. Ist so das Zustandekommen eines wirksamen Vertrages ausgeschlossen, so fragt sich auch hier, ob nicht der Oblat, der, ohne den Tod oder die Handlungsunfähigkeit des Offerenten zu kennen, die Offerte annimmt, den Ersatz des ihm durch die Vertragsnichtigkeit zugefügten Schadens zu fordern berechtigt ist.

Man braucht sich nur die dargestellten Fälle zu vergegenwärtigen, um es ganz natürlich zu finden, daß die überwiegende Mehrzahl der gemeinrechtlichen Juristen sich entschieden für die Schadensersatzpflicht bei Widerruf der Offerte bezw. Tod oder Handlungsunfähigkeit des Offerenten aussprechen mußte. In der That war gerade das Bedürfnis nach einer Ersatzpflicht hier so offenbar, daß selbst von mehreren Seiten — wie wir oben gesehen haben[4]) —, schon bevor Ihering eine Lehre über den Schadensersatz bei unwirksamen Ver-

[4]) Vgl. p. 46 f.

trägen begründet hatte, eine solche Haftung des Offerenten juristisch zu konstruieren versucht wurde, obwohl die Quellen selbst mit keinem Worte hierzu die Hand boten. Höchst bemerkenswert scheint es uns zu sein, daß auch nach Ihering noch von vielen Seiten unternommen wurde, nicht aus einem allgemeinen Rechtsprinzip über die Haftung bei unwirksamen Rechtsgeschäften heraus die einschlägigen Fälle zu beurteilen, sondern gerade für „die Haftung des Offerenten spezielle technisch-juristische Konstruktionen zu finden. Daß alle diese Versuche scheitern mußten, darauf haben wir verschiedentlich hingewiesen;[5]) des einzelnen werden wir sie bei der Darstellung der Litteratur nach Ihering kennen lernen.[6]) Einer Ersatzpflicht prinzipiell ablehnend gegenüber verhalten sich nur wenige Autoren; es sind diejenigen, die es nicht über sich gewinnen, von dem positiven Quellinhalt durch gewagte Konstruktionen abzuweichen. So hält Wächter die Annahme einer derartigen Haftpflicht für „eine unbegreifliche Behauptung, die durch keine Quellenstelle eine Begründung erfahren könne".[7]) Drechsler versteht sich zu einer Ersatzpflicht des Offerenten deshalb nicht, weil er das Erfordernis für die Haftung aus einem unwirksamen Vertrage, daß der Geschädigte im berechtigten Vertrauen gehandelt haben muß, nicht erfüllt sieht. „Wer kontrahiert, muß sich bewußt sein, daß sein Gegner vor dem entscheidenden Augenblick die Offerte zurückziehen kann. Handelt er ohne Berücksichtigung dieser Möglichkeit im Glauben, der Vertrag sei perfekt, so thut er das auf eigenes Risiko hin."[8]) Daß diese Argumentation höchst kümmerlich ist, dürfte indiskutabel sein. Mehr als ein tadellos korrektes Verhalten von seiten des Oblaten kann man doch nicht verlangen. Den Schaden, den er trotz eines solchen erlitten hat, will die fragliche Ersatzpflicht aber nur decken. Nach Drechsler müßte man in den oben angeführten Beispielen dem Kutscher bezw. dem Gastwirt erklären: Warum hast du denn die andern Fahrgelegenheiten abgelehnt, warum hast du die Anträge der Zimmersuchenden abgewiesen: Du mußtest dir doch sagen, daß noch ein Widerruf des Bestellers eintreten könnte; so erleidest du den Schaden durch deine eigene Schuld! Ja durften denn die Betreffenden überhaupt andere Dispositionen treffen? Wenn der außerhalb jeder Wissensmöglichkeit liegende Widerruf nicht erfolgt

[5]) Vgl. p. 8, 24 f

[6]) Vgl. p. 149 ff.

[7]) Wächter II p 359.

[8]) Vgl. Drechsler a. a. O. p. 65.

wäre, so hätten sie in diesem Falle ihren Bestellern auf Schadensersatz wegen Nichterfüllung gehaftet. In dem Bestreben, nachzuweisen, daß überall, wo eine Entschädigungsklage gerechtfertigt erscheine, auch in den Quellen bereits eine solche gegeben sei, hat Drechsler verabsäumt, sich die Konsequenzen seiner Auffassung vor Augen zu führen. Bedeutsam ist die Stellungnahme Kühns[9]) zu unserer Frage. Kühn giebt die Worte Regelsbergers zu: Es erfordert das einfachste Rechtsgefühl, daß in den angegebenen Fällen der Anerbotene gegen die Täuschung seines berechtigten Vertrauens und gegen die daraus entstehenden Nachteile in Schutz genommen werde. Trotzdem leugnet er nach geltendem gemeinen Rechte jede Entschädigungspflicht. Kühn fußt dabei auf Köppen. Letzterer Autor hat versucht die herrschende gemeinrechtliche Offertentheorie zu widerlegen und eine andere an deren Stelle zu setzen.[10]) Da nach dieser der Vertragsantrag ein einseitiges Versprechen und demnach unwiderruflich ist, so ist nach der Köppen'schen Theorie der Oblat noch mehr gesichert als nach der herrschenden Lehre, die ihm nur den Ersatz des negativen Vertragsinteresses zuspricht.[11]) Köppen ist nun der Ansicht, daß aus der herrschenden Lehre vom Vertrage, nach der die Offerte und die Acceptation keine Rechtsgeschäfte sind, weil die eine ohne die andere kein Rechtsverhältnis ins Leben rufen kann, sich in notwendiger Konsequenz folgender Satz ergebe: „Die Offerte und die Acceptation existieren bis zu ihrer Vollendung und Vereinigung als Willenserklärungen, die getrennt von einander keine rechtliche Wirkung haben, nur durch den fortdauernden Willen ihrer Subjekte: zuvor erfolgter Widerruf, inzwischen eingetretene Handlungsunfähigkeit und der Tod eines der Kontrahenten hindern das Zustandekommen des Vertrages, ohne daß dem andern Kontrahenten wegen des dadurch erlittenen Schadens ein Ersatzanspruch zusteht“.[12]) Kühn schließt sich der neuen Offerten-Theorie Köppens nicht an, hält aber dafür, daß es Köppen

---

9) Vgl. Kühn: Jahrb. f. Dogm. XVI p. 58, 90.

10) Vgl. Köppen: Jahrb. f. Dogm. XI p. 139—393.

11) Für Unwiderruflichkeit der Offerte kraft ihrer Natur als einseitiges Versprechen halten nach gem. R. außer Köppen auch Leonhard: Der Irrtum bei nichtig. Verträgen p. 124 ff., Becker II p. 89. — Regelsberger: Erört. p. 73, Endem Hdb. II p. 431 ff., nimmt für die kaufmännische Offerte einen durch Gewohnheitsrecht begründeten stillschweigenden Widerrufsverzicht an (vgl. oben p. 58 Anm. 18), für andere Offerten einen Widerrufsverzicht dann, wenn sie die Ermächtigung zur sofortigen Ausführung enthalten.

12) Köppen: a. a. O. p. 141 f.

gelungen ist, sämtliche Versuche, die auf Grund der herrschenden Lehre eine Ersatzpflicht des Offerenten konstruieren, zu widerlegen. So adoptiert er den von Köppen aufgestellten Satz und begnügt sich damit, den Schutz des Oblaten gegen alle aus der Person des Offerenten fließenden Ausschließungsgründe des Vertrages als ein Postulat an das Recht aufzustellen. —

Von welchem Zeitpunkte an der Widerruf den Offerenten zum Schadensersatze verpflichtet, ist nicht ganz unbestritten: es fragt sich, ob der Oblat die Offerte nur erhalten zu haben braucht, oder ob er sie bereits acceptiert haben muß. Fritze[13]) bemüht sich aus den Quellen nachzuweisen, daß bei der obligatorischen Offerte Widerruf, Tod und Eintritt der Handlungsunfähigkeit überhaupt nur dann wirken, wenn sie dem Oblaten vor der Acceptation durch einen Benachrichtigungsakt des Offerenten bekannt geworden sind. Nur in diesem Falle kann demnach für ihn der Ersatz des negativen Vertragsinteresses in Betracht kommen, und in ihm will er auch wirklich den Offerenten zu demselben verpflichtet wissen. Die herrschende gemeinrechtliche Lehre kennt die besagte Beschränkung für die Wirksamkeit des Widerrufs nicht. Die Haftung des Offerenten für das negative Vertragsinteresse ist danach auch noch nach der Acceptation der Offerte praktisch. Und nur für den Schaden, den der Oblat durch Widerruf nach erfolgter Vertragsannahme erleidet, billigt ihm thatsächlich die herrschende Lehre den Ersatzanspruch zu: „Für die Folgen von Handlungen aufzukommen, welche derjenige, welchem der Vertrag angeboten worden ist, im Vertrauen auf das Zustandekommen des Vertrages vor der eigenen Annahme vorgenommen hat, ist der Widerrufende nicht verpflichtet. Jener hätte nicht handeln sollen, ohne das Seinige zum Abschluß des Vertrages zu thun."[14])

Die im Vorstehenden gekennzeichnete Frage nach der Schadensersatzpflicht bei Widerruf der Offerte, bei Tod bezw. Handlungsunfähigkeit des Offerenten, die im gemeinen Rechte sowohl nach der Existenz der Verpflichtung, wie besonders nach der juristischen Fundierung derselben so überaus bestritten war, ist in ihrer praktischen Bedeutung schon vor Geltung des BGB. durch Spezialgesetzgebungen

---

[13]) Vgl. Fritze: In welcher Weise wirkt bei unvollendeten Willenserklärungen, die an einen Abwesenden gerichtet sind, der einseitige Widerruf, der Tod und der Verlust der Handlungsfähigkeit ihres Urhebers? Kieler Dissert. 1896. p. 53 ff., 71 ff.

[14]) Windscheid: a. a. O. § 307 Anm. 5 a. E. (p. 231)

sehr vermindert worden und nunmehr nach dem BGB. derselben gänzlich bar.

Um den Oblaten gegen die mit dem Widerruf für ihn verbundene Gefahr zu schützen, war das ALR. sogar so weit gegangen, daß es dem Offerenten das Widerrufsrecht schlechthin entzogen hat.[15])

Mochte dieser Schutz über die Grenze des Erforderlichen hinausgehen, so ist in dem A. D. HGB. der Gedanke zum Ausdruck gelangt, der von vielen Seiten in legislativer Beziehung, besonders für den Handelsverkehr, als der geeignetste befunden wurde: daß ein Widerruf der Offerte nur dann Wirksamkeit hat, wenn er „dem andern Teile früher als der Antrag oder zu gleicher Zeit mit demselben zugeht" (Art. 320). Entsprechend wurde der Einfluß des Todes des Offerenten behandelt. Art. 297 sagt: „Ein Antrag, ein Auftrag oder eine Vollmacht, welche von einem Kaufmann in dem Handelsgewerbe ausgegangen sind, werden durch seinen Tod nicht aufgehoben, sofern nicht eine entgegengesetzte Willensmeinung aus seiner Erklärung oder aus den Umständen hervorgeht."

Der Standpunkt, den das ALR. und das HGB. vertreten, ist der herrschenden gemeinrechtlichen Doktrin durchaus entgegengesetzt: Hier Festhalten an der aus dem Wesen des Vertrages als Willensübereinstimmung sich ergebenden Nichtigkeit unter Aushilfe einer Ersatzpflicht, dort einfache Statuierung der Rechtswirksamkeit des Vertrages. Man hat die bindende Kraft der Offerte als einen dem deutschen Rechte innewohnenden eigenartigen Zug nachzuweisen versucht,[16]) vor allem scheint es uns aber die praktische Rücksicht auf den Verkehr zu sein, welche für diese Normierung ausschlaggebend gewesen ist.[17]) Ob sie gerecht ist, darüber kann man verschiedener Meinung sein. Windscheid[18]) spricht sich entschieden gegen dieselbe aus. Wir möchten mit ihm dafür halten, daß die Haftung des Offerenten bei Widerruf auf das negative Vertragsinteresse einem billigen Ausgleich unter den Kontra-

[15]) ALR. I, 5 § 105 bestimmt: Hat er dieses (die rechtzeitige Anzeige des Rücktritts in den Fällen, in denen er gesetzlich statthaft ist), unterlassen, und es findet sich in der Folge, daß der andere seine Annahme wirklich zur rechten Zeit erklärt habe, so muß er demselben für den Schaden, welcher aus den zur Erfüllung des Vertrages gemachten Anstalten in der Zwischenzeit erwachsen ist, gerecht werden.

[16]) Vgl. Siegel: Das Versprechen als Verpflichtungsgrund im heutig. R. p. 53ff.

[17]) Ebenso Windscheid a. a. O. § 307 Anm. 7a.

[18]) Vgl. Windscheid l. c.

henten angemessener ist, als seine Verpflichtung zur Erfüllung bezw. zum Erfüllungsinteresse. Nicht anschließen können wir uns ihm aber, wenn er auch de lege ferenda als Voraussetzung zur Haftung des Offerenten die Acceptation der Offerte verlangt. Hier fordert u. E. ein gerechtfertigtes Verkehrsbedürfnis, den Zeitpunkt des Empfanges der Offerte maßgebend sein zu lassen. Es müßte zu einer unbilligen Hemmung des Handelsverkehrs führen, wollte man vorschreiben, daß jede Offerte erst juristisch exakt acceptiert werden müßte, bevor andere mit ihr in Zusammenhang stehende Dispositionen getroffen werden dürften, z. B. die Ablehnung einer andern Offerte, auf die es mit Rücksicht auf die eingetroffene umgehender Antwort bedurfte.

Windscheid[19]) wirft die Frage auf, ob nicht, wenn zur Zeit des Erlasses der Bestimmungen im HGB. der Begriff des negativen Vertragsinteresses schon so deutlich erkannt gewesen wäre wie jetzt, dieselben doch anders gefaßt worden wären. Heute möchte man geneigt sein eine verneinende Antwort zu geben: Das BGB., welches selbst in bedeutsamer Weise mit dem Begriffe des negativen Vertragsinteresses operiert, hat den Standpunkt des HGB. zu dem seinigen gemacht. So bestimmt § 145: „Wer einem andern die Schließung eines Vertrages anträgt, ist an den Antrag gebunden, es sei denn, daß er die Gebundenheit ausgeschlossen hat." Der Antrag selbst muß naturgemäß eine wirksame Willenserklärung sein. Betreffs der Wirksamkeit einer Willenserklärung vertritt das BGB. die Auffassung der Empfangstheorie, indem § 130 vorschreibt: „Eine Willenserklärung, die einem andern gegenüber abzugeben ist, wird, wenn sie in dessen Abwesenheit abgegeben wird, in dem Zeitpunkte wirksam, in welchem sie ihm zugeht. Sie wird nicht wirksam, wenn dem andern vorher oder gleichzeitig ein Widerruf zugeht. — Auf die Wirksamkeit der Willenserklärung ist es ohne Einfluß, wenn der Erklärende nach der Abgabe stirbt oder geschäftsunfähig wird." Ob in Wahrheit der lange und eingewurzelte Bestand der land- und handelsrechtlichen Norm für die Verfasser des BGB. bestimmend war, sie auch in das neue Gesetzbuch zu übernehmen, oder ob man in freier sachlicher Erwägung der Unwiderruflichkeit der Offerte vor der bloßen Haftung für das negative Vertragsinteresse den Vorzug einräumen zu müssen glaubte, entzieht sich der Beurteilung.

---

[19]) Vgl. Windscheid l. c.

Über die Frage nach der Schadensersatzpflicht bei einer Auslobung dürfen wir uns kurz fassen.[20]) Das reine römische Recht hat für das Obligationenrecht den Grundsatz nie verlassen, daß Rechtsgeschäfte nur in personam certam möglich sind, und kennt sonach eine rechtliche Anerkennung öffentlicher Auslobungen nicht. In der gemeinrechtlichen Doktrin ist sie gewohnheitsrechtlich nach und nach für klagbar erklärt worden. Äußerst bestritten ist, ob die Auslobung nach gemeinem Rechte ein Vertrag oder ein einseitiger Verpflichtungsakt ist. Je nach der spezielleren wieder höchst verschiedenen Auffassung darüber, wann der Vertrag zustande kommt und wie lange das Versprechen widerruflich ist, ist ein Bedürfnis nach der Haftung des Auslobenden dem Thätigwerdenden gegenüber auf das negative Interesse vorhanden oder nicht vorhanden. Ein Bedürfnis liegt nicht vor nach der Ansicht, die die Unwiderruflichkeit der Auslobung aus ihrer Eigenschaft als einseitiges Rechtsgeschäft ableitet (Kuntze, Siegel), nach derjenigen, welche die Auslobung zwar nur für ein Vertragsanerbieten, aber dennoch für verpflichtend erklärt (Köppen), nach derjenigen, welche in der Auslobung einen Vertrag sieht, aber dafür hält, daß bereits in dem Beginn der Ausführung die Acceptation liege und damit der Vertrag perfekt sei (Bülow, Puchta, Arndts, Sintenis), und schließlich nach derjenigen, welche von dem Vertragscharakter der Auslobung ausgeht, aber von dem Beginn der Ausführung der geforderten Leistung an einen stillschweigenden Verzicht auf den Widerruf annimmt (Regelsberger, Vangerow). Ein Bedürfnis ist vorhanden von dem Standpunkte der Vertragstheorie aus, nach dem bis zur Annahme der Auslobung (Thätigwerden in der vorgeschriebenen Weise oder ausdrückliche Erklärung auf Grund des Thätiggewordenseins) dem Versprechenden der Rücktritt freisteht. In diesem Fall soll derjenige, welcher mit der vorgeschriebenen Thätigkeit begonnen und dabei Aufwendungen gemacht hat, dieselben vom Rücktretenden ersetzt verlangen dürfen, es sei denn, daß der Rücktretende nachweist, daß der Bewerber mit seiner Thätigkeit keinen Erfolg gehabt habe also auch bei Nichtzurücknahme der Auslobung seine Aufwendungen unnütz gemacht haben würde (Windscheid, Jhering, Exner, Tzschirner).

Nach dem BGB. steht bei der Auslobung eine Haftung für das negative Vertragsinteresse nicht in Betracht. Die Auslobung im

[20]) Vgl. darüber Windscheid a. a. O. § 308 und die daselbst Anm. 1 Citierten (p. 237).

Sinne des BGB. ist ein einseitiger Verpflichtungsakt (§ 657); trotzdem kann sie bis zur Vornahme der Handlung widerrufen werden, falls nicht auf die Widerruflichkeit in der Auslobung verzichtet worden ist, was im Zweifel angenommen werden soll, wenn eine Frist für die Vornahme der Handlung bestimmt ist (§ 658).

---

3. Kapitel.

Mangel im Objekt.

Unmöglichkeit der Leistung.

Die Schadensersatzpflicht bei Verträgen, die wegen Unmöglichkeit der Leistung unwirksam sind, beansprucht ein ganz besonderes Interesse, als sie gleichsam die Mutter aller andern Schadensersatzverpflichtungen bei unwirksamen Verträgen ist. Wie wir in dem ersten Buche unserer Untersuchung gezeigt haben, baut sich die allgemeine Lehre über unsere Frage auf die dürftige Kasuistik auf, die bezüglich des Kaufvertrages über unmögliche Leistungen in den Quellen vorhanden ist.

Die Lehre von der Unmöglichkeit der Leistung ist in der gemeinrechtlichen Doktrin scharf geprägt durch die strenge Durchführung der Trennung zwischen subjektiver und objektiver Unmöglichkeit.[1]) Ist die Unmöglichkeit eine bloß subjektive, so hat sie auf die Rechtswirksamkeit des Vertrages keinen Einfluß; der Schuldner muß anstatt der Erfüllung dem Gläubiger das Erfüllungsinteresse leisten. Daß der Schuldner bei der Eingehung des Vertrages die Unmöglichkeit nicht kannte, befreit ihn von dieser Verbindlichkeit nicht. Anders bei der objektiven Unmöglichkeit. Hier geht die weitaus herrschende Ansicht in der gemeinrechtlichen Lehre dahin, daß der Vertrag schlechterdings unwirksam ist, unabhängig davon, ob derjenige, welchem die Leistung versprochen ist, die Unmöglichkeit ohne seine Schuld nicht gekannt hat, und unbeeinflußt dadurch, daß der Versprechende sie gekannt hat. Unentschieden — und das ist es, was uns in diesem Zusammenhange interessiert — ist jedoch die von der Interpretation der im 1. Buch[2]) von uns behandelten Quellenstellen ausgehende Meinungsverschieden-

1) Vgl. Windscheid a. a. O. §§ 264, 315.

2) Siehe oben p. 10f.

heit geblieben, inwieweit der Versprechende dem schuldlos gutgläubigen Empfänger des Versprechens zum Ersatze des Schadens verpflichtet ist, den dieser dadurch erlitten, daß er sich auf die Wirksamkeit des Vertrages verlassen hat.

Windscheid[3]) bezeichnet als die herrschende Meinung diejenige, welche dem Gläubiger einen Entschädigungsanspruch nur bei Arglist und grober Nachlässigkeit des Versprechenden giebt. Er selbst hat früher auch diese Ansicht vertreten, bekennt sich zuletzt aber zu der, daß der Versprechende bedingungslos haftet, mag er die Unmöglichkeit gekannt haben oder nicht. — Es muß sehr Wunder nehmen, daß Windscheid den Mittelstandpunkt, daß der Versprechende nur dann haftet, wenn ihn ein Verschulden trifft, d. h. wenn er die Unmöglichkeit kannte oder sie fahrlässig nicht kannte, gar nicht erwähnt. Und doch ist es, wie wir dargethan haben,[4]) derjenige, der sowohl am wahrscheinlichsten in den Quellen zum Ausdruck kommt, wie der, den die Gerechtigkeit vorschreibt.[5])

Der Entwurf I zum BGB. hat diesen Mittelstandpunkt in § 145 zu dem seinigen gemacht.

„Mit Aufstellung des Erfordernisses der Fahrlässigkeit auf seiten des in Anspruch genommenen weist der Entwurf einerseits diejenige Theorie ab, wonach die Haftung unter Absehen von einer Verschuldung lediglich aus einer notwendigen Garantie des betreffenden Kontrahenten entspringen soll, andererseits die auch in der Gesetzgebung vertretene Ansicht, daß nur im Falle des dolus oder etwa auch der

---

[3]) Vgl. Windscheid a. a. O. § 315 Anm. 7 (p. 269).

[4]) Siehe oben p. 84 ff.

[5]) Wir sind voll und ganz damit einverstanden, daß man das Wissenmüssen des Versprechenden durchaus nicht lax handhabt und von ihm umsichtigste Sorgfalt verlangt, um ihn nicht als fahrlässig zu beurteilen. Aber darüber hinaus darf seine Haftung nicht gehen. In solchen Fällen ist die Unmöglichkeit zumeist ein Zufall, den nur billig beide Parteien auf sich zu nehmen haben. Als Beispiel: Ein Schiff des B ist mit einer Sendung von Früchten unterwegs. Damit diese bei der Ankunft nicht noch zu lagern brauchen, soll die Ladung schon vorher verkauft werden. A stellt dem B einen diesbezüglichen Kaufantrag, und der Vertrag wird abgeschlossen. Die nächsten Schiffsnachrichten zeigen an, daß das Schiff des B einen Tag vor Abschluß des Kaufvertrages mit A untergegangen ist. — Es ist eine objektiv unmögliche Leistung, die im Vertrage steht, der Vertrag ist nichtig. Bedenkt man etwa noch, daß B dem A geradezu eine Gefälligkeit erwies, als er ihm unter besonders günstigen Bedingungen die Schiffsladung verkaufte, so ist nicht zu begreifen, wie hier ein objektiv richtiger Ausgleich unter den subjektiven Interessen der Parteien zu einer Ersatzpflicht des B führen soll.

culpa lata gehaftet werde. Der Entwurf bleibt, indem er als Voraussetzung für die Haftung Fahrlässigkeit verlangt, mit den allgemeinen Grundsätzen, wonach Schadensersatzpflicht, abgesehen von besonderen Fällen, nur im Falle einer Verschuldung begründet ist, im Einklange."[6])

Obwohl in den Beratungen der zweiten Kommission ein Antrag, der die Haftung des Versprechenden schlechthin zum Inhalt hatte, lebhaft mit der Bedeutung verteidigt wurde, daß auch die hervorragendsten Vertreter der neuesten gemeinrechtlichen Theorie die gleiche Auffassung hätten, wurde endgültig doch der Standpunkt des Entwurfs beibehalten, und dieser ist dann auch der des Gesetzbuchs geworden.[7])

§ 306 statuiert als Grundlage die Nichtigkeit des auf eine unmögliche Leistung gerichteten Vertrages, worauf § 307 bestimmt:

> „Wer bei der Schließung eines Vertrages, der auf eine unmögliche Leistung gerichtet ist, die Unmöglichkeit kennt oder kennen muß, ist zum Ersatz des Schadens verpflichtet, den der andere Teil dadurch erleidet, daß er auf die Gültigkeit des Vertrages vertraut, jedoch nicht über den Betrag des Interesses hinaus, welches der andere Teil an der Gültigkeit des Vertrages hat. Die Ersatzpflicht tritt nicht ein, wenn der andere Teil die Unmöglichkeit kennt oder kennen muß.
>
> Diese Vorschriften finden entsprechende Anwendung, wenn die Leistung nur teilweise unmöglich und der Vertrag in Ansehung des möglichen Teiles gültig ist, oder wenn eine von mehreren wahlweise versprochenen Leistungen unmöglich ist.

Die Norm des BGB. unterscheidet sich von der gemeinrechtlichen Lehre augenfällig dadurch, daß die Schadensersatzpflicht nicht nur den

---

[6]) Motive II p. 178f.

[7]) Die trefflichen Erwägungen der Redaktoren gingen dahin (vgl. Protokolle I p. 450—454), daß wohl im Falle der Nichtigkeit von R.-Geschäften wegen Mangels im Willen des einen Kontrahenten diesem eine unbedingte Ersatzpflicht aufzuerlegen sei mit Rücksicht auf die Verkehrssicherheit und mit Rücksicht darauf, daß sich der Erklärungsmangel im Inneren des Erklärenden vollziehe, so daß der Empfänger außer stande sei, sich Kenntnis von dem wirklichen Willen des Erklärenden zu verschaffen. Bei Verträgen, die auf eine unmögliche Leistung gerichtet sind, seien aber beide Rücksichten nicht geboten. „Beide vertragschließenden Teile seien in der Lage, über die Existenz des Gegenstandes der Leistung Ermittelungen anzustellen. Täuschen sie sich beide, so sei es unbillig, den Versprechenden für den unglücklichen Zufall der Unmöglichkeit der Leistung einstehen zu lassen."

Teil treffen kann, der die unmögliche Leistung verspricht, sondern auch den Gegner. Man hat sich von dieser von Anfang an vertretenen Auffassung nicht durch die Einwendung abbringen lassen, daß man dem Versprechensempfänger bei der Ermittelung, ob die versprochene Leistung möglich ist, nicht dieselbe Sorgfalt zumuten dürfe, wie dem Versprechenden selbst. In der That ist diese Ausführung nicht durchschlagend, weil auch bei prinzipieller Haftungsmöglichkeit des Gläubigers die dargelegte Erwägung durchaus zur angemessenen Geltung kommen kann. Da in dem Falle der Kenntnis der Unmöglichkeit fast ausnahmslos auf beiden Seiten der Thatbestand des § 826 gegeben sein dürfte, so ist die Haftung in der Vorschrift des § 307 bedeutungsvoll vornehmlich für den Fall des „Kennenmüssen". Unter „Kennenmüssen" versteht das BGB. die auf Fahrlässigkeit beruhende Unkenntnis.[8]) Fahrlässig handelt nach der Legaldefinition in § 276 aber derjenige, „der die im Verkehr erforderliche Sorgfalt außer acht läßt.[9]) [10]) Hiernach wird man, entgegen wie bei dem Versprechenden, ein „Kennenmüssen" bei dem Versprechensempfänger nur selten annehmen dürfen. Die Regel ist, daß der Verkehr keine besondere Sorgfalt erfordert, zu prüfen, ob die Leistung, die einem versprochen, auch möglich ist.[11])

---

[8]) Vgl. BGB. § 122 Abs. 2.

[9]) Vgl. Titze: Die Unmöglichkeit der Leistung p. 74 ff., 226.

[10]) Ebenso wie der Begriff der Fahrlässigkeit überhaupt für unsere Fälle aus § 276 zu entnehmen ist, finden insbesondere auch die in dem § 276 genannten §§ 827, 828 bei der Schuldbeurteilung Anwendung. So Titze a. a. O. p. 226. Abw. Cosack: Lehrbuch des Bürg. R. I p. 239. Vgl. 3. Buch 2. Kap. § 2.

[11]) Bezüglich der Vorschrift in § 307, daß die Haftung auf das negative Interesse cessiert, wenn auch bei dem Gegner Kennen oder Kennenmüssen der Unmöglichkeit vorliegt, ergiebt sich die Zweifelsfrage, ob ein äquivalentes Verschulden des Beschädigten erfordert wird, „oder ob jedes „Kennenmüssen" bei ihm auch den auf wahrem Kennen des Gegners beruhenden Anspruch ausschließt." Vgl. Oertmann: Kommentar z. R. d. Schuldverhältnisse p. 58. Wir entscheiden uns entgegen Oertmann für letztere Alternative. Für sie spricht in erster Reihe, wie O. selbst zugiebt, die unbefangene Interpretation des Wortlautes. Zum anderen entbehrt eine analoge Anwendung des § 254, mit der O. seine Ansicht begründet, der Berechtigung, da die ratio in beiden Fällen durchaus verschieden ist. In § 254 schließt ein Verschulden des Beschädigten die Ersatzpflicht des anderen an sich noch nie aus, so auch nicht äquivalentes Verschulden; maßgebend ist hier nicht der Grad des Verschuldens, sondern der Schadensverursachung. — Über die Frage, ob de lege ferenda als Voraussetzung der Nichthaftung äquivalentes Verschulden des Gegners zu empfehlen ist, vgl. 3. Buch 2. Kap. § 2. Vgl. ferner Melliger a. a. O. p. 92 über den entsprechenden Fall in der Norm des § 179 I.

Der Abs. 2 des § 307 schreibt für zwei Fälle die „entsprechende" Anwendung des Abs. 1 vor. Der erste ist leicht zu übersehen: Die Frage, ob ein Vertrag, der auf eine teilweise unmögliche Leistung gerichtet ist, überhaupt gänzlich unwirksam oder in Ansehung des möglichen Teiles wirksam ist, entscheidet sich nach § 139. Bei völliger Unwirksamkeit regelt sich das Verhältnis zwischen den Parteien nach § 307 Abs. 1, bei teilweiser Wirksamkeit nach § 307 II: Der Ersatzpflichtige hat dem andern Teil den Schaden zu ersetzen, den er durch sein berechtigtes Vertrauen auf die Wirksamkeit des ganzen Vertrages erlitten hat. Eine äußerst komplizierte Kasuistik dagegen umfaßt die Norm des § 307 II für den zweiten Fall, für die analoge Anwendung des Abs. 1 bei Alternativ-Obligationen.

Zunächst stellt sich die Vorschrift als eine Zusatzbestimmung zu § 265 dar. Letzterer Paragraph regelt die kontraktlichen Beziehungen zwischen den Parteien, unsere Vorschrift die bei Nichtvorhandensein einer vertraglichen Verpflichtung trotzdem bestehende Haftung für das negative Vertragsinteresse. Für die kontraktliche Verpflichtung ist es zuförderst einerlei, ob eine der alternativ geschuldeten Leistungen von Anfang an unmöglich ist oder später unmöglich wird; in beiden Fällen beschränkt sich das Schuldverhältnis auf die übrigen möglichen Leistungen. Während aber nun § 265 für die nachfolgende Unmöglichkeit eine bedeutsame Ausnahme dahin normiert, daß die gekennzeichnete Beschränkung nicht eintritt, wenn der nicht wahlberechtigte Teil die Unmöglichkeit zu vertreten hat, mangelt ihm eine entsprechende Bestimmung für die anfängliche Unmöglichkeit. Erfolgt demgemäß bei dieser die Vertrags-Beschränkung auf die möglichen Leistungen unbedingt, unabhängig davon, ob der nicht wahlberechtigte Kontrahent für die Unmöglichkeit einzustehen hat oder nicht, so tritt dafür nunmehr § 307 II in Kraft, die Haftung des nicht wahlberechtigten Kontrahenten für den Schaden, den der wahlberechtigte Teil dadurch erleidet, daß er auf den alternativen Charakter der Verpflichtung, d. h. auch auf die Wirksamkeit der bereits von Anfang an unmöglichen Leistung, vertraut.

Versuchen wir nach dieser Klarstellung des allgemeinen Verhältnisses zwischen den kontraktlichen und außerkontraktlichen Verpflichtungen bei Alternativ-Obligationen die einzelnen Fälle herauszuschälen, bei denen eine Haftung auf das negative Vertragsinteresse stattfindet, so empfiehlt es sich, dabei die sämtlichen vielgestaltigen Variationen, welche die Alternativ-Obligation zuläßt, in systematischer

Ordnung zu erwägen, um jede nach der uns interessierenden Richtung hin zu prüfen. Der Übersichtlichkeit wegen nehmen wir an, daß nur zwei alternativ geschuldete Leistungen in Betracht stehen.

Das alternative Schuldverhältnis kann gerichtet sein auf:

1. zwei mögliche Leistungen;

2. eine nachträglich unmögliche Leistung und eine mögliche Leistung;

3. eine anfänglich unmögliche Leistung und eine mögliche Leistung; (I)

4. zwei nachträglich unmögliche Leistungen;

5. eine anfänglich unmögliche Leistung und eine nachfolgend unmögliche Leistung; (II)

6. zwei anfänglich unmögliche Leistungen. (III)

Da wir vorliegend von dem negativen Vertragsinteresse handeln, und dieses gemäß § 307 immer nur in Anschluß an eine anfänglich unmögliche Leistung in Frage kommen kann, so haben wir vorerst die Fälle sab 1, 2 und 4 von unserer Erörterung auszuscheiden. Für die Erwägung der anderen ist voraus zu bemerken:

Nach § 262 steht bei Alternativ-Obligationen im Zweifel dem Schuldner die Wahl zu, welche der Leistungen er bewirken will. Folgt daraus, daß in concreto auch der Gläubiger das Wahlrecht haben kann, so werden wir einmal die Bedeutung dieses Unterschiedes für unsere Frage festzustellen haben. In § 307 ist sodann die Ersatzpflicht des negativen Interesses, wie wir gesehen, grundsätzlich von einem Verschulden abhängig gemacht. Daraus ergiebt sich, daß wir zum anderen prüfen müssen, wie sich die rechtlichen Verhältnisse gestalten, wenn bei vorhandenem Wahlrecht des Schuldners kein Verschulden auf beiden Seiten, Verschulden des Schuldners, Verschulden des Gläubigers, Verschulden auf beiden Seiten vorliegt, desgleichen welchen Einfluß diese vier Momente bei gegebenem Wahlrecht des Gläubigers haben. Für den Fall I ist das nach dieser Unterscheidung gewonnene Schema, wenn das Verschulden auf die anfänglich unmögliche Leistung bezogen wird, erschöpfend, für die Fälle II und III wird noch eine weitere Differenzierung dadurch bedingt, daß bei Vorliegen einer anfänglich unmöglichen und einer nachträglich unmöglichen Leistung die nachfolgende Unmöglichkeit entweder zu vertreten sein kann oder nicht, und daß bei Vorliegen zweier anfänglich unmöglichen Leistungen sich das Verschulden auf beide Leistungen oder nur auf eine beziehen kann.

In dem hiernach aufgebauten System beantworten wir nunmehr die Frage, wann und in welcher Weise die Ersatzpflicht des negativen Vertragsinteresses eintritt.

I. Alternativ-Obligation, gerichtet auf eine anfänglich unmögliche und eine mögliche Leistung.

1. Wahlrecht des Schuldners.

a) Kein Verschulden auf beiden Seiten.

Gemäß § 265 beschränkt sich das Schuldverhältnis auf die mögliche Leistung; eine Haftung auf das negative Vertragsinteresse findet nicht statt, da § 307 dieselbe von einem Verschulden abhängig macht.

b) Verschulden des Schuldners betr. die anfänglich unmögliche Leistung.

Nach § 265 hat der Schuldner die mögliche Leistung zu vollziehen. Eine Haftung des Schuldners auf das negative Vertragsinteresse greift deshalb nicht Platz, weil er auch bei Möglichkeit der andern Leistung die jetzt von ihm auszuführende hätte wählen können, der Gläubiger also in nichts benachteiligt ist.[12])

c) Verschulden des Gläubigers betr. die anfänglich unmögliche Leistung.

Nach § 265 liegt dem Schuldner ob, die mögliche Leistung zu vollziehen; wegen der Beschränkung seines Wahlrechtes steht ihm aber der Anspruch auf Ersatz des negativen Interesses zu.[13])

d) Verschulden auf beiden Seiten betr. die anfänglich unmögliche Leistung.

Nach § 265 wird vom Schuldner nur noch die mögliche Leistung geschuldet; eine Ersatzpflicht des negativen Interesses ist § 307 I Satz 2 zufolge auf beiden Seiten nicht begründet.

2. Wahlrecht des Gläubigers.

a) Kein Verschulden auf beiden Seiten.

Aus demselben Grunde wie unter 1 a Schuldbeschränkung auf die mögliche Leistung ohne negative Interessehaftung.

---

12) Vgl. Titze a. a. O. p. 231, 8 A. a. Melliger a. a. O. p. 83.

13) Der Schuldner hätte z. B. an der unmöglichen Leistung x einen größeren Verdienst erzielt, als an der von ihm nunmehr zu liefernden y. Vgl. Titze a. a. O. p. 232, B. a u. Anm. 36. Das erste von T. gegebene Beispiel (der Schuldner muß die geringerwertige Sache y wählen und erhält dementsprechend einen geringeren Gegenwert) ist nicht treffend, da die Wertverringerung von Leistung und Gegenleistung sich entspricht und ein Schaden des Schuldners nicht ersichtlich ist.

b) Verschulden des Schuldners betr. die anfänglich unmögliche Leistung.

Entsprechend dem Fall 1c bleibt nur die mögliche Leistung in der Schuldverpflichtung, aber den Schaden durch die Beschränkung des Gläubigers in der Ausübung seines Wahlrechtes muß der Schuldner als negatives Interesse ersetzen.[14])

c) Verschulden des Gläubigers betr. die anfänglich unmögliche Leistung.

In diesem dem obigen 1b analogen Falle hat der Schuldner die mögliche Leistung zu vollziehen, ohne daß er einen negativen Ersatzanspruch gegen den Gläubiger hätte; der Gläubiger hätte auch ohne die Unmöglichkeit der einen Leistung die jetzt kraft § 265 von dem Schuldner auszuführende wählen können.[15])

d) Verschulden auf beiden Seiten betr. die anfänglich unmögliche Leistung.

Es ist dasselbe wie oben sub 1d maßgebend: Beschränkung des Schuldverhältnisses auf die mögliche Leistung, ohne eine Ersatzpflicht des negativen Vertragsinteresses.

II. Alternativ-Obligation, gerichtet auf eine anfänglich unmögliche und eine nachträglich unmögliche Leistung.

1. Wahlrecht des Schuldners.

a) Kein Verschulden auf beiden Seiten.

Durch die anfängliche Unmöglichkeit der einen Leistung beschränkt sich das Schuldverhältnis zunächst auf die anfänglich mögliche Leistung; eine Ersatzpflicht des negativen Interesses ist wegen mangelnder Verschuldung nicht gegeben. Durch die nachträgliche Unmöglichkeit der anfangs möglichen Leistung wird der Schuldner gemäß § 275 I (§ 276) auch von der Leistungsverpflichtung dieser frei, da er die Unmöglichkeit nicht zu vertreten hat. Der Schuldner ist also zu nichts verpflichtet, weder zu einer kontraktlichen Leistung noch zu einem negativen Interesseersatz; er selbst hat gegen den schuldlosen Gläubiger selbstverständlich auch keinerlei Anspruch.

b) Verschulden des Schuldners.

α) Verschulden betr. die anfänglich unmögliche, kein Verschulden betr. die nachträglich unmögliche Leistung.

---

[14]) Vgl. Titze a. a. O. p. 234 C. a; Laband: Arch. f. civ. Pr. Bd. 74, p. 4. Für die Entscheidung des von diesem gegebenen Beispiels dürfte nach dem BGB. aber noch § 265 zu berücksichtigen sein.

[15]) Vgl. Titze a. a. O. p. 235, D. a.

Die Entscheidung dieses Falles ist nicht ganz sicher. Man könnte folgendermaßen schließen: Das Verschulden betreffend die anfänglich unmögliche Leistung kommt nicht in Betracht, da gemäß seiner Wahlberechtigung der Schuldner die nachträglich unmögliche Leistung als auszuführende bestimmen kann; hinsichtlich dieser wird er nach § 275 I durch die eintretende Unmöglichkeit von der Leistungsverpflichtung befreit, ohne daß ihn eine Ersatzpflicht des negativen Interesses trifft. Es würde hiernach dieser Fall analog dem sub I 1b beurteilt sein. Vom Standpunkt des Schuldners aus ist diese analoge Behandlung gerechtfertigt, denn das Verhältnis des Schuldners zur anfänglich unmöglichen Leistung, die allein den negativen Interesseersatz im Gefolge haben kann, ist beide Male durchaus dasselbe. Vom Standpunkt des Gläubigers aus gesehen, ist jedoch ein tiefgreifender Unterschied zwischen beiden Fällen nicht zu verkennen. Es ist ganz etwas anderes, ob der Gläubiger von zwei Leistungen, mit deren jeder er zufrieden sein muß, wirklich eine erhält oder ob er, der sicher darauf rechnen darf, daß ihm eine der Leistungen geliefert wird, völlig leer ausgeht. Solange der Gläubiger durch die eine mögliche Leistung befriedigt wird, hat er kein rechtliches Interesse an der andern anfänglich unmöglichen Leistung; mit dem Augenblick aber, in dem die anfänglich mögliche Leistung unmöglich wird, tritt dieses Interesse in die hellste Erscheinung, denn bei Gültigkeit der Verpflichtung betreffend die anfänglich unmögliche Leistung würde sich nach § 265 das Schuldverhältnis auf diese konzentrieren. Aus dieser Erwägung heraus wird man dem Schuldner die Ersatzpflicht des negativen Interesses auferlegen müssen, den Ersatz des Schadens, den der Gläubiger durch sein berechtigtes Vertrauen auf die Wirksamkeit der anfänglich unmöglichen Leistung hat. Theoretisch erhebt sich gegen die Statuierung der Ersatzhaftung dieses Bedenken: Da die eine der Leistungen von Anfang an unmöglich ist, so beschränkt sich von vornherein das Schuldverhältnis auf die anfänglich mögliche Leistung. Was mit dieser anfänglich möglichen Leistung wird, ist gleichgültig; mit der Ausscheidung der anfänglich unmöglichen Leistung kann nicht mehr auf dieselbe zurückgegriffen und deshalb aus ihr auch kein Anspruch abgeleitet werden. Der Einwand erledigt sich jedoch durch den Hinweis darauf, daß das alternative Schuldverhältnis durchaus ein einziges und einheitliches ist, das nicht durch eine genetische Betrachtung der einzelnen Alternativ-Leistungen zerstückelt werden darf. Freilich drängt die Alternativ-Obligation nach Konzentrierung. Aber diese hat nicht so zu erfolgen, daß man diese und jene Leistung der Reihe nach ausscheidet und abbröckelt, sondern daß man endgültig nach Maßgabe der Rechtsnormen entweder die eine der Leistungen als die geschuldete feststellt, auf Befreitsein von jeder Leistungspflicht oder auf Ersatzhaftung erkennt. Gerade dadurch, daß für die jeweilige Endentscheidung sämtliche Leistungen in Erwägung gezogen werden, muß die prinzipielle Zugehörigkeit sämtlicher Leistungen zum Inhalt des alternativen Schuldverhältnisses gewahrt werden.[16])

Zu bemerken ist noch, daß die für das negative Vertragsinteresse allgemein geltende Bestimmung: die Begrenzung der Ersatzpflicht durch das positive Vertragsinteresse, für unseren Fall in eigenartiger Weise praktisch wird. Das positive, rechtlich geschützte Interesse des Gläubigers geht nicht darauf, gerade die anfänglich unmögliche Leistung, sondern nur eine der beiden Leistungen geliefert zu bekommen. Daher kann der Schuldner wählen, welche der beiden Leistungen für die gekennzeichnete Höchstbegrenzung der Haftung zu Grunde gelegt werden soll.[17])

β) Kein Verschulden betr. die anfänglich unmögliche, Verschulden betr. die nachfolgend unmögliche Leistung.

Der Schuldner hat dem Gläubiger das positive Interesse zu ersetzen, daß dieser an der Erfüllung der nachfolgend unmöglich gewordenen Leistung hat (280).

γ) Verschulden betr. die anfänglich unmögliche und Verschulden betr. die nachträglich unmögliche Leistung.

Es gilt dasselbe wie sub β. Da der Schuldner nach freier Wahl die anfänglich mögliche Leistung wählen konnte, bleibt sein Verschulden betr. die anfänglich unmögliche Leistung ohne Bedeutung.[18])

---

[16]) Vgl. Titze a. a. O. p. 232 und die daselbst in Anm. 34 bezeichneten Stellen. Melliger a. a. O. p. 84.

[17]) Vgl. Titze l. c. u. Melliger l. c.

[18]) Vgl. Titze a. a. O. p. 232 c. T. meint, daß auch in diesem Falle der Schuldner zur Grundlage der Schadensberechnung die anf. unmögliche Leistung bestimmen könne. Das ist unseres E. nicht richtig. Dann wäre der Schuldner, der schuldhaft die mögliche Leistung unmöglich macht, besser gestellt, als derjenige, der sich nichts zu schulden kommen läßt, so daß die betr. Leistung möglich bleibt. Dieser hat die mögliche Leistung zu bewirken; der mögl. Leistung entspricht aber allein das positive Interesse an derselben (der möglichen) Leistung. Überhaupt wird man dafür halten müssen, daß eine anfänglich unmögliche Leistung immer nur zum Ersatz des negativen Interesses verwendet werden kann.

c) Verschulden des Gläubigers.

α) Verschulden betr. die anfänglich unmögliche, kein Verschulden betr. die nachträglich unmögliche Leistung.

Durch die vom Gläubiger nicht zu vertretende nachträgliche Unmöglichkeit der einen Leistung beschränkt sich nach § 265 die Obligation auf die andere mögliche Leistung; den Schaden, den der Schuldner in unserem Falle dadurch erleidet, daß er auf die Möglichkeit der andern Leistung vertraut, während sie thatsächlich eine von Anfang an unmögliche ist, kann er vom Gläubiger ersetzt verlangen, er hat also gegenüber diesem einen Anspruch auf das negative Vertragsinteresse.[19])

β) Kein Verschulden betr. die anfänglich unmögliche, Verschulden betr. die nachfolgend unmögliche Leistung.

In diesem Falle bleibt die anfänglich unmögliche Leistung ganz außer Betracht, da gemäß § 265 II selbst bei Möglichkeit derselben sich das Schuldverhältnis nicht auf sie beschränken würde. Nach § 275 ist der Schuldner von jeder Leistungspflicht befreit; eine Ersatzpflicht des negativen Vertragsinteresses ist beiderseitig nicht vorhanden. Des weiteren regelt sich das Verhältnis nach § 324.

Verschulden betr. die anfänglich unmögliche und Verschulden betr. die nachträglich unmögliche Leistung.

Wegen der Beschränkung seines Wahlrechtes auf die anfänglich mögliche Leistung haftet der Gläubiger dem Schuldner auf das negative Vertragsinteresse. Das Verhältnis betr. die nachträglich unmögliche Leistung regelt sich nach § 275 und § 324.[20])

---

[19]) Vgl. Titze a. a. O. p. 233 c.

[20]) Vgl. Titze a. a. O. p. 234 e, p. 224, Anm. 21. T. entscheidet diesen Fall dahin abweichend, daß der Schuldner entweder die anfängl. unmögl. Leistung — mit Anspruch auf das neg. Vertragsint. — oder die anfängl. mögl. Leistung — mit Anspruch der Gegenleistung nach Maßgabe des § 324 — wählen kann. Diese Abweichung ist weniger praktisch als theoretisch bedeutsam. Sie beruht darauf, daß T. den § 265 so interpretiert, daß der in Satz 2 angeordnete Wegfall der Beschränkung sich auf die von Anfang an unmögliche Leistung des Satz 1 bezieht. Entgegen der Ansicht T.s steht u. E. der Wortlaut des Gesetzes unüberwindlich dieser Auslegung im Wege. Das Gesetz unterscheidet scharf das (von Anfang an) Unmöglichsein und das (nachträgliche) Unmöglichwerden. Dadurch daß § 265 einen Wegfall der Beschränkung lediglich für den Fall des Unmöglichwerdens statuiert, giebt er unzweifelhaft zu erkennen, daß bei Vorhandensein einer anfänglich unmöglichen Leistung die Beschränkung stets stattfindet, die anf. unm. Leistung also niemals gewählt werden kann. Diesem klar ausgesprochenen Willen des Gesetzes gegenüber kann die rein dialektische Ge-

d) Verschulden auf beiden Seiten.

α) Verschulden beider sowohl betr. die anfänglich unmögliche, wie betr. die nachfolgend unmögliche Leistung.

Nach § 307 I Satz 2 steht eine Ersatzpflicht des negativen Vertragsinteresses nicht in Frage. Das Rechtsverhältnis bezüglich der nachträglich unmöglichen Leistung regelt sich dahin, daß prinzipiell der Schuldner dem Gläubiger auf das positive Vertragsinteresse (Schadensersatz wegen Nichterfüllung) haftet, daß aber in concreto nach Maßgabe des § 254 zu entscheiden ist, inwieweit das Verschulden des Gläubigers die Ersatzpflicht des Schuldners beeinflußt.

β) Verschulden beider betr. die anfänglich unmögliche, kein Verschulden beider betr. die nachträglich unmögliche Leistung.

Der Schuldner ist von jeder Leistungspflicht befreit (§ 275) ohne Anspruch auf Gegenleistung (§ 323). Ersatzhaftung auf das negative Vertragsinteresse liegt auf beiden Seiten nicht vor (307 I_2).

γ) Verschulden beider betr. die nachträglich unmögliche, kein Verschulden beider betr. die anfänglich unmögliche Leistung.

Da § 307 nur bei einseitigem Verschulden die Haftung für das negative Vertragsinteresse statuiert, also bei beiderseitigem Verschulden, ebenso wie bei beiderseitiger Schuldlosigkeit dieselbe nicht eintritt, so gilt in unserm Falle das Gleiche wie sub α.

δ) Verschulden beider betr. die anfänglich unmögliche, Verschulden des Schuldners betr. die nachträglich unmögliche Leistung.

Der Schuldner haftet dem Gläubiger bezüglich der nachträglich unmöglichen Leistung auf das positive Vertragsinteresse.

ε) Verschulden beider betr. die anfänglich unmögliche, Verschulden des Gläubigers betr. die nachträglich unmögliche Leistung.

---

dankenreihe: sobald der nicht wahlberechtigte Teil die nachträgliche Unmöglichkeit einer Leistung zu vertreten hat, tritt keine Beschränkung ein, es sind also alle übrigen, folglich auch darunter befindliche anfänglich unmögliche Leistungen wählbar — nicht stichhaltig erscheinen. Sie übersieht, daß das Ausscheiden der anfänglich unmögl. Leistungen schon feststeht, wenn bei Eintreten der nachträglichen Unmöglichkeit einer Leistung die Frage nach der Beschränkung auf die noch übrigen Leistungen praktisch wird.

Das Rechtsverhältnis regelt sich nach §§ 275, 324. Der Schuldner behält den Anspruch auf die (eventuelle) Gegenleistung unter Anrechnung des durch die Befreiung von der eigenen Leistung (§ 275) Ersparten.

ζ) Verschulden beider betr. die nachträglich unmögliche, Verschulden des Schuldners betr. die anfänglich unmögliche Leistung.

Dem Verschulden des Schuldners betr. die anfänglich unmögliche Leistung ist keine Bedeutung beizulegen, denn einmal kann er seine Wahl nach freiem Ermessen auf die anfänglich mögliche Leistung richten (vgl. Ib), zum andern schlösse die Schuld des Gläubigers bezüglich der nachträglichen Unmöglichkeit dieser Leistung die Beschränkung auf die andere Leistung aus, selbst wenn sie eine mögliche wäre; der Gläubiger ist also durch das Verschulden des Schuldners in nichts schlechter gestellt. Für das Rechtsverhältnis hinsichtlich der nachträglich unmöglichen Leistung gilt das sub IIc α Gesagte.

η) Verschulden beider betr. die nachträglich unmögliche, Verschulden des Gläubigers betr. die anfänglich unmögliche Leistung.

Dem Schuldner steht gegen den Gläubiger der Anspruch auf das negative Vertragsinteresse zu, weil er durch diesem anzurechnende Schuld nicht in der Lage ist, die eine Leistung (anfänglich unmögliche) wählen zu können. Bezüglich der nachträglich unmöglichen Leistung ist wieder das sub IId α Gesagte maßgebend.

ϑ) Verschulden des Schuldners betr. die nachträglich unmögliche, Verschulden des Gläubigers betr. die anfänglich unmögliche Leistung.

Wie sub η hat der Schuldner gegen den Gläubiger wegen seiner Wahlbeschränkung Anspruch auf das negative Vertragsinteresse; dem gegenüber aber haftet hier der Schuldner dem Gläubiger auf das positive Vertragsinteresse: für den Schaden, den der Gläubiger durch die Nichterfüllung der erst und zwar durch Schuld des Schuldners nachträglich unmöglich gewordenen Leistung erleidet.[21])

ι) Verschulden des Gläubigers betr. die nachträglich unmögliche, Verschulden des Schuldners betr. die anfänglich unmögliche Leistung.

---

[21]) Vgl. Titze a. a. O. p. 233 d. Als Grundlage für die Berechnung des positiven Interesse kann nur die nachträglich unmögl. Leistung genommen werden. Vgl. oben Anm. 18.

Wegen der Befugnis zur Wahl der anfänglich möglichen Leistung ist das Verschulden des Schuldners betr. die anfänglich unmögliche Leistung belanglos (vgl. ζ). Im übrigen gilt das sub ε Gesagte.[22])

2. Wahlrecht des Gläubigers.

a) Kein Verschulden auf beiden Seiten.

Keine Leistungspflicht und keine negative Interessehaftung (§§ 275, 323).

b) Verschulden des Schuldners.

α) Verschulden betr. die anfänglich unmögliche, kein Verschulden betr. die nachträglich unmögliche Leistung.

Ersatzpflicht des negativen Vertragsinteresses seitens des Schuldners mit fakultativer Höchstbegrenzung des Schadens durch das positive Interesse an der nachträglich unmöglichen Leistung.[23])

β) Kein Verschulden betr. die anfänglich unmögliche, Verschulden betr. die nachträglich unmögliche Leistung.

Anspruch des Gläubigers auf Ersatz des positiven Interesses an der nachträglich unmöglichen Leistung (§ 280).

γ) Verschulden betr. die anfänglich unmögliche und Verschulden betr. die nachträglich unmögliche Leistung.

Anspruch des Gläubigers auf das negative Vertragsinteresse wegen der Beschränkung seines Wahlrechtes und auf das positive Interesse an der nachträglich unmöglichen Leistung.[24])

c) Verschulden des Gläubigers.

α) Verschulden betr. die anfänglich unmögliche, kein Verschulden betr. die nachträglich unmögliche Leistung.

---

[22]) Vgl. Titze a. a. O. p. 232 d.

[23]) Vgl. Titze a. a. O. p. 235 c.

[24]) Vgl. Titze a. a. O. p. 235 d (dazu oben Anm. 20), Melliger a. a. O. p. 84. — Thatsächlich werden die beiden Ansprüche nicht nebeneinander geltend gemacht werden, sondern der eine wird in dem andern enthalten sein. Das Recht des Gläubigers, das negative Interesse an der nachträgl. unmögl. Leistung zu begrenzen, ist in diesem Falle unpraktisch, weil der Gl. das positive Interesse an der nachtr. unmögl. L. als solches zu beanspruchen hat. Ist das positive Interesse an der nachtr. unmögl. Leistung größer als das negat. Vertragsinteresse (mit Höchstbegrenzung des Interesses an der Wirksamkeit der anfängl. unmögl. Leistung), so wird der Gläubiger dieses geltend machen; übertrifft dagegen umgekehrt das neg. Vertragsinteresse das positive, so wird der Gläubiger ersteres fordern. Die Bedeutung des doppelten Anspruches liegt darin, daß der Gl. die für ihn günstigste Position wählen darf. So kommen wir praktisch zu demselben Ergebnisse wie Titze l. c.

Anspruch des Schuldners auf das negative Vertragsinteresse mit fakultativer Höchstbegrenzung des Schadens seitens des Gläubigers durch das positive Interesse an der nachträglich unmöglichen Leistung.[25])

β) Kein Verschulden betr. die anfänglich unmögliche, Verschulden betr. die nachträglich unmögliche Leistung.

Freiheit des Schuldners von der Leistungspflicht (§§ 275, 324).

γ) Verschulden betr. die anfänglich unmögliche und Verschulden betr. die nachträglich unmögliche Leistung.

Freiheit des Schuldners von der Leistungspflicht (vgl. IIa γ, §§ 275, 324).[26])

d) Verschulden auf beiden Seiten.

α) Verschulden beider sowohl betr. die anfänglich unmögliche, wie betr. die nachträglich unmögliche Leistung.

Es gilt dasselbe wie sub IId α.

β) Verschulden beider betr. die anfänglich unmögliche, kein Verschulden beider betr. die nachträglich unmögliche Leistung.

Es gilt dasselbe wie sub II d β.

γ) Verschulden beider betr. die nachträglich unmögliche, kein Verschulden beider betr. die anfänglich unmögliche Leistung.

Es gilt dasselbe wie sub II d γ.

δ) Verschulden beider betr. die anfänglich unmögliche Leistung, Verschulden des Schuldners betr. die nachträgliche unmögliche Leistung.

Es gilt dasselbe wie sub II d δ.

ε) Verschulden beider betr. die anfänglich unmögliche, Verschulden des Gläubigers betr. die nachträglich unmögliche Leistung.

Es gilt dasselbe wie sub II d ε.

ζ) Verschulden beider betr. die nachträglich unmögliche, Verschulden des Schuldners betr. die anfänglich unmögliche Leistung.

Der Schuldner haftet dem Gläubiger auf das negative Interesse an der anfänglich unmöglichen Leistung. Inwieweit seine weitere Haftung auf Schadensersatz wegen Nichterfüllung der nachträglich

---

[25]) Vgl. Titze a. a. O. p. 235 b.

[26]) Vgl. Titze a. a. O. p. 236 d und oben Anm. 24.

unmöglichen Leistung durch das konkurrierende Verschulden des Gläubigers beeinflußt wird, ist nach § 254 für den einzelnen Fall zu beurteilen (vgl. II 1 d η).

η) Verschulden beider betr. die nachträglich unmögliche, Verschulden des Gläubigers betr. die anfänglich unmögliche Leistung.

Das Verschulden des Gläubigers betr. die anfänglich unmögliche Leistung ist belanglos. Haftung des Schuldners auf das positive Vertragsinteresse unter Berücksichtigung des § 254.

ϑ) Verschulden des Schuldners betr. die nachträglich unmögliche, Verschulden des Gläubigers betr. die anfänglich unmögliche Leistung.

Das Verschulden des Gläubigers betr. die anfänglich unmögliche Leistung ist ohne Bedeutung; der Schuldner haftet dem Gläubiger auf das positive Interesse an der nachträglich unmöglichen Leistung.[27])

ι) Verschulden des Gläubigers betr. die nachträglich unmögliche Leistung, Verschulden des Schuldners betr. die anfänglich unmögliche Leistung.

Der Gläubiger hat gegen den Schuldner wegen der Beschränkung seiner Wahlbefugnis Anspruch auf das negative Vertragsinteresse. Im übrigen finden die §§ 275, 324 Anwendung.[28])

III. Alternativ-Obligation, gerichtet auf zwei anfänglich unmögliche Leistungen.

1. Wahlrecht des Schuldners.

a) Kein Verschulden auf beiden Seiten.

Es ist keinerlei Verbindlichkeit auf beiden Seiten vorhanden.

b) Verschulden des Schuldners.

α) Verschulden betr eine Leistung.

Da bei Möglichkeit der Leistung, deren anfängliche Unmöglichkeit der Schuldner zu vertreten hat, das Schuldverhältnis sich auf diese nach § 265 beschränkt hätte, haftet der Schuldner dem Gläubiger für das negative Vertragsinteresse: für den Schaden, den der Gläubiger dadurch erleidet, daß auch diese Leistungsverpflichtung unwirksam ist. Infolge der Wahlbefugnis des Schuldners, gemäß der er auch die andere Leistung, für die ihn kein Verschulden trifft, hätte wählen

---

[27]) Vgl. Titze a. a. O. p. 236 c. T. erwähnt den positiven Interesseanspruch des Gläubigers nicht.

[28]) Vgl. Titze a. a. O. p. 235 e.

können, steht ihm aber das Recht zu, von beiden Leistungen die der Schadensberechnung zu Grunde zu legende zu bestimmen.[29])

β) Verschulden betr. beide Leistungen.

Es gilt hier im Ergebnis dasselbe wie sub α.

c) Verschulden des Gläubigers.

α) Verschulden betr. eine Leistung.

Der Schuldner hat gegen den Gläubiger Anspruch auf Ersatz des negativen Interesses an derjenigen unmöglichen Leistung, für die den Gläubiger das Verschulden trifft.[30])

β) Verschulden betr. beide Leistungen.

Der Gläubiger ist dem Schuldner für das negative Vertragsinteresse ersatzpflichtig, und zwar kann der Schuldner bestimmen, welche der beiden Leistungen der Schadensberechnung zu Grunde gelegt werden soll.

d) Verschulden auf beiden Seiten.

α) Verschulden beider betr. beide Leistungen.

Es ist keine Verbindlichkeit auf beiden Seiten vorhanden.

β) Verschulden beider betr. die eine Leistung.

Auch hier ist eine Verbindlichkeit auf beiden Seiten nicht vorhanden; für die eine Leistung entsteht kein Anspruch auf das negative Vertragsinteresse wegen beiderseitiger Nichtschuld, für die andere kein solcher wegen beiderseitiger Schuld (§ 307 I).

γ) Verschulden des Schuldners betr. die eine, Verschulden des Gläubigers betr. die andere Leistung.[31])

Zunächst ist mit Sicherheit zu sagen, daß der Schuldner gegen den Gläubiger einen Anspruch auf das negative Interesse an der Leistung hat, deren anfängliche Unmöglichkeit der Gläubiger zu verantworten hat, da gemäß seiner freien Wahlbefugnis er gerade diese Leistung hätte wählen können. Zweifelhafter ist, ob dem Gläubiger dem gegenüber ein Anspruch gegen den Schuldner zusteht. U. E. ist dies zu bejahen. Bei Möglichkeit der vom Schuldner zu vertretenden anfänglich unmöglichen Leistung hätte sich das Schuldverhältnis auf diese beschränkt, so daß der Gläubiger, wenn auch selbst auf negativen Interesseersatz in Anspruch genommen, eine positive Leistung

29) Vgl. Titze a. a. O. p. 232 e.

30) Vgl. Titze a. a. O. p. 233 b; daß Melliger a. a. O. p. 84 abweichend entscheidet (so Titze l. c. Anm. 37) erscheint uns nicht ersichtlich.

31) Diese Kombination (sowie die entsprechende beim Wahlrecht des Gläubigers) findet sich bei Titze nicht.

erhalten hätte. Für den Schaden, den der Gläubiger durch sein Vertrauen auf die anfängliche Möglichkeit (Wirksamkeit) dieser Leistung erleidet, haftet ihm der Schuldner. Bezüglich der Höchstbegrenzung des Schadens kann der Schuldner aber nach freiem Ermessen bestimmen, welche der beiden Leistungen für Feststellung des positiven Interesses zu Grunde zu legen ist.

2. Wahlrecht des Gläubigers.

a) Kein Verschulden auf beiden Seiten.

Es gilt das sub III 1a Gesagte.

b) Verschulden des Schuldners.

α) Verschulden betr. eine Leistung.

Der Gläubiger hat gegen den Schuldner Anspruch auf Ersatz des negativen Interesses an derjenigen unmöglichen Leistung, für die den Schuldner das Verschulden trifft.[32])

β) Verschulden betr. beide Leistungen.

Der Schuldner ist dem Gläubiger auf das negative Vertragsinteresse ersatzpflichtig, und zwar kann der Gläubiger bestimmen, welche der beiden Leistungen der Schadensberechnung zu Grunde gelegt werden soll.

c) Verschulden des Gläubigers.

α) Verschulden betr. eine Leistung.

Der Gläubiger haftet dem Schuldner zum Ersatz des negativen Vertragsinteresses, hat aber das Recht die der Schadensberechnung zu Grunde zu legende Leistung zu bestimmen.[33])

β) Verschulden betr. beide Leistungen.

Es gilt dasselbe wie sub α.

d) Verschulden auf beiden Seiten.

α) Verschulden beider betr. beide Leistungen.

Es gilt dasselbe wie sub I d α.

β) Verschulden beider betr. die eine Leistung.

Es gilt dasselbe wie sub I d β.

γ) Verschulden des Schuldners betr. die eine, Verschulden des Gläubigers betr. die andere Leistung.

Es gelten die Ausführungen sub I d γ entsprechend: Ersatzanspruch des Gläubigers gegen den Schuldner auf das negative Interesse an der von diesem zu vertretenden unmöglichen Leistung; Haftung des Gläubigers gegenüber dem Schuldner auf das negative Interesse an der andern Leistung mit fakultativer Höchstbegrenzung

---

[32]) Vgl. Titze a. a. O. p. 234 b.

[33]) Vgl. Titze a. a. O. p. 236 e.

des Schadens durch das positive Interesse des Schuldners an eine der beiden Leistungen.[34]) — — —

Für die Abgrenzung der Fälle, in denen bei objektiver Unmöglichkeit der Leistung eine Ersatzpflicht auf das negative Interesse eintritt, ist zum Schluß noch auf einige besondere Bestimmungen des BGB. hinzuweisen.

§ 308 enthält eine Ergänzungsvorschrift zu § 306, nach dem ein auf eine unmögliche Leistung gerichteter Vertrag nichtig ist. § 308 schreibt vor, daß die Unmöglichkeit der Leistung der Gültigkeit des Vertrages nicht entgegensteht, wenn die Unmöglichkeit gehoben werden kann und der Vertrag unter dieser Bedingung geschlossen wird. Absatz II statuiert die Wirksamkeit des Vertrages, wenn die unmögliche Leistung irgendwie sonst suspensiv bedingt oder befristet versprochen wird und die Unmöglichkeit vor dem Eintritt der Bedingung oder des Termins gehoben wird.

Dadurch, daß in beiden Fällen der Vertrag für wirksam erklärt ist, kommt für sie die Ersatzpflicht des negativen Vertragsinteresses nicht in Betracht. Bemerkenswert ist dies besonders für den Abs. II. Der Thatbestand des Abs. I setzt ein bestimmtes Bezugnehmen der Kontrahenten auf die Unmöglichkeit voraus, und daher wäre selbst bei Unwirksamkeit des betr. Vertrages ein Erfordernis zur negativen Interessehaftung, die einerseitige Unkenntnis der Unmöglichkeit, nicht gegeben. Anders in Abs. II, wo die in § 307 I aufgestellten Voraussetzungen zum negativen Interesseersatz: Kenntnis der Unmöglichkeit auf der einen, schuldlose Unkenntnis derselben auf der andern Seite, sehr wohl vorliegen können.

Nicht außer Acht zu lassen ist für beide Fälle, daß nur bei vollständiger Erfüllung des für sie gegebenen Thatbestandes die Gültigkeit des Vertrages eintritt, dagegen beim Fehlen eines Momentes Vertragsunwirksamkeit vorliegt, und damit auch wieder die Möglichkeit der Ersatzpflicht des negativen Vertragsinteresses in den Vordergrund tritt.[35])

§ 437 bestimmt, daß der Verkäufer einer Forderung oder eines sonstigen Rechtes für den rechtlichen Bestand der Forderung oder des Rechtes und der Verkäufer eines Wertpapieres dafür hafte, daß dieses nicht zum Zwecke der Kraftloserklärung aufgeboten sei. — Die herrschende gemeinrechtliche Lehre konstruierte die Wirksamkeit des Verkaufes einer nicht bestehenden Forderung so, daß sie hier keine objek-

[34]) Vgl. Anm. 28.

[35]) Vgl. über § 308 besonders Titze a. a. O. p. 215—221.

tive Unmöglichkeit annahm. Da diese Konstruktion sinngemäß aber nur für die gewöhnlichen Forderungen, bei denen die Rechtsstellung des Cedenten zu übertragen ist, angängig war, so mußte man für jede formal verbriefte Forderung (Wertpapier, Wechsel) bei Nichtigkeit des Papiers auf Unwirksamkeit des Vertrages erkennen; denn sollen z. B. dem Wechselempfänger die Rechte verschafft werden, welche jedem formal legitimierten Inhaber des Wechsels zustehen, so ist dies allerdings bei einem wegen Formmangels nichtigen Wechsel objektiv unmöglich. Nach dem BGB. versagt die angegebene gemeinrechtliche Konstruktion, weil § 437 ohne Unterschied den Verkauf von Forderungen ganz allgemein wirksam sein läßt. Der § 437 stellt sich vielmehr als eine spezielle und bewußte Abweichung von der Regel dar; er enthält eine positive Ausnahmevorschrift, die man zu einem gerechten Anpassen an die Verkehrsbedürfnisse für geboten erachtete.[36])

Nach § 309 finden bei einem Vertrage, der gegen ein gesetzliches Verbot verstößt und demgemäß nach § 134 nichtig ist, dieselben Sätze Anwendung, wie bei objektiver Unmöglichkeit der Leistung. Hieran anschließend ist die Frage aufzuwerfen, ob nicht auch, wenn ein Vertrag wegen Verstoßes wider die guten Sitten (§ 138) nichtig ist, betreffs der Haftung auf das negative Vertragsinteresse dieselben Grundsätze zur Anwendung kommen müssen, wie beim Vertrage auf etwas Unmögliches, d. h. ob nicht derjenigen Partei, welcher der unsittliche Charakter des Geschäftes unverschuldet unbekannt geblieben ist, nach Analogie des § 307 ein Anspruch auf das negative Vertragsinteresse zukommt, obwohl das Gesetz darüber schweigt. In Bezug auf die lex lata ist dies u. E. zu verneinen. Daß die Motive sich äußern, die Bestimmungen der §§ 345, 346 (jetzt 307, 308) sollten auf einen wider die guten Sitten verstoßenden Vertrag keine Anwendung finden, mag an sich nichts beweisen. Aber zweifellos ist das der Gedanke des BGB. selbst; denn es ist schlechterdings nicht einzusehen, warum es andernfalls nicht hinter § 309 die analoge Bestimmung für nach § 138 nichtige Rechtsgeschäfte getroffen hätte. Dadurch, daß es ausdrücklich erklärt, auf nach § 134 nichtige Verträge sollen die §§ 307, 308 analog angewendet werden, giebt es u. E. deutlich zu erkennen, daß es die Anwendung der genannten Paragraphen auf nach § 138 nichtige Verträge nicht will.[37])

---

[36]) Vgl. Stammler: R. d. Schuldverh. p. 108.

[37]) Vgl. Kipp bei Windscheid a. a. O. II § 316, p. 272 (abw.); Planck a. a. O. p. 82. Melliger a. a. O. p. 86. — Motive II p. 180.

3. Buch.

Das Haftungsprinzip in der Ersatzpflicht des negativen Vertragsinteresses.

1. Kapitel.

Die Begründungsversuche der negativen Vertragsinteressehaftung in der Litteratur nach Ihering.

§ 1.

Einleitung.

Die Kasuistik, welche Ihering im Anschluß an seine Theorie von der culpa in contrahendo für die Schadensersatzpflicht bei unwirksamen Verträgen gegeben hat, ist Gemeingut der Pandekten-Doktrin geworden, und sie erschöpft auch die Fälle, die das BGB. kennt. Nicht den gleichen Erfolg wie die praktische Ausgestaltung hat die theoretische Begründung seiner Lehre gefunden.[1])

Wir haben bei Gelegenheit der Charakteristik der Iheringschen Theorie ausgeführt, daß seine Lehre eine philosophische und eine juristische Seite in sich birgt: Die rechts-(sozial-)politische, die in dem allgemeinen Prinzip der Haftung für Verschulden bei Eingehung von Verträgen gipfelt, und die juristische, die auf die positiv-rechtliche Begründung seiner Theorie geht. Gegen die ersten erhoben sich bald Stimmen. Regelsberger[2]) wies darauf hin, daß Iherings Theorie die von ihm selbst gegebene Kasuistik nicht umspanne, „selbst wenn

---

1) Ein Anhänger Iherings ist besonders Vangerow. Vgl. Pand. 7. Aufl. I § 109 (auch III § 608 Anm. 1, 5): „Wenn jemand einen Kontrakt abschließt, dieser Kontrakt aber aus einem in seiner Person oder seinen Rechtsverhältnissen liegenden Grunde ungültig ist, so muß er auch schon im Falle bloßer culpa dem andern Kontrahenten allen Schaden ersetzen, welchen dieser durch den Vertragsschluß erlitten hat.“ Die culpa selbst nimmt V. ebenso unpersönlich und farblos wie sein Gewährsmann.

2) Vgl. Regelsberger: Civilrechtl. Erörter. p. 33.

man den Verschuldungsbegriff auf die Streckmaschine bringt". Wie wir oben gesehen haben,[3]) räumte Ihering dann später allein die Hinfälligkeit seiner Theorie ein.

Mit diesem Negativum der Bekämpfung des Ihering'schen Standpunktes war aber noch wenig gethan; man war von neuem vor die Aufgabe gestellt, eine Begründung für die Haftung auf das negative Vertragsinteresse zu suchen. Es gilt, sich das Wesen dieser Aufgabe klar vor Augen zu führen.

Jeder Anspruch und so auch der auf Ersatz des negativen Vertragsinteresses verlangt eine formelle und eine materielle Begründung: die formelle giebt den Nachweis seines positiv-rechtlichen Bestandes, die materielle den Nachweis seines Inhalts, seines Charakters. Dazu kommt ein Drittes. Ich vermag den materiellen Inhalt einer Norm bezw. das mehreren Normen zu Grunde liegende Prinzip klar herausgeschält, ohne doch im geringsten damit gleichzeitig eine sachliche Begründung (Rechtfertigung) der Norm oder des Prinzips gegeben zu haben. Dies wäre nur dann der Fall, wenn das bestehende positive Recht ein in jeder Beziehung vollendetes, ideales wäre.

Im gemeinen Recht waren nun keine positiven Bestimmungen vorhanden, welche die in die Frage des negativen Interesseersatzes einschlägigen Fälle formell normierten, so daß etwa nur die juristische Fundierung darzulegen gewesen wäre. Umgekehrt, es war ein Satz zu finden, der selbst überhaupt erst die fragliche Haftung als rechtsbestehend beweisen mußte. Daraus ergab sich nur die Möglichkeit, die Fälle in eine schon vorhandene juristische Kategorie einzugliedern. Bedenkt man zudem, daß die Bemühung einen Satz für die Haftung zu finden, einem dringenden Postulat an die Rechtsordnung entsprang, daß also das aufzustellende Prinzip auch gleichzeitig eine sachliche Rechtfertigung in sich tragen sollte, so sieht man, daß hier die eben gekennzeichneten drei gänzlich verschiedenen Fragen mit einem einzigen Worte zu beantworten waren. Der gemeinrechtlichen Doktrin ist die hierin gelegene besondere Schwierigkeit der Aufgabe nicht bewußt gewesen. Daher verlor sie sich in Spekulationen, die der positiven Rechtsunterlage entbehrten und schon deshalb verfehlt sein mußten. Wie die Begründungsversuche unserer in Frage stehenden Ersatzpflicht zunächst richtig vom gegebenen Recht ausgehen, wie sie krampfhaft sich an die vorhandenen technisch-juristischen Formeln anklammern,

---

[3]) Vgl. p. 54.

um dann später ihren Weg zu freiester sozialphilosophischer Erwägung zu nehmen, das mag ihr Verfolg im einzelnen zeigen.

§ 2.

Garantievertrag.

Windscheid stellte zur Begründung einer allgemeinen Haftung auf das negative Vertragsinteresse folgenden Satz auf: „Jeder Vertragsschließende muß für die nachteiligen Folgen des durch seine Erklärung in dem Gegner erregten Vertrauens auf das Zustandekommen des Vertrags einstehen, insofern dieses Zustandekommen durch einen Grund ausgeschlossen wird, welchen der Gegner nicht kennt und nicht zu kennen verpflichtet ist. Er muß für die Folgen dieses Vertrauens einstehen, eben weil er dasselbe in dem Gegner erregt, weil er ihn dazu bestimmt hat; durch diese Bestimmung übernimmt er die Garantie für die Folgen desselben."[1])

Regelsberger glaubte, daß mit der Annahme des stillschweigenden Garantievertrages die Sphinx gelöst sei und erklärte diese Konstruktion als „eine wahre Befriedigung sowohl des juristischen Gewissens als des Verkehrsbedürfnisses."[2]) Auch sonst fand die Ansicht Windscheids bei verschiedenen Seiten Anklang.[3]) Später haben beide Autoren ihre Ansicht selbst wieder zurückgenommen.[4]) Und das mit Recht.

Was leistet die Garantiekonstruktion und was leistet sie nicht?

Wir haben gesehen, daß bereits zur Begründung der fraglichen Haftung des Verkäufers einer res extra commercium in den römischen Quellen verschiedentlich die Konstruktion des Garantievertrags verwendet worden ist.[5]) Hier stand demselben von vornherein das nicht zu beseitigende Bedenken entgegen, daß der Garantievertrag im römischen Recht als nudum pactum unklagbar war. Anders im gemeinen Recht, in dem die Schranke der Unklagbarkeit nicht mehr besteht. Bei sachlicher Möglichkeit würde die Garantiekonstruktion hier

---

[1]) Vgl. Windscheid a. a. O. 1.—5. Aufl. § 307, Anm. 5, 10—12, § 308, Anm. 5—8, § 309, Anm. 5, § 315, Anm. 7.

[2]) Vgl. Regelsberger: Civilrechtliche Erörterungen p. 33.

[3]) Vgl. z. B. Drechsler a. a. O. p. 58ff., Brinz: Pandekten § 362 a. E.; Bruns in Holtzendorff Encyklop. § 57 (4. Aufl. 1882).

[4]) Vgl. Windscheid a. a. O. 6.—8. Aufl., § 307, Anm. 5 (p. 281); Regelsberger in Endemanns Handb. f. Hand=R. II p. 414, Anm. 8.

[5]) Vgl. oben p. 40ff.

den hoch zu veranschlagenden Vorzug haben, daß die negative Interessehaftung in einen bekannten und anerkannten Vertragstypus eingereiht ist, die denselben in einer eigenartigen und interessanten Anwendung zeigt, ihn selbst und damit das Rechtssystem überhaupt aber unberührt läßt.

Innerhalb der Grenzen der Vertragsfreiheit kann ein jeder Vertrag mit beliebigem Inhalt ausgestattet werden und so steht dem nichts im Wege, daß bei Eingehung eines Vertrags ein Nebenvertrag dahin abgeschlossen wird, daß bei eventueller Unwirksamkeit des Hauptvertrags die Partei, bei welcher der Grund der Unwirksamkeit liegt, der andern den Schaden ersetzt, den diese durch das Vertrauen auf die Wirksamkeit des Hauptvertrags erleidet, kürzer gesagt: daß neben dem Hauptvertrag ein Garantievertrag auf das negative Vertragsinteresse einhergeht.

Ist danach formell ein Garantievertrag als Rechtsgrund für die negative Interessehaftung sehr wohl denkbar, so fragt sich, ob auch thatsächlich in den einschlägigen Verhältnissen ein solcher Garantievertrag als stets stillschweigend abgeschlossen anzunehmen ist. Das ist aber zu verneinen.

Für den Fall des Offerten-Widerrufs ist bereits von Köppen[6]) und von Schott[7]) darauf hingewiesen worden, daß hier die Garantiekonstruktion schon aus dem juristisch-technischen Grunde versagt, weil das Zustandekommen des in der Offerte liegenden stillschweigenden Garantievertrages natürlich an die gleichen Voraussetzungen gebunden sein muß, wie die Perfektion des angetragenen Geschäftes selbst, und weil deshalb das stillschweigende Garantieren in derselben Weise wie die Offerte von dem Widerruf betroffen werden muß. Doch sehen wir von dieser Frage des Zustandekommens des Garantievertrages ganz ab.

Was die Konstruktion des Garantievertrages unhaltbar macht, das ist ihre psychologische Unwahrheit.

In unserem neuen Bürgerlichen Gesetzbuch erscheinen uns als ein gelungener Ausdruck des Wesens und Zwecks des Rechts als Zwangsmittel zum Richtigen diejenigen Bestimmungen, gemäß denen Verträge nach Treu und Glauben auszulegen sind und die Art der Leistungspflicht des Schuldners sich nach Treu und Glauben richtet.[8]).

[6]) Köppen: Jahrb. f. Dogm. XI p. 303 ff.

[7]) Schott: Der obligatorische Vertrag unter Abwesenden p. 161 ff.

[8]) Vgl. BGB. §§ 157, 242.

Daraus, daß das BGB. außer diesen Vorschriften die Haftung auf das negative Vertragsinteresse in den einzelnen Fällen stets noch besonders normiert, geht hervor, daß es die Verpflichtung zum negativen Interesseersatz nicht implicite in der Vorschrift der Vertragsauslegung nach Treu und Glauben enthalten sieht. Ferner stellt das BGB. die genannten Auslegungsvorschriften als Zwangsnormen auf, d. h. „ein Parteiwille, der die Berücksichtigung von Treu und Glauben ausschlösse, würde gegen die guten Sitten verstoßen, eine darauf gerichtete Vereinbarung daher nichtig sein.“[9])

Wir ziehen diese Bestimmungen des BGB. heran, um dadurch die von der Garantiekonstruktion vorausgesetzte Rechtsauffassung zu beleuchten. Wenn wir uns schon eine Musterpartei vorstellen, so werden wir doch keinesfalls dem Parteiwillen mehr zumuten dürfen, als daß er Leistung nach „Treu und Glauben“ stillschweigend zum Vertragsinhalt erhebt. Mit Recht hat das BGB. aber auch für dieses Moment eine ausdrückliche Regelung vorgesehen. In Wirklichkeit stehen nicht immer Musterparteien in Frage, und in solchen Fällen dürfte die vertragsmäßige Auslegung nach Treu und Glauben konsequenter Weise entweder nicht eintreten oder sie würde zu sinnwidriger Fiktion werden. Der Geschäftsverkehr basiert auf Egoismus, und aus diesem heraus mögen die Parteien nach freiem Willen Ansprüche schaffen und Verpflichtungen eingehen. Das Recht steht über ihnen und hält ihrem Egoismus die Schranke, indem es ihnen die Grenzen ihrer Vertragsfreiheit anweist; es übt den Zwang des „Richtigen“ aus, ohne zu fragen, ob sie dieses sozial „Richtige“ auch „wollen“.

Die Garantiekonstruktion hält nun nicht nur dafür, daß die sich verpflichtende Partei in freiem Geschäftswillen den Inhalt des von ihr eingegangenen Vertrages durch Treu und Glauben bestimmt sein läßt, sondern daß sie sich freiwillig in einer Sonderverpflichtung einer noch viel weitergehenden Haftung unterwirft[10]), und dies so selbstverständlich, daß die Übernahme der Haftung mit keinem Worte verlautbart wird.

---

[9]) Vgl. Planck a. a. O. I p. 203.

[10]) Daher ist es nicht ganz richtig, wenn Melliger a. a. O. p. 113 gegen die Annahme des stillschw. Garantievertrages nur einwendet, daß man nicht das als stillschweigende Willenserklärung bezeichnen kann, was Treu und Glauben verlangen.

Sollten die Menschen während der Geltung des gemeinen Rechts in ihrem sozialen Empfinden so viel weiter gewesen sein als gegenwärtig, daß damals aus dem frei gestaltenden Parteiwillen dasselbe herausgelesen werden konnte, wozu jetzt bewußtermaßen der Druck der Rechtsnorm für nötig erachtet wird? Wenn wir dies nicht annehmen, so werden wir uns dafür erklären müssen, daß zur Begründung einer Haftung auf das negative Vertragsinteresse die Annahme eines stillschweigenden Garantievertrages verfehlt ist, weil ein solcher mit den thatsächlichen Verhältnissen in Widerspruch steht. Im realen Leben denkt derjenige, der eine Willenserklärung abgiebt, gar nicht daran, dem andern eine Ersatzhaftung zu garantieren für den Fall, daß er sich geirrt haben und deshalb die Erklärung nichtig sein sollte; und ebensowenig geschieht dies beim Offerenten für den Fall des Widerrufs seiner Offerte. So ist die Konstruktion des Garantievertrags eine leere Formel: sie bietet die Möglichkeit, die Haftung auf das negative Vertragsinteresse in ein juristisches Gewand zu kleiden, ist aber in Wirklichkeit nicht zu verwerten, da ihre Voraussetzung nicht zutrifft.

Darf hiernach die Garantiekonstruktion in prinzipieller Hinsicht als widerlegt gelten, so ist noch auf eine Reihe einzelner Punkte hinzuweisen, die teils für, teils gegen sie vorgebracht worden sind. Die weiteren Gegenargumente ergeben sich aus der Notwendigkeit, gerade einen „stillschweigenden" Garantievertrag anzunehmen. Führte uns die Beurteilung des Parteiverhaltens im ganzen darauf, daß der Abschluß eines Garantievertrages überhaupt nicht zu unterstellen ist, so macht uns das spezielle Moment des Stillschweigens insbesondere die Annahme unmöglich, daß der Vertrag gerade auf die Haftung für das negative Vertragsinteresse geht. Wir haben ausgesprochen, daß die negative Interessehaftung als Gegenstand eines Garantievertrages wohl denkbar ist, aber sie ist in ihrem Wesen viel zu eigenartig, viel zu kompliziert, vor allem aber den üblichen Gepflogenheiten viel zu wenig entsprechend, als daß sie ohne jede ausdrückliche Bezugnahme als stillschweigend vereinbart gelten könnte. Das Regelmäßige ist: wer Garantie leistet, will seinem Kontrahenten für den Schaden aufkommen, der aus der von ihm vorzunehmenden Handlung erwächst, und derjenige, der sich garantieren läßt, will sicher sein, daß er, wenn er nicht die versprochene Leistung, so doch ein volles und ganzes Äquivalent erhält, m. a. W. das Regelmäßige ist der Garantievertrag auf das positive, — das Erfüllungsinteresse.

Es mag zugegeben werden, daß dieser Garantievertrag mehr auf die Eventualität gerichtet ist, daß Verpflichtungen aus einem rechtswirksamen Vertrage nicht erfüllt werden, und daß die Eigenart des negativen Interesseersatzes gerade für den Fall eines nichtigen Vertrages das Richtige trifft. Sehr wohl, wenn auch hier nur nicht wieder durch das Stillschweigen eine solche unannehmbare Selbstverständlichkeit dieses Vertragsschlusses hineingebracht würde. Mit Recht erklärt dagegen Melliger,[11]) daß bei Gültigkeit des Hauptvertrages es noch eher nahe läge, Nebenabreden über alle einzelnen Umstände und Rechtsfolgen zu treffen, weil jeder Vertrag notwendig letztere mit sich bringe; aber die Nichtigkeit des Vertrages bilde eine so große Ausnahme von der Regel, daß eine spezielle Reflexion der Parteien auf diese Eventualität wohl eines besonderen Nachweises bedürfe.

Zu Gunsten der Garantiekonstruktion ist betont worden, daß durch den Mangel einer Garantie die Ernstlichkeit des Vertragswillens in Frage gestellt werde.[12]) Das ist in nichts begründet. Man kann zwar nicht, wie Melliger,[13]) zum Beweise des Mangels der Ernstlichkeit wenigstens eine direkte Erklärung, daß die Gegenpartei sich auf das Zustandekommen des Vertrags nicht verlassen dürfe, verlangen, sondern man wird sagen müssen, daß sowohl ohne Garantie ernster Vertragswille vorliegen, wie auch ohne ausdrückliches Bemerken der Vertragswille fehlen kann.[14]) Die Ernstlichkeit des Vertragswillens wird präsumiert, soweit nicht geradezu „Scherz" im technischen Sinne vorliegt und dieser in einer vom Rechte gebilligten Weise zum Ausdruck kommt. Daß jemand es trotzdem bei der vom Rechte vorgeschriebenen Nichtigkeit seines Vertragsschlusses bewenden lassen oder von dem ihm durch das Recht verliehenen Anfechtungsrecht Gebrauch machen kann, hat mit dem Ernst des Vertragswillens gar nichts zu thun.

Ein gewichtigeres Argument für die Garantiekonstruktion, insbesondere für die ihr durch Windscheid gegebene Fassung, ist von Mommsen vorgebracht worden. Bei der Erwähnung des oben ge-

---

[11]) Melliger a. a. O. p. 115.

[12]) Vgl. Drechsler a. a. O. p. 61.

[13]) Melliger a. a. O. p. 116.

[14]) Vgl. z. B. BGB. §§ 116, 118. Das dürfte aber sicher sein, daß in den Fällen, in denen Ernstlichkeit des Vertragswillens fehlt, auch von einer Garantieübernahme keine Rede sein kann.

nannten Einwandes von Köppen und Schott erklärt er:[15]) „Meiner Meinung nach liegt diesem Einwand eine irrige Auffassung der Windscheid'schen Ansicht zu Grunde, indem Windscheid die Garantieübernahme, von welcher er spricht, keineswegs als ein zu seiner Vollendung der Acceptation bedürfendes Garantieversprechen, sondern als eine unmittelbar mit der Offerte und durch dieselbe begründete (aus der Erregung des Vertrauens in dem Gegner entspringende) Verpflichtung denkt," und bemerkt dann zu dieser Garantieübernahme ohne Garantievertrag, daß es auch nicht darauf ankomme, ob der Betreffende eine Garantie habe übernehmen wollen, ob er überhaupt daran gedacht hat; es genüge, daß in seiner Handlung unmittelbar solche Garantieübernahme gefunden werden muß. Würde diese Ansicht Mommsens richtig sein, so wäre damit unseren bisherigen Ausführungen der Boden entzogen. U. E. jedoch sind Mommsens Erwägungen nicht zutreffend. Die Garantieübernahme soll zunächst kein Garantievertrag sein. Dann bleibt nur übrig, daß sie ein einseitiger Verpflichtungsakt ist, denn ein Drittes giebt es juristisch nicht. Die Zahl der einseitigen verbindlichen Rechtsgeschäfte ist im römischen und gemeinen Rechte aber eine genau beschränkte, so daß es unzulässig ist, nach freiem Ermessen ein weiteres aufzustellen.[16]) Die einseitige Garantie soll ferner ohne Willen übernommen werden können. Das ist uns unverständlich. Wir vermögen es nicht anders aufzufassen, als daß in dem Begriffe des Garantierens das Moment des Willens schon enthalten ist; dieser Wille braucht nicht ausdrücklich ausgesprochen zu sein, er kann auch durch sog. konkludente Handlungen ausgedrückt werden, muß aber stets als solcher zu eruieren sein. Aus einer „Handlung unmittelbar" kann eine Garantieübernahme allein niemals gefunden, aus der Handlung kann objektiv nur in den verschiedenen Wahrscheinlichkeitsgraden geschlossen werden, daß eine Garantie eben „gewollt" ist. Dieser Wille bleibt das endgiltig Maßgebende.[17]) Müssen wir das als allgemein gültig auf-

[15]) Mommsen: Erörterungen a. a. O. p. 49.

[16]) So zutreffend Melliger a. a. O. p. 117.

[17]) Mommsen a. a. O. p. 49. Anm. 18 beruft sich zur Unterstützung seiner Behauptung auf die auch von Drechsler a. a. O. p. 287 herangezogene L 34 § 3 D. de solut. 46. 3, nach der derjenige, welcher einen Generalprokurator bestellt und dadurch seine Schuldner ermächtigt hat an diesen zu zahlen, die Zahlungen gelten lassen muß, auch wenn er inzwischen ohne Wissen der Schuldner das Mandat widerrufen haben sollte. Freilich ein Wille des Gläubigers, daß die Schuldner durch Zahlung an den Prokurator befreit sein sollen, wird hier nicht zu konstruieren

stellen, so haben wir doch noch insbesondere einen klassischen Beweis dafür, daß Mommsen die Garantiekonstruktion Windscheids falsch interpretiert hat. Windscheid selbst giebt seine Konstruktion später gerade aus dem Grunde auf, weil sie die Entschädigungspflicht auf dem Willen des Urhebers der Erklärung begründet.[18]) [19])

§ 3.

Mandat.

Noch größere Bedenken als gegen die Annahme eines stillschweigenden Garantievertrages erheben sich gegen die Mandatskonstruktion, die zuerst vor Jhering für den Fall des Offertenwider-

sein, aber das beweist nichts, weil in dem Falle eine Garantieübernahme des Gläubigers überhaupt nicht vorliegt. Die l. 34 cit. enthält lediglich eine gesetzliche Bestimmung über die Dauer einer Vollmacht gegenüber dritten, eine Frage, die analog in den §§ 168ff. BGB. behandelt ist. Hier wie dort hat der Begriff der Garantie nichts zu schaffen.

[18]) Vgl. Windscheid a. a O. II § 307 Anm. 5 (p. 231).

[19]) Drei Argumente Melligers gegen die Garantiekonstruktion erscheinen uns nicht begründet. Die Konsequenz, daß der Ersatzanspruch die vertragliche Verpflichtungsfähigkeit des in Anspruch genommenen voraussetze, stimmt u. E. mit den allgemeinen Regeln über die negative Interessehaftung überein. Abw. Melliger a. a. O. p. 117, p. 156f., 176ff. Vgl. oben p. 60ff. Des weiteren halten wir es nicht für einen Widerspruch in der Garantiekonstruktion, daß sie die Ersatzpflicht davon abhängig macht, daß die Täuschung über die Vertragswirksamkeit von der haftbar gemachten Partei veranlaßt worden ist, während Melliger a. a. O. p. 116f. meint: „. . . wer sich garantieren läßt, will doch nicht bloß bezüglich dieser besonderen Kategorie von Täuschungen gesichert sein, sondern schlechthin, ja selbst dann, wenn der Irrtum in der eigenen Nachlässigkeit des Geschädigten seinen Grund hat.“ Wir meinen, daß zu einer solchen weitgehenden Garantie, die, wie Melliger auch selbst annimmt, Vermehrung der Gegenleistung beanspruchte, ausdrückliche Vereinbarung erforderlich wäre. Die gedachte Beschränkung liegt hier gerade im Sinne einer ohne jedes Entgelt übernommenen stillschweigenden Garantie. Schließlich geht u. E. Melliger a. a. O. p. 114 zu weit, wenn er erklärt, vom Standpunkt der Gegner aus müßte man bezüglich aller rechtlichen Nebenfolgen stillschweigende Garantieverträge annehmen, ja selbst bei Delikten wäre diese Konsequenz nicht abzuweisen, so daß der Garantievertrag selbst seine Bedeutung verlieren würde. M. scheint sich nicht klar darüber zu sein, was der Garantievertrag in unserm Falle bedeutet. Gewiß, die Garantieannahme zur formellen Erklärung von gesetzlichen (i. G. von vertraglichen) Nebenfolgen ist überflüssig, die Garantiekonstruktion versucht die Haftung auf das negative Vertragsinteresse aber gerade in Ermangelung ihrer ausdrücklichen rechtlichen Normierung als eine vertragsmäßige zu begründen. Das darf durch den Umstand, daß die Haftung stets eintreten soll — gleichsam wie auf Rechtsnorm beruhend —, nicht verwischt werden; der Garantievertrag gilt eben stets als abge-

rufs von Scheurl[1]) eingeführt, nach Ihering von Mommsen[2]) allgemein verwertet worden ist.

Während vermittelst des Garantievertrages zu einer formell richtigen Konstruktion der negativen Interessehaftung zu gelangen ist, versagt die Mandatskonstruktion auch in diesem Punkte. Freilich wird eine Begründung gerade der Ersatzpflicht des negativen Vertragsinteresses durch sie von ihrem Hauptvertreter Mommsen nicht beabsichtigt.[3]) Wie wir gesehen haben, hält Mommsen auch nach dem Erscheinen von Iherings Abhandlung über die „culpa in contrahendo" daran fest, daß außerkontraktlich (abgesehen von der actio legis Aquiliae) nur für dolus und lata culpa gehaftet werde. Durch die in einer Reihe von Fällen mögliche und gebotene Anwendung der Grundsätze über das Mandat vermeint er nur die Unbilligkeit dieser beschränkten Haftung zu beseitigen. Speziell zur Konstruktion der negativen Interessehaftung ist das Institut des Mandats auch nach Scheurl nur bezüglich des Widerrufs der Offerte benutzt worden.[4]) Ist hieraus allein schon auf die Unbrauchbarkeit der Mandatskonstruktion für eine allgemeine Theorie der Haftung bei unwirksamen Verträgen zu schließen, so wollen wir doch noch kurz hervorheben, was im einzelnen gegen sie einzuwenden ist.

Hinsichtlich des Offertenwiderrufs haben wir bereits bei der Darstellung von Scheurls Theorie ausgesprochen, daß mit der Vertragsofferte durchaus kein Auftrag verbunden zu sein braucht.[5]) Scheurl führt folgendes Beispiel an:[6]) „A. hat dem B. den Antrag zur Abschließung eines Mietsvertrages gemacht; er wünscht dessen Wohnhaus auf ein Jahr für 300 fl. zu mieten. Er widerruft diesen Antrag, aber ehe

---

schlossen. Ms. Ansicht wäre zutreffend, wenn die fragl. Konstruktion eine oder mehrere bestimmte Rechtsvorschriften bezügl. der neg. Interessehaftung durch Garantievertrag zu erklären (rechtfertigen) suchte; sie kommt aber umgekehrt erst durch die nach ihrer Meinung thatsächlich vorhandene Garantie zu der Haftung.

[1]) Scheurl: Jahrb. f. Dogmatik II p. 274ff. Vgl. oben p. 46.

[2]) Vgl. Mommsen: Erörterungen a. a. O. p. 49 u. 50, 79 u. 80, 105.

[3]) Vgl. Mommsen a. a. O. p. 50: „. . . ein Anspruch des Gegners auf Leistung des negativen Interesses läßt sich aus den in betreff des Mandats geltenden Grundsätzen nicht ableiten." Das hat wohl auch Melliger a. a. O. p. 118 im Auge, wenn er sagt, daß Mommsen als eigentlicher Vertreter dieser Konstruktion nicht bezeichnet werden kann.

[4]) Vgl. Melliger a. a. O. p. 118

[5]) Siehe oben p. 47.

[6]) Scheurl: Jahrb. f. Dogm. II p. 275.

an B. der Widerruf gelangt, schreibt dieser zusagend und läßt die von A. gewünschten besonderen, für jeden anderen wertlosen Einrichtungen in seinem Hause machen." Scheurl meint, die actio locati stehe dem B. nicht zu, wohl aber die mandati actio contraria, weil er Wünsche des A. ausgeführt habe, ohne zu wissen, daß A. seinen Sinn inzwischen geändert und durch Zurücknahme seines Antrages zugleich diesen Auftrag widerrufen habe. In der That liegt aber ein Auftrag des A. an B. gar nicht vor. Nichts ist augenscheinlicher, daß die Wünsche des A. sich doch nur für den Fall bezogen, daß der Mietsvertrag auch wirklich zustande kommt. Die Widerruflichkeit der Offerte mag an sich ein gesetzlicher Mangel sein,[7]) aber nimmer kann dem durch Vergewaltigung des Parteiwillens abgeholfen werden. Offerte und Mandat können in einander aufgehen;[8]) die Offerte als solche ist nichts weiter als die Willensäußerung, einen bestimmten Vertrag einzugehen mit der Aufforderung, in Bezug auf diesen Vertragsvorschlag zu reagieren. Jede weitere Thätigkeit des Oblaten kann nicht mehr als auf Grund der Offerte geschehen erachtet werden; sie erfolgt entweder in dem Bewußtsein des noch nicht perfizierten Vertrages nach eigenem Willen des Oblaten oder auf Grund des Vertrages oder doch des vermeintlichen Vertrages.[9])

Da nicht nur bei der durch Offertenwiderruf herbeigeführten, sondern bei jeder Unwirksamkeit des Vertrages das Mandat nur auf die Offerte gestützt werden kann, so erstreckt sich unser Einwand auch auf die von Mommsen ausgedehnte Anwendung der Mandatskonstruktion. Mommsen sagt:[10]) „Um die in betreff des Mandats geltenden Grundsätze zur Anwendung zu bringen, bedarf es nicht einer ausdrücklichen Aufforderung zu einer Thätigkeit . . ., vielmehr genügt die stillschweigend erfolgte Aufforderung. Eine solche ist aber meiner Meinung nach schon in dem Abschluß des Geschäfts als solchem zu finden, indem derjenige, welcher hiernach als Gläubiger erscheint, eben damit auch den Schuldner veranlaßt (stillschweigend auffordert), dasjenige vorzunehmen, was zur Erfüllung der nach dem Vertrage ihm obliegenden Verpflichtung erforderlich ist. Die „Veranlassung" zur Thätigkeit ist aber nicht identisch mit der „stillschweigenden Aufforderung"; in der Gleichstellung dieser beiden Punkte liegt der Fehler Mommsens.

[7]) Vgl. BGB. § 145.

[8]) Vgl. oben p. 47. Bekker: Jahrb. d. gem. deutsch. R. II. p. 366 a. E.

[9]) Vgl. Melliger a. a. O. p. 119.

[10]) Mommsen: Erörterungen a. a. O. p. 79.

Die „Veranlassung" bildet ein rein objektives Moment, dessen Bestehen in unseren Fällen zuzugeben ist. Das „Mandat" verlangt aber das subjektive Moment des persönlichen Aufforderns und das ist in der Offerte an sich nicht zu erkennen. Daß unsere Unterscheidung nicht doktrinär ist, beweist ein Blick auf die Lebensverhältnisse. Wie der Vertragsabschluß im ganzen bei onerosen Geschäften im eigenen Interesse der Parteien erfolgt, so handelt jede Partei auch im einzelnen mit Rücksicht auf ihr eigenes Interesse und nicht infolge eines vermeintlichen Auftrages der Gegenpartei. Diese Erwägung müßte uns die Mandatskonstruktion auch dann als unannehmbar erscheinen lassen, wenn wir das Moment des Aufforderns aus der Offerte nicht schlechthin verbannten. Formal hat Bekker[11]) den gleichen Gedanken dahin ausgedrückt, daß in den meisten Fällen in der Offerte immerhin nur ein mandatum tua tantum gratia gefunden werden könne, dieses aber keine Obligation erzeuge. Mommsen[12]) hat dagegen geschickt eingewandt, daß der Auftraggeber (der Offerent) an dem Zustandekommen des Vertrages gleichfalls interessiert sei, und daß demgemäß ein als gültig anerkanntes mandatum mea et tua gratia vorliege. Zu retten ist damit aber das mandatum nicht. Dem Sinn und Wesen dieses Instituts, welches doch „originem ex officio atque amicitia trahit", widerspricht seine Anwendung in unserem Falle, in dem das persönliche Interesse des Oblaten der ausschlaggebende Faktor seines Handelns ist.[13])

Für den wichtigen Fall der Vertragsnichtigkeit wegen Mangels im Willen ist des weiteren zu betonen, daß die Mandatskonstruktion auch deshalb im Stiche läßt, weil der Mangel im Willen und damit die Nichtigkeit sich auch auf das Mandat selbst beziehen muß. „Wird doch das mandatum quellenmäßig in ganz gleicher Weise auf consensus gegründet, wie Kauf, Miete und Societät. Wenn also bei diesen letzteren der consensus, durch welchen der betreffende ordentliche Kontraktsanspruch bedingt ist, das Zusammentreffen der beiderseitigen innerlichen Parteiabsicht in den Essentialien voraussetzen soll — warum nicht auch beim Mandat? Was kann denn beim Mandat essentieller sein, als eben die erklärte individuelle Aufgabe, die den Gegenstand der Besorgung bilden soll?"[14])

---

11) Bekker a. a. O. p. 366.

12) Mommsen l. c.

13) Vgl. Hartmann: Jahrb. f. Dogm. XX p. 19; Thon a. a. O. p. 74 f.

14) Hartmann l. c.; Leonhard: Ztschrft. f. d. ges. HR. XI p. 288.

Ausschlaggebend für die Verwerfung der Mandatskonstruktion muß aber sein, daß sie nicht zum Ersatz des negativen Vertragsinteresses, sondern lediglich zum Ersatz von Auslagen u. dgl. führt.[15]) Als ein plastisches Beispiel für die Unzulänglichkeit dieser Haftung nennt Hartmann[16]) den Fall, daß infolge von Verwechselung der Person bei einem der inneren Absicht nicht entsprechenden Maler ein Gemälde bestellt wird, und dieser es gutgläubig anfertigt. Nach der Theorie der actio mandati wären hier nur das Material (Farben und Tafel) zu ersetzen, hingegen kämen Zeit und Mühe nicht zur Berechnung und Erstattung.[17])

Nach Vorstehendem werden wir mit Leonhard[18]) die Mandatskonstruktion als ein „unhaltbares Auskunftsmittel" bezeichnen müssen.[19])

---

15) Vgl. Mommsen: Erört. a. a. O. p. 80; Hartmann a. a. O. p. 18; Melliger a. a. O. p. 121.

16) Hartmann l. c.

17) Bemerkenswert ist, daß umgekehrt Bekker a. a. O. p. 366 in dem Umstand, daß der Mandant dem Mandatar für allen Schaden haften muß, der ihm aus der Ausführung des Mandats erwächst, dem Offerenten eine Last aufgebürdet sieht, die ihm das Offerieren bald verleiden müßte.

18) Leonhard a. a. O. p. 288.

19) In diesem Zusammenhange muß auch die Lehre Köppens genannt werden (vgl. Köppen: Jahrb. f. Dogm. XI p. 189ff.). Köppen versucht nicht speziell eine Lösung unseres Problems, sondern er wendet sich gegen die ganze herrschende Vertragslehre überhaupt. Nach seiner eigenen Theorie will er dann auch die Möglichkeit einer sachgemäßen Haftung auf das negative Vertragsinteresse gewinnen. Für Köppen ist der Konsens der Parteien nicht „Requisit für den Abschluß des Vertrags, sondern nur für die Existenz oder für den Bestand des Rechtsverhältnisses, welches in dem fertigen Vertrage als gewollt erklärt ist; die Schließung des Vertrages fordert den Konsens nur, insofern unter demselben die Acceptation verstanden wird, welche die Zustimmung zu der Offerte giebt. Stellt diese Zustimmung keine Übereinstimmung her, so kommt um deswillen das erklärte Rechtsverhältnis nicht zu rechtlicher Geltung, aber der Vertrag ist gleichwohl geschlossen. Deshalb kann er, statt der Verpflichtung auf Erfüllung, wegen culpa eine Verpflichtung auf Schadensersatz hervorbringen; ohne den Vertrag könnte diese Verpflichtung nur entstehen, wenn die culpa ein Delikt wäre."

Wegen ihres generellen Charakters sehen wir uns nicht veranlaßt auf Köppens überaus scharfsinnige, wenn auch in ihren positiven Ergebnissen wohl verfehlten, Ausführungen näher einzugehen, zumal denselben bereits von Drechsler a. a. O. p. 30ff., Schott a. a. O. p. 210ff. und Melliger a. a. O. p. 103ff., auf die wir verweisen, eine gründliche Beurteilung zu teil geworden ist. Für unsere Frage läuft Köppens Theorie in der Sache ziemlich auf die Iherings hinaus, indem besonders Köppen den Begriff der culpa ebenso wie Ihering faßt. Während nach Ihering der Vertrag in seiner Hauptwirkung nichtig ist und die Ersatzpflicht nur

§ 4.

Bona fides.

Nachdem Windscheids und Mommsens Versuche die fraglichen Fälle der negativen Interessehaftung, wie Jhering es gethan, unter einen Rechtssatz zu bringen, fehlgeschlagen waren, begnügte man sich vorerst für einzelne Fälle eine angemessene juristische Konstruktion zu suchen. Hier hat nun der Offertenwiderruf die meiste Aufmerksamkeit in Anspruch genommen; wohl deshalb, weil auch hier die Vertreter der Erklärungstheorie nicht einfach zu einer Wirksamkeit des Vertrages gelangen können. Freilich im Sinne gerade einer Ersatzpflicht des negativen Interesses fielen diese Konstruktionen zunächst nicht aus. Einer speziellen Lösung des Problems enthoben waren diejenigen Autoren, die meinten, daß die Offerte ihrer Natur nach, als einseitiges Versprechen, unwiderruflich sei.[1]) Aber auch von den anderen kamen einige zu dem Ergebnis, daß ein Widerruf rechtlich unzulässig sei. Es sind insbesondere zwei Konstruktionen zu nennen: Regelsbergers:[2]) Widerrufsverzicht und Schotts:[3]) Interimsvertrag. Beide aber haben eine allgemeine Anerkennung nicht gefunden.[4]) Die Konstruktion des Widerrufsverzichts, die zudem von ihrem Autor nicht konsequent ausgestaltet ist,[5]) trifft mit Recht der Vorwurf der „Unnatürlichkeit und Gezwungenheit".[6]) Der Interimsvertrag[7]) ist aus den Quellen in keiner Weise zu begründen.

Mehr in die Richtung eines negativen Interesseersatzes fällt ein Konstruktionsversuch Thons.[8]) Er spricht dem Oblaten die actio negotiorum gestorum contraria zu, weil dieser durch die Handlungen,

---

als Nebenverbindlichkeit hervorbringt, nimmt Köppen einen nach seiner Hauptwirkung gültigen Vertrag an, „bei welchem nur die der Erklärung entsprechende rechtliche Wirkung cessiert". Den Zwiespalt, daß ein Vertrag gleichzeitig wirksam und unwirksam ist, vermag er aber auch nicht zu überbrücken.

1) Köppen, Leonhard, Bekker, Siegel, Dernburg, Kohler. Vgl. Windscheid a. a. O. p. 307, Anm. 7a; auch oben p. 124. Fritze a. a. O. p. 64f.

2) Regelsberger: Civilrechtl. Erörterungen p. 70ff.

3) Schott a. a. O. p. 95ff.

4) Wie Regelsberger auch Vangerow.

5) Trotz des Widerrufsverzichts läßt Regelsberger den Widerruf zu, wenn er dem Oblaten vor der Erfüllung bekannt wird.

6) Vgl. Schott a. a. O. p. 100, 162; Köppen a. a. O. p. 305; Goldschmidt: Ztschr. f. d. ges. HR. XIII p. 337.

7) Vgl. Fritze a. a. O. p. 92.

8) Thon a. a. O. p. 63ff., 93ff. Dagegen Fritze a. a. O. p. 93f.

die ihm Schaden verursacht, die Geschäfte des Offerenten geführt habe. Die Konstruktion ist originell, aber auch nicht treffend. Voraussetzung der actio negotiorum gestorum contraria ist, daß der negotiorum gestor die Absicht hatte, fremde Geschäfte zu führen; diese wird aber durch den Oblaten, der doch in der Regel im ureigensten Interesse den Vertrag abschließt, nicht erfüllt. Und wenn Thon nach seiner Konstruktion konsequent bemerkt, der Oblat könne „nur diejenigen Aufopferungen in Rechnung stellen, die er im Interesse des Offerenten gebracht habe", so ist das ein Beweis für ihre praktische Unzulänglichkeit.

Auf ein ganz anderes Gebiet führte Thöl[9]) die Frage nach der Ersatzpflicht bei Widerruf der Offerte. Er äußert sich: Der Antragende, welcher seinen Antrag unter Umständen zurücknimmt, unter welchen ohne die Zurücknahme ein Vertrag zwischen ihm und demjenigen, welchem er anbot, begründet gewesen wäre, muß diesem allen Schaden ersetzen, den dieser infolge der Voraussetzung erlitt, daß jener bei seinem Antrag geblieben ist. Denn zu dieser Voraussetzung hat er nach Treu und Glauben ein Recht."

Diese Behandlung des Problems von seiten Thöls ist für die Lehre von der Schadensersatzpflicht bei unwirksamen Verträgen als ebenso bedeutsam zu bezeichnen, wie Jherings Darlegung insbesondere für ihre Kasuistik. Nunmehr war die bisherige formal-juristische Konstruktion in eine rechtsphilosophische hinübergespielt.

In gleichem Sinne wie Thöl erklärt sich Goldschmidt[10]) bei Gelegenheit einer Kritik von Regelsbergers „Civilrechtlichen Erörterungen": „Ließe sich die Entscheidung nicht einfacher auf das Postulat der bona fides zurückführen? Der Proponent erweckt durch seinen dem Oblaten zukommenden vorbehaltlosen Antrag die gegründete Erwartung, daß durch die Annahme des letzteren ein perfekter Vertrag entstehen werde; wird der Oblat hierin getäuscht, indem vor der Perfektion Widerruf des Proponenten beim Oblaten eintrifft, so ist es nur billig, daß der entstandene Schaden dem schuldlos Benachteiligten ersetzt werde. Dabei kommt es auf ‚Schuld' des Proponenten gar nicht an".

Die bona fides-Theorie löste nicht die Aufgabe, die Fälle unter eine vom bestehenden Rechte anerkannte juristische Kategorie zu sub-

---

[9]) Thöl, Handelsr. I § 237.

[10]) Goldschmidt l. c. Ebenso neuerdings Fritze a. a. O. p. 92.

sumieren. Mit Recht hält Thon[11]) ihr entgegen, daß es einen Rechtssatz so allgemeinen Inhalts, daß ein jeder dem andern im geschäftlichen Verkehre zu leisten habe, was Treu und Glauben verlangen, nicht existiere. In der That ist es erstaunlich, wie hier ein Satz des Billigkeitsgefühls zu einem Satze positiven Rechts gestempelt wird. Aber selbst dann, wenn das positive Recht die negative Interessehaftung vorschriebe, wäre ihre Begründung durch die bona fides ganz unzureichend.

Die bona fides ist das Fundament, auf dem die ganze Rechtsordnung ruhen soll, sie soll daher auch das Substrat jeder einzelnen Rechtsnorm bilden. Dieses Postulat braucht in concreto nicht erfüllt zu sein, und so ist es wohl Sache grundlegender Beurteilung zu fragen, ob eine Norm demselben entspricht oder nicht. Klar ist aber, daß, sobald eine Reihe rechtlicher Bestimmungen mit der bona fides in Einklang steht — und in einer modernen Rechtsordnung wird dies immerhin nur bei einzelnen Ausnahmen nicht der Fall sein —, es weiterer Kriterien bedarf, um diese Bestimmungen selbst wieder unter einander abzugrenzen. Gilt es in unserem Falle gerade die Eigenart der negativen Interessehaftung zu bestimmen, eine einheitliche Zusammenfassung gerade der Ersatzpflicht bei unwirksamen Verträgen zu liefern, so ist mit dem Gemeinplatz: „gemäß der bona fides", die Lösung der Aufgabe wohl in den ersten Anfängen begonnen, in keiner Weise aber zu Ende geführt. Die Kernfrage: welches Prinzip hat denn die bona fides nach der uns speziell interessierenden Richtung gezeitigt, bleibt unbeantwortet.

Trotzdem wurde die bona fides-Theorie von verschiedenen Seiten aufgegriffen. Schall[12]) hält es für einen nach den Grundsätzen der bona fides allgemein anzuerkennenden Satz, daß, namentlich wo durch ein Verkehrsmittel der ursprüngliche Inhalt des Rechtsgeschäfts verfälscht wird, auch der schuldlose Verursacher einer eingetretenen Vermögensbeschädigung dieselbe nach Umständen definitiv zu tragen verpflichtet sein kann.

Bechmann[13]) stützt insbesondere für den Kaufvertrag die Ersatz-

---

[11]) Thon a. a. O. p. 62: „Es giebt actiones empti, venditi, locati 2c., die bonae fidei sind, aber keine actiones bonae fidei." Vgl. Köppen a. a. O. p. 274: „Die Haftung für bona fides setzt wie jede andere Verbindlichkeit die Existenz einer Obligation zu ihrer Begründung voraus."

[12]) Schall: der Parteiwille im Rechtsgeschäft p. 45 Anm. 19.

[13]) Bechmann a. a. O. p. 434.

pflicht einfach auf die dem Kaufkontrakte immanente bona fides, deren Wirksamkeit von dem Vorhandensein der objektiven Erfordernisse der Gültigkeit ganz unabhängig ist.

In die Kategorie der bona fides-Konstruktion fällt auch die Auffassung Eiseles,[14]) gemäß welcher der Grund für die negative Interessehaftung[15]) eine seitens der Rechtsordnung gegebene Garantie ist. Eisele geht davon aus, daß ohne Anerkennung der Haftung ein rechtlicher Verkehr überhaupt nicht möglich sei. „Da die Rechtsordnung nun zweifellos Verkehr will, so muß in ihr ein Satz enthalten und anerkannt sein, daß jeder, an den ein anderer mit einer Vertragserklärung herantritt, sich darauf verlassen dürfe, daß der ihm gewordenen Vertragserklärung ein entsprechender Wille zu Grunde liege." Es ist anzuerkennen, daß Eisele versucht die bona fides für den bestimmten Fall der Vertragsnichtigkeit wegen Mangels im Willen prägnanter zu charakterisieren. In der Sache können wir ihm aber weder zugeben, daß die fragliche Ersatzpflicht, so sehr sie auch zu postulieren ist, ein den Verkehr überhaupt erst ermöglichendes Prinzip enthält,[16]) noch daß die Auffassung, daß die Rechtsordnung dem Einzelnen eine Garantie gebe, eine dem Wesen des Rechtes angemessene ist. Die Rechtsordnung steht über den Parteien, um nach Maßgabe der Gerechtigkeit ihre subjektiv widerstreitenden Interessen abzuwägen.[17])

Durch Windscheid[18]) gelangt die bona fides-Theorie zu der Bedeutung, von der Rechtfertigung einzelner Fälle durch sie für alle Fälle der negativen Interessehaftung ausgedehnt zu werden. Sein juristisches Gewissen salviert Windscheid dadurch, daß er die in den Quellen ausgesprochene Haftung des Verkäufers einer res extra commercium oder einer nicht existierenden Erbschaft im Sinne der bona fides-Theorie auslegt und nun gleich Jhering das Ergebnis generalisiert. Mit den Worten Windscheids: „Die Entschädigungspflicht des Urhebers der Willenserklärung beruht nicht auf seinem

---

[14]) Eisele: Jahrb. f. Dogm. XXV p. 472ff.

[15]) Beschränkt auf die Fälle der Vertragswichtigkeit wegen Irrtums. Vgl. oben p. 67.

[16]) Vgl. nach dieser Richtung die Ausführungen von Stammler: Recht d. Schuldverh. p. 117.

[17]) Für die Auffassung Eiseles spricht sich Unger: Grünhuts Ztschr. XV p. 678 aus.

[18]) Windscheid a. a. O. II § 307 Anm. 5.

Willen, sondern das Recht legt sie ihm ohne seinen Willen auf. Das Recht ist es, welches will, daß der Empfänger einer Willenserklärung sich darauf muß verlassen können, daß auf sie ein Vertrag durch Annahme entstehen könne bezw. daß durch sie ein Vertrag zustande gekommen sei" war ein neues allgemeines Prinzip für die Ersatzpflicht bei unwirksamen Verträgen vorhanden.

§ 5.

Veranlassungsprinzip.

Mit der bona fides-Theorie war der Versuch aufgegeben in dem aufzudeckenden Prinzip der negativen Interessehaftung gleichzeitig einen Beweis ihres positiv-rechtlichen Bestandes, ihrer Übereinstimmung mit den Grundsätzen des römischen Rechts zu liefern. In der Folgezeit konzentrieren sich die Bemühungen darauf, lediglich — in der Voraussetzung ihrer positiven Geltung — nach Maßgabe freier erkenntniskritischer Untersuchung den inneren Rechtsgrund, das Wesen der Interessehaftung klarzustellen. Hier ist nun zu bemerken, daß die Frage nach der Schadensersatzpflicht bei unwirksamen Verträgen, nachdem die Irrelevanz des subjektiven Verschuldens immer eindringlicher bei ihr betont worden war, in das weitere Problem der sog. objektiven Schadenshaftung[1]) überhaupt übergegangen ist. Zwei Ausnahmen jedoch treten in markanterer Weise hervor.

Regelsberger[2]) wirft grundlegend erst wieder die Frage nach der Geltung eines Rechtssatzes auf, welcher ohne Rücksicht auf subjektives Verschulden denjenigen für ersatzpflichtig erklärt, der durch seine Vertragsunterhandlungen die Gegenpartei in die irrtümliche aber entschuldbare Meinung von der gültigen Entstehung des Vertrages und dadurch mittelbar in Schaden gebracht hat. Für das gemeine Recht bejaht Regelsberger die Frage. Er stellt sich aber in Gegensatz zu seinen Vorgängern, indem er erklärt, daß die Ersatzpflicht sich nicht aus dem römischen Recht begründen lasse, sondern daß sie, im neueren Recht herausgebildet, die Wurzel in deutscher Rechtsanschauung habe, wonach der Urheber eines Schadens haftbar ist, es mag ihm ein Verschulden zur Last fallen oder nicht. Mit diesem Hinweis auf die deutschrechtliche Veranlassungshaftung war das sog. Veranlassungsprinzip für unser Problem in Diskussion gestellt.

---

[1]) Vgl. p. 175.

[2]) Regelsberger: Endemanns Handbuch des Hand.-R. II p. 414.

Regelsberger selbst giebt seine Ansicht in einer recht hypothetischen Form, und in der That ist seinen Ausführungen ein fester Kern nicht zu entnehmen. Soweit die gemeinrechtliche Doktrin die Interessehaftung bei unwirksamen Verträgen überhaupt anerkennt, fußt sie, wie wir gesehen, auf dem römischen Recht; von hier aus hätte sich wohl in bewußter Ausgestaltung der Quellenkasuistik ein Gewohnheitsrecht entwickeln können,[3]) wie aber plötzlich aus der ganz allgemeinen Veranlassungshaftung des alten germanischen Rechts, das weder mit der Theorie noch mit der Praxis des neueren gemeinen Rechts etwas zu thun hatte, sich gerade das Spezifikum einer gemeinrechtlichen Interessehaftung herausgebildet haben soll, ist nicht einzusehen. Auch Regelsberger äußert sich darüber nicht. Wenn er es des weiteren aber für durchaus zweifelhaft hält, welchen Inhaltes der Ersatzanspruch sei, ob er auf Erfüllungs- oder negatives Interesse gehe, so legt er damit selbst Zeugnis für die Hinfälligkeit der Haftungsbegründung aus dem deutschen Rechte ab. Unstreitig hätte der deutsche Rechtssatz im gemeinen Rechte doch nur als Gewohnheitsrecht Geltung beanspruchen dürfen. Ein Gewohnheitsrecht aber, das lediglich die abstrakte Thatsache der Haftung, nicht jedoch ihre nähere Umgrenzung einführt, ist undenkbar.

Müssen wir daher auch bei Regelsberger auf der einen Seite gleich wie bei den romanistischen Versuchen eine gelungene positivrechtliche Begründung unserer fraglichen Haftung vermissen, so dürfte andererseits auch die Aufstellung des Veranlassungsprinzips, wie wir noch sehen werden, zur Kennzeichnung des Wesens der Haftung keinen Fortschritt bedeuten.

Ob Regelsberger als dogmatischer Vertreter des Veranlassungsprinzips in der negativen Interessehaftung zur Heranziehung der germanischen Kausalitätshaftung bewogen worden ist, oder ob er umgekehrt durch die bloße Thatsache, daß in den Fällen unserer fraglichen Ersatzpflicht von einem Verschulden abgesehen wird, an den germanischen Rechtssatz erinnert wurde, ohne besonders zu erwägen, daß eine konkrete Veranlassungshaftung durchaus nicht auf dem „Veranlassungsprinzip" zu beruhen braucht,[4]) ist nicht klar ersichtlich. Immerhin läßt die äußerliche Gleichheit in dem Negieren des Schuldmoments den Gedanken an das germanische Recht bei der negativen

---

[3]) Vgl. oben p. 57 f.

[4]) Vgl. oben p. 38 Anm. 66.

Interessehaftung erklärlich erscheinen. Daß aber auch versucht wird das Veranlassungsprinzip für die negative Interessehaftung auf dem römischen Recht zu fundieren, das doch unbestreitbar vom Prinzip der Verursachung beherrscht wird,[5]) muß Wunder nehmen. Und doch unterzieht sich dieser Aufgabe Melliger.[6]) Sein Gedankengang ist ungefähr folgender: In den einschlägigen Quellenstellen ist für einen Fall der Vertragsnichtigkeit wegen Unmöglichkeit der Leistung eine Ersatzpflicht ohne Verschulden, also auf Grund bloßer Verursachung, normiert. Diese Stellen lassen eine grundsätzliche Verallgemeinerung dahin zu, daß bei jeder Vertragsnichtigkeit der durch dieselbe verursachte Schaden zu ersetzen ist. Die Verallgemeinerung ist gerechtfertigt, denn: 1. In sämtlichen Fällen der negativen Interessehaftung liegt der nämliche Thatbestand vor, folglich müssen bei allen auch die gleichen Rechtsfolgen eintreten. 2. Die Verursachungshaftung kommt auch sonst da, wo die betreffenden wirtschaftlichen Verhältnisse es verlangen, verschiedentlich vor. 3. Die Haftung auf Grund bloßer Verursachung entspricht allgemein der Gerechtigkeit und Billigkeit.

Diese kurze Zusammenfassung von Melligers Ausführungen läßt erkennen, daß das „Veranlassungsprinzip" bei ihm zwei Funktionen erfüllt: es ist einmal das Bindeglied zwischen der Quellenkasuistik und der gemeinrechtlichen allgemeinen Theorie, zum andern enthält es die sachliche Begründung der negativen Interessehaftung. Wir wollen es im Folgenden nach beiden Richtungen hin prüfen.

Der Umstand, daß Melliger schon in den römischen Quellen die Grundlage für eine umfassende Lehre von der Schadensersatzpflicht bei unwirksamen Verträgen erblickt, setzt ihn in Vergleich zu Jhering. Gerade das Moment aber, das Jhering als unumgänglich notwendiges Requisit für den von ihm heiß begehrten Nachweis der Quellenmäßigkeit seiner Theorie von der culpa in contrahendo ansieht, verwirft Melliger. Jhering prägt zur absoluten Voraussetzung für jede Verallgemeinerung der Quellenkasuistik die culpa,[7]) Melliger[8]) erklärt: „Die Annahme einer culpa begünstigt nicht, noch erschwert ihr Leugnen eine Verallgemeinerung der in den Quellen erwähnten Fälle." Jhering hält die Schadensersatzverbindlichkeit ohne Annahme einer culpa als eine völlig isolierte positive Bestimmung, während

---

[5]) Vgl. M. Rümelin: Die Gründe der Schadenszurechnung ꝛc. p. 4.

[6]) Melliger a. a. O. p. 145 ff.

[7]) Vgl. oben p. 30.

[8]) Melliger a. a. O. p. 138.

Melliger meint, wenn die Quellen mit einem gewissen Thatbestand gewisse Rechtsfolgen verknüpften, so habe man das Recht, mit einem andern gleichen Thatbestand ebenso zu verfahren, ob man auf beiden Seiten eine culpa hinzuaddiere oder nicht, sei höchst gleichgültig.

Es muß von vornherein zweifelhaft erscheinen, daß Ihering, der sich ausdrücklich die Frage nach der Bedeutung der culpa im Verhältnis zur Annahme einer rein gesetzlichen Haftpflicht vorgelegt hat,[9]) derartig fehlgegangen sein sollte, daß er ein völlig nichtiges als ausschlaggebendes Moment behandelt hat. Und in der That dürfte Melligers Standpunkt nicht haltbar sein.

Melliger behauptet, die Gleichheit des Thatbestandes rechtfertige die gleiche Behandlung der Fälle der negativen Interessehaftung. Worin besteht aber die Gleichheit bei der Annahme der Veranlassungshaftung? Man wird nach Melliger sagen müssen, daß bei allen in gleicher Weise ein Schaden verursacht ist. Wenn Melliger aber den Schluß zieht: weil die Quellen in einem Falle Haftung für solche Schadensveranlassung vorschreiben, müsse diese Haftung in allen Fällen unwirksamer Verträge eintreten, so fragen wir, aus welchem Grunde sich diese Haftung denn gerade auf die Fälle der negativen Interessehaftung beschränken soll? Ist — und das erklärt Melliger — in den Quellenstellen das Prinzip der Veranlassungshaftung zum Ausdruck gebracht, so kann eine Verallgemeinerung logisch einzig und allein nur dahin gehen, daß allgemein derjenige, der einen Schaden verursacht, für denselben aufzukommen hat. Daß solche Generalisierung geradezu sinnlos wäre, ist klar. Der fundamentale Fehler Melligers besteht darin, daß er — ein dogmatischer Vertreter der Veranlassungshaftung — den Quellen, die nach seiner Meinung in einem konkreten Falle Haftung bei Schadensverursachung statuieren, gleich das Vertreten des Veranlassungsprinzips unterschiebt.[10]) Der Grund dieses Fehlers liegt, wie deutlich aus Melligers Ausführungen zu ersehen, darin, daß ihm neben dem Verschuldungsprinzip das Veranlassungsprinzip als das einzig mögliche erscheint, während es gerade Sache wissenschaftlicher Untersuchung ist, bei Verwerfen des Veranlassungsprinzips festzustellen und womöglich in einem Prinzip zusammenzufassen, inwieweit Schadensverursachung sei es de lege lata Ersatzpflicht auferlegt, sei es de lege ferenda

---

[9]) Vgl. oben. p. 30.

[10]) Vgl. oben p. 38 Anm. 66.

Ersatzpflicht auferlegen soll.[11]) Daß Melliger die genannte umfassende Verallgemeinerung vermeidet, während sie vom Standpunkt des Veranlassungsprinzips die konsequente wäre, hat zur Folge, daß die von ihm thatsächlich vorgenommene Verallgemeinerung völlig willkürlich und in ihrer Begrenzung rein äußerlich ist. Das Veranlassungsprinzip, das an der Verursachung an sich die Ersatzpflicht anknüpft, bietet keine Möglichkeit, gerade die Fälle, in denen durch Abschluß eines nichtigen Vertrages Schaden verursacht wird, von allen den zahllosen andern Fällen einer Schadensverursachung herauszugreifen. Denn die äußeren Thatbestände bei den für die Ersatzpflicht des negativen Vertragsinteresses in Betracht stehenden unwirksamen Verträgen sind derartig verschieden,[12]) daß aus ihnen allein mit Fug niemals das Recht entnommen werden könnte, sie in Bezug auf eine Schadenshaftung gleichmäßig zu behandeln. Seine Argumentation für die Statuierung der Ersatzpflicht des negativen Interesses in einem Falle, der nicht direkt in den Quellen entschieden ist, geht auch stets nur auf das Hervorheben der einfachen Schadensverursachung.[13]) Dadurch ist es natürlich für ihn leicht, in allen den Fällen eine Haftung nachzuweisen, in denen ihm eine solche angebracht erscheint: Er erklärt eben, in den und den Fällen tritt die Verursachungshaftung ein. Warum aber nicht in so und so vielen andern auch, darauf giebt er keine Antwort, und darauf kann er auch keine Antwort geben. Entweder die Veranlassungshaftung ist kasuistisch geregelt, dann liegt den einzelnen Bestimmungen eben nicht das Veranlassungsprinzip zu Grunde, dann ist es aber auch nicht statthaft, über die positiven Vorschriften hinauszugehen, denn das widerspricht dem Wesen der kasuistischen Regelung; oder das Veranlassungsprinzip gilt, dann tritt die Verursachungshaftung schlechthin ein — es sei denn, daß gesetzlich einzelne Ausnahmen vorgeschrieben sind. Dem Sinne des Veranlassungsprinzips entsprechend, kann dieses überhaupt

[11]) Vgl. unten p. 181 ff.

[12]) Es genügt auf unsere Darstellung der Kasuistik zu verweisen. Damit entkräftet sich auch die Behauptung Melligers a. a. O. p. 149. „Wollte man selbst die Haftung auf das negative Interesse als Ausnahme von einer Regel betrachten, so müßte man eben den allgemeinen Satz, daß bei jeder Nichtigkeit eines Vertrages für den Schaden eingestanden werden muß, als eine Ausnahmebestimmung bezeichnen, aber nicht die einzelnen Klassen der Nichtigkeit als solche."

[13]) In dem Bestreben, wenigstens so weit wie irgend möglich Quellenmaterial als Unterlage zu gewinnen, verwertet Melliger a. a. O. p. 147 f. auch die l. 21 § 2 D. 19. 1. Vgl. dagegen das oben p. 11 Anm. 1 Bemerkte.

niemals aus vereinzelten positiven Bestimmungen eruiert werden; es ist so umfassend, daß es möglicherweise nur die Grundtendenz eines ganzen Rechtssystems bilden kann. Wird hiergegen, wie bei Melliger, gefehlt — und die so leichte Möglichkeit des Generalisierens verlockt wohl dazu — so führt das dahin, daß die Geltung der Veranlassungshaftung abzugrenzen dem persönlichen Ermessen überlassen bleibt, was selbstverständlich nicht angängig ist. — Als Ergebnis werden wir daher zunächst aussprechen müssen, daß der erste Punkt, aus dem Melliger das Recht zur Verallgemeinerung der Quellenkasuistik zu entnehmen sucht, die Gleichheit des Thatbestandes in sämtlichen Fällen der negativen Interessehaftung, insoweit zutrifft, als thatsächlich in allen ein Schaden verursacht wird, daß aber die Ausdehnung der Kasuistik unzulässig ist, 1. weil eine singulär normierte Verursachungshaftung in positiver Rechtsanwendung eine Verallgemeinerung nicht erlaubt, 2. weil das zur Verallgemeinerung benutzte Veranlassungsprinzip keinen Anhalt bietet, die Verursachungshaftung auf den durch Abschluß nichtiger Verträge veranlaßten Schaden zu begrenzen.

Das zweite Moment, das Melliger zur Begründung der Verallgemeinerung anführt: daß auch sonst das römische Recht verschiedentlich eine Haftung bei bloßer Schadensverursachung kennt, ist u. E. nicht für, sondern nur gegen dieselbe zu verwerten. Was kann mit dem Hinweis auf die actio de effusis vel dejectis, die actio de pauperie und de pastu, die cautio damni infecti, die Haftung des nauta caupo stabularius und die für den institor bewiesen werden? Höchstens, daß die Römer im ganzen ein für ihre Verhältnisse genügend entwickeltes objektives Schadensersatzrecht gehabt haben.[14]) Ein oberflächliches Verfahren bedeutet es doch aber, ganz ohne Berücksichtigung der historischen Wurzeln dieser einzelnen Haftungsnormen, und ohne dogmatisch die Eigenart einer jeden klarzulegen, bloß auf Grund des rein äußerlichen Moments der Schadensverursachung die Veranlassungshaftung auf andere Thatbestände zu übertragen. Die geschichtliche Betrachtung der genannten Fälle von Kausalhaftung im römischen Recht zeigt, daß teils in ihnen Anschauungen verwirklicht sind, die mit dem modernen Gedanken des Veranlassungsprinzips nichts gemein haben, daß sie teils prozessualen Momenten ihre Entstehung verdanken.[15]) Die dogmatisch-kritische Er-

---

[14]) Rümelin a. a. O. p. 18.

[15]) Vgl. die interessanten Bemerkungen hierüber bei Rümelin a. a. O. p. 18 ff.

wägung der einzelnen Fälle unverschuldeter Schadensverursachung dürfte aber ergeben, daß mit dem Betonen der in der objektiven Schadenszufügung gelegenen Gleichheit das letzte Wort nicht gesprochen sein kann, daß vielmehr die Frage, durch wen und bei welcher Gelegenheit der Schaden verursacht wird, zu Unterscheidungen zwingt, die bald eine Haftung überhaupt nicht als angemessen erscheinen lassen, bald zu einer Haftung führen, aber doch unter verschiedenen Gesichtspunkten und von verschiedenem Umfange.[16]) Die Thatsache, daß vereinzelt Kausalhaftungen in den Quellen sich finden, giebt zu erkennen, daß auch die Römer schlechthin mit der Culpahaftung nicht auskamen, beleuchtet aber um so heller, daß sie nur da die Culpahaftung erweiterten, wo für ihre Verhältnisse ein dringendes Bedürfnis vorlag, und daß, sobald sie über das Culpaprinzip hinausgingen, ihr Vorgehen ein streng kasuistisches war.[17]) Darum ist es verfehlt, wenn Melliger die allgemeine Ersatzpflicht des durch nichtigen Vertragsabschluß verursachten Schadens aus dem römischen Recht begründen zu können glaubt. Der Gesichtspunkt der Billigkeit, der nach Melliger[18]) in den Fällen der unwirksamen Verträge der gleiche ist, wie bei den quellenmäßigen Ausnahmen von der Culpahaftung, ist nicht beweiskräftig. Er ist nicht nur zu unbestimmt, sondern der ausgesprochenen Tendenz und dem eigenartigen Gepräge eines positiven Rechts gegenüber bedeutungslos.

In dem dritten Argument für die Verallgemeinerung der Quellenstellen: eine Haftung auf Grund bloßer Verursachung entspricht der Gerechtigkeit, versucht Melliger eine sachliche Rechtfertigung der negativen Interessehaftung auf Grund des Veranlassungsprinzips überhaupt zu liefern. Von dem Veranlassungsprinzip im allgemeinen werden wir im Anfang des nächsten Kapitels zu sprechen haben, hier interessiert uns nur, wie Melliger gerade die Ersatzpflicht des negativen Vertragsinteresses als eine Kausalitätshaftung darstellt. Leider stehen in dieser Hinsicht Melligers Ausführungen nicht auf der Höhe seiner sonstigen Erwägungen.[19]) Als absoluter Vertreter des

---

[16]) Vgl. unten p. 186ff.

[17]) Vgl. Rümelein a. a. O. p. 18.

[18]) Melliger a. a. O. p. 151.

[19]) Es ist hier Melliger nicht der Vorwurf zu ersparen, daß er die einschlägige Litteratur völlig unbenutzt gelassen hat. Die Litteraturangabe zum „Veranlassungsprinzip" p. 145 Anm. 2 scheint er einfach aus Meili: „Die Telegraphie und Telephonie ꝛc. p. 29 übernommen zu haben; aber auch die genannten Werke

Veranlassungsprinzips hält Melliger es für gerecht, daß jeder den Schaden zu ersetzen hat, den er verursacht. Trotzdem schließt er nicht einfach, daß demgemäß auch in den Fällen einer Schadenszufügung durch Abschluß eines unwirksamen Vertrags Ersatz zu leisten ist, sondern ausschlaggebend hierfür erscheint ihm, daß bei Nichtigkeit der Verträge kein Grund vorhanden ist, das Veranlassungsprinzip nicht zur konkreten Anwendung zu bringen. So negativ müssen wir Melligers Ansicht wiedergeben, denn für das positive Recht plaidiert Melliger nur für eine beschränkte Herrschaft der Verursachungshaftung:[20] „aus praktischen Gründen, weil es oft schwer hält, bei mehrfacher Konkurrenz der Ursachen und deren gegenseitiger Verkettung die eigentliche Triebfeder zu erkennen nnd es daher besser ist, beim Moment der Verschuldung stehen zu bleiben." Die positivrechtlichen Ausnahmefälle, in denen ein Zurückgehen auf den Grundsatz des Veranlassungsprinzips statthaft erscheint, charakterisiert Melliger lediglich als „besonders gestaltete Verhältnisse".

Gegen Melliger ist zu sagen: Die Schwierigkeiten in der Feststellung der Kausalität bei einem Schaden könnte bei sachlicher Berechtigung einer Verursachungshaftung niemals dazu führen, dieselbe nicht zu realisieren. Diese Schwierigkeit bleibt auch bei einer gesetzlichen Culpahaftung bestehen,[21] da auch hier nur eine Haftung für schuldhaft verursachten Schaden eintritt; wie hier wäre sie dadurch zu mildern, daß nach Maßgabe unserer Erkenntnisfähigkeit festgesetzt wird, was als Verursachung anzusehen ist.[22] Aber selbst, wenn wirklich in einzelnen komplizierten Fällen die Frage der Kausalität nicht zu entscheiden wäre! Hier könnte natürlich auch bei absoluter Geltung des Veranlassungsprinzips eine Haftung nicht statuiert werden; aber das bietet doch nicht im geringsten Grund, das Veranlassungs-

---

verarbeitet er nicht. Wenn er nur von den grundlegenden Abhandlungen Merkels (die Kollision rechtmäßiger Interessen 2c.) und insbesondere Rümelins — die er gar nicht erwähnt — Kenntnis genommen hätte, so wäre ihm eine oberflächliche Behandlung des „Veranlassungsprinzips" kaum möglich gewesen. Wir betonen diesen Mangel, weil er bei der sonstigen Gediegenheit von Melligers Arbeit doppelt auffällt.

[20]) Vgl. Melliger a. a. O. p. 154.

[21]) Vgl. Kahane: Grünhuts Ztschr. XIX p. 139, 141. Dagegen Unger: Handeln auf eigene Gefahr und Handeln auf fremde Gefahr p. 131 Nr. 12. In richtiger Abgrenzung: Rümelin a. a. O. p. 29.

[22]) Wir nennen die Theorie der adaequaten Verursachung von Kries (Vierteljahresschrift f. wissenschaftl. Philosophie XII p. 179ff.). Vgl. Stammler: Recht d. Schuldverh. p. 124; Rümelin a. a. O. p. 29.

prinzip als allgemeinen Grundsatz ganz aufzugeben und damit auch auf die tausendfältigen Fälle klarer und einwandsfreier Subsumtionsmöglichkeit zu verzichten.

Wenn Melliger nun wenigstens erklären würde, welcher Art Verhältnisse gestaltet sein müssen, damit die praktischen Bedenken der Kausalitätsfeststellung nicht durchschlagend sind und die Verursachungshaftung eintritt. Aus der bloßen Exemplifizierung der Fälle nichtiger Verträge geht zwar hervor, daß seiner Meinung nach die Kausalhaftung auch in anderen Fällen als diesen anzuwenden ist, aber in welchen und warum bei Nichtigkeit der Verträge, erfahren wir nicht. Mit dem Worte „besondere", durch das er die betreffenden Verhältnisse allein charakterisiert, ist schlechterdings nichts anzufangen; „besonders gestaltete Verhältnisse" liegen schließlich überall vor. Der Umstand, daß Melliger keinen Maßstab angiebt, nach dem die Beurteilung zu erfolgen hat, ob Verschuldungs- oder Verursachungshaftung zu statuieren ist, läßt seine Entscheidung, daß in den Fällen der negativen Interessehaftung das Veranlassungsprinzip zur Geltung zu kommen hat und auch zur Geltung kommt, als völlig willkürlich und deshalb als keineswegs überzeugungskräftig erscheinen.

---

2. Kapitel.

Das Prinzip in der negativen Vertragsinteressehaftung des Bürgerlichen Gesetzbuchs.

§ 1.

Die Theorieen über die Gründe der objektiven Schadenszurechnung.

Das Ergebnis des ersten Buches unserer Abhandlung war, daß eine Theorie von der Ersatzpflicht des negativen Vertragsinteresses auf die Quellen nicht zu stützen ist, und auch die Beurteilung des letzten Versuches[1]) nach dieser Richtung hin hat das bestätigt. Die Erörterungen im vorhergehenden Kapitel haben unsere frühere Behauptung bewiesen, daß die juristischen Konstruktionen dem Inhalt der Haftung nicht gerecht werden und die Postulate keinen Nachweis

[1]) Durch Melliger; vgl. p. 168ff.

ihres rechtlichen Bestandes bilden. So stellt sich uns als Gesamtresultat dar, daß alle positiven Begründungsversuche der negativen Interessehaftung im gemeinen Recht verfehlt sind: die Schwierigkeit, formelle und materielle Begründung nach der positiv-rechtlichen Seite gleichzeitig zu geben, ist nicht überwunden worden. Wie u. E. in der gemeinrechtlichen Doktrin zu verfahren gewesen wäre, haben wir an anderer Stelle dargethan.[2])

Sehen wir von der formellen (positiv-rechtlichen) Begründung der negativen Interessehaftung im gemeinen Recht ab und suchen dieselbe lediglich erkenntniskritisch zu erfassen, so ist zunächst die Möglichkeit zu erwägen, daß die in Bezug auf den Nachweis des positiven Bestandes unzutreffenden gemeinrechtlichen Begründungsversuche doch bei vorausgesetzter Geltung der Haftung das Wesen derselben in befriedigender Weise klarstellen. Unser letztes Kapitel hat aber gelehrt, daß auch in dieser Beziehung die von der negativen Interessehaftung speziell handelnden Untersuchungen keinen Erfolg hatten.

Es bleibt die Frage aufzuwerfen, ob in der allgemeinen Lehre von der Schadenszurechnung eine Theorie zu finden ist, die auch das Wesen der negativen Interessehaftung erklärt. Dabei ist zu bemerken, daß den einschlägigen Versuchen thatsächlich die Absicht zu Grunde liegt, sie mitzubegreifen.[3]) Der Zusammenhang ist offensichtlich. In allen Fällen der gemeinrechtlichen negativen Interessehaftung wird von einem Verschulden abgesehen. Dieses Negativum teilt die Interessehaftung nun mit verschiedenen modernen positiven Rechtsbildungen, es sei an die Haftpflicht des Staates im Eisenbahnbetriebe, an die Haftung bei Selbsthilfe, die für Tier- und Wildschaden, an die Haftung für Gehilfen und die Haftung der Unzurechnungsfähigen erinnert. Diese Fälle einer Haftung ohne Verschulden bilden den Gegenstand der in neuerer Zeit so vielfach erörterten Lehre von der sog. objektiven Schadensersatzpflicht.

Um die Stellung der negativen Interessehaftung innerhalb der objektiven Schadenshaftung zu präzisieren, müssen wir vorerst die Gründe der Schadenszurechnung im allgemeinen erörtern.[4])

---

[2]) Vgl. oben p. 57f.

[3]) Vgl. z. B. Merkel a. a. O. 170f.; Rümelin a. a. O. p. 55.

[4]) Da wir uns auf die Darstellung einiger weniger Punkte beschränken müssen, folgen wir hier vornehmlich nur der genannten Abhandlung Rümelins. Daneben dürfte vor allem die gleichfalls erwähnte Untersuchung Rudolf Merkels von hervorragender Bedeutung sein.

Für die fundamentale Frage: was berechtigt einen entstandenen Schaden dem Vermögen jemandes aufzuerlegen, darf die Antwort „Verschuldung" noch heute auf fast ausnahmslose Zustimmung rechnen. Auch wir halten das Moment der Verschuldung zur Grundlage eines Haftungsprinzips für vollendet. Es ist vollendet, weil seine Geltung unmittelbar als „richtiges Recht" einleuchtet, und weil es de lege lata eine hervorragend klare und zweifelsfreie Subsumtionsmöglichkeit bietet. Vereinzelt ist freilich die Richtigkeit des Schuldprinzips bestritten worden. Mataja[5]) verneint seine Gerechtigkeit und Billigkeit, weil danach die schuldhaft handelnden, aber zufällig keinen Schaden stiftenden Personen von jeder Haftung frei bleiben. Binding[6]) hält das Verschulden zur Erzeugung eines privatrechtlichen Ersatzanspruches für ungeeignet, weil das Verschulden — nach Binding die schuldhafte Verletzung des staatlichen Rechts auf Botmäßigkeit — lediglich einen Anspruch des Staates auf Strafe erzeugen könne.

In trefflicher Weise widerlegt Rümelin[7]) die erste der genannten Ansichten durch den Hinweis, daß die Verteilung eines Schadens auf alle Personen, die schuldhaft gehandelt haben, auch auf diejenigen, die in dem konkreten Falle mit der Schadensentstehung in gar keiner Verbindung stehen, ein utopistischer Gedanke ist, dessen Durchführung von einer menschlichen Rechtsordnung niemals in Aussicht genommen werden kann, weshalb einem gesunden Empfinden die ungleiche Behandlung der schuldhaft Handelnden als selbstverständlich und keineswegs als ungerecht erscheinen muß. Dem Argument Bindings entzieht Rümelin[8]) den Boden durch das Bemerken, daß, einerlei wie das Wesen des Schuldbegriffes auch zu fassen sei, die Verschuldung stets und sehr wohl Motiv für den Gesetzgeber bilden könne, Schadensersatzpflicht aufzuerlegen.

Begreift die Verschuldung an sich ein unanfechtbares Haftungsprinzip, so ist damit noch nicht entschieden, daß das Verschulden thatsächlich das die Schadenshaftung begründende Moment ist. Wenn ein Prinzip festzustellen ist, das sämtliche Fälle des Verschuldens enthält, darüber hinaus aber auch noch andere umspannt, so daß auf Schadenshaftung zu erkennen ist, ohne daß noch auf die Frage der

---

5) Mataja, das Recht des Schadensersatzes vom Standpunkt der Nationalökonomie p. 82f.

6) Binding, Normen I p. 457f.

7) Rümelin a. a. O. p. 7.

8) Rümelin a. a. O. p. 10.

Verschuldung einzugehen ist, so werden wir dies als das geltende Haftungsprinzip bezeichnen müssen, mit dem das Verschuldungsprinzip nur die Fähigkeit teilt, Grundlage für die Frage der Schadenszurechnung zu bilden, durch das es aber selbst außer Anwendung gesetzt ist. Diese eventuelle Möglichkeit, das Verschuldungsprinzip durch ein anderes zu ersetzen, ist aber keineswegs identisch mit der vermeintlichen Notwendigkeit, das Verschuldungsprinzip aufzugeben, sobald feststeht, daß Verschulden nicht mehr den einzigen Grund für Schadenshaftung abgiebt — wie dies die Theorie von dem sog. einheitlichen Entstehungsgrunde der Schadensersatzpflicht will. Der hierin zum Ausdruck kommende Gedanke, den Rümelin[9]) mit Recht der Auffassung Bindings[10]) und Sjögrens[11]) zu Grunde legt, geht dahin, daß die Schadensersatzpflicht eine einheitliche Rechtsfolge darstelle, und daß sie demgemäß auch nur einen einzigen Entstehungsgrund habe könne. Die Konsequenz dieser Auffassung ist, daß, sobald nur in einem einzigen Falle von Schadenshaftung die Schuld nicht notwendiges Thatbestandsmerkmal ist, sie überhaupt nicht als Erzeugerin der Schadensersatzpflicht anzusehen ist. Die Ansicht von dem einheitlichen Entstehungsgrunde der Ersatzpflicht beruht auf dem durch den Satz: „gleiche Ursachen, gleiche Wirkungen" veranlaßten Trugschluß, daß die gleiche Wirkung (Schadensersatzpflicht) nur durch die gleiche Ursache (das zu eruierende Haftungsprinzip) herbeigeführt werden könne. In Wahrheit läßt sich der Satz nicht dahin umkehren, daß auch ungleiche Ursachen ungleiche Wirkungen haben müssen. Eine und dieselbe Wirkung — als Enderfolg — kann sehr wohl durch verschiedene Ursachen bestimmt sein, und ebenso kann in der Welt des Willens die Gleichheit des Gebots auf verschiedene Motive zurückzuführen sein.[12])

Haben wir nach Vorstehendem erkannt: 1. Haftung für Verschulden bedeutet ein an sich einwandsfreies Prinzip der Schadenshaftung. 2. Die „Richtigkeit" des Verschuldungsprinzips bedingt nicht, daß es das „wirkende" Haftungsprinzip ist. 3. Es ist die Möglichkeit vorhanden, daß die Schadensersatzpflicht auf verschiedene Prinzipien zurückzuführen ist, — so ist nunmehr die Frage: in welchem Verhältnis zum Verschuldungsprinzip stehen die durch das soziale

9) Rümelin a. a. O. p. 10.

10) Vgl. Binding a. a. O. p. 433ff.

11) Vgl. Sjögren: Jahrb. f. Dogm. Bd. 35 p. 343—430.

12) Vgl. die scharfsinnige Beweisführung durch Rümelin a. a. O. p. 11f.

Leben gezeitigten Fälle, in denen die Verschuldungshaftung nicht ausreicht, sondern auch bei Nichtvorhandensein einer Schuld die Voraussetzung der Schadensverursachung zur Haftung hinreicht, in methodischer Beziehung klarliegend. Das Bestreben, die Fälle der objektiven Haftung einheitlich zusammenzufassen, kann folgende Ergebnisse gewinnen: 1. Es kann ein Prinzip gefunden werden, das sowohl die Verschuldungsfälle wie die der objektiven Schadenshaftung in sich faßt, so daß dieses neue Prinzip überhaupt das einzige eine Schadensersatzpflicht begründende wäre. 2. Es kann ein Prinzip gefunden werden, das lediglich die Fälle objektiver Schadenszufügung umspannt, so daß neben demselben das Verschuldungsprinzip bestehen bliebe. 3. Es kann nicht gelingen, auch nur die Fälle der objektiven Haftung aus einem Prinzip heraus zu entwickeln, sei es, daß immer nur die Zusammenfassung einzelner Fälle der objektiven Haftung möglich ist, sei es, daß die Haftung in jedem Falle auf einem besonderen Grunde beruht, so daß neben dem Verschuldungsprinzip eine Reihe anderer Haftungsprinzipien träte.

Bevor wir uns den einzelnen Theorien über die objektive Schadenshaftung zuwenden, müssen wir uns noch mit einem gewichtigen Einwand auseinandersetzen, der von Stammler a limine gegen die Aufstellung der fraglichen Prinzipien erhoben worden ist. Stammler[13]) wirft den einschlägigen Versuchen vor, daß sie in methodisch falscher Weise nicht trennen: das aus den positiven Einzelsätzen einer objektiven Schadenszurechnung zu eruierende Haftungsprinzip von dem rechtspolitisch zu fordernden als Maßstab zur Beurteilung der positiven Bestimmungen. Er erklärt von den Prinzipien, daß man ihnen zweierlei Funktionen gleichzeitig zumutet: „Erstens sollen sie eine formale Zusammenfassung von geschichtlich gegebenem Rechtsinhalte liefern und zum andern eine sachliche Begründung des also zusammengefaßten ermöglichen." Thatsächlich wäre das nicht angängig. Wer sich das Recht nicht versagen will, an dem bestehenden Rechte Kritik zu üben, der muß einen Maßstab haben zur Beurteilung dessen, inwieweit das positive Recht „richtiges Recht" ist, inwieweit nicht. Dieser Maßstab ist naturgemäß nicht aus dem Rechte selbst zu abstrahieren, sondern allein a priori auf sozialphilosophischer Grundlage zu entwickeln. Wir geben Stammler zu, daß der von ihm gerügte Fehler wirklich in den Untersuchungen über die Gründe der Schadens-

---

[13]) Stammler: Recht der Schuldverhältnisse p. 114.

zurechnung enthalten ist; wir halten seine Erwägung für theoretisch völlig einwandsfrei und in hohem Grade verdienstlich als Beitrag zur Klärung unseres so schwierigen Problems. Trotzdem will es uns erscheinen, als ob der Mangel in den einschlägigen Erörterungen mehr ein Mangel in der Darstellungsform, als in der Sache ist, so daß sie in letzterer Hinsicht ihre Bedeutung behalten. Wir meinen, die Untersuchungen sind ihrem Wesen nach aprioristischer Art, die nur an einzelne moderne Rechtsbestimmungen anknüpfen. Sie sind u. E. darauf gerichtet, das „gerechte“ — oder wie in dem Ideengange Stammlers zu sagen ist — das „objektiv richtige“ Haftungsprinzip zu ermitteln; sie benutzen nur die positiven Sätze ohne weiteres als Belege ihrer eigenen Ergebnisse, anstatt scharf hervorzuheben, daß ein aprioristisches Prinzip positive Verwirklichung gefunden hat.[14])

Wir dürfen umsoweniger über ihren formellen Mangel den sachlichen Wert der speziellen Untersuchungen über die Schadenszurechnung vergessen, als die Deduktionen Stammlers, durch die er die seiner Ansicht nach verfehlten Haftungsprinzipien ersetzt, u. E. trotz ihres tiefen Gedankeninhalts nicht als abschließend gelten können.[15])

Stammler[16]) unterscheidet den empirisch gegebenen Rechtsstoff und das formale Richtmaß zur Beurteilung desselben: das Grundgesetz des sozialen Ideals, das Handeln im Sinne einer Gemeinschaft richtig wollender Menschen.[17]) Ein Satz positiven Rechtes ist nach Stammler inhaltlich insoweit begründet, als er — unter Berücksichtigung aller konkreten Umstände — im Sinne des sozialen Ideals objektiv richtig ist. Stammler giebt zwar zu „es mag von Nutzen sein, den geschichtlich im einzelnen entstandenen Inhalt rechtlicher Regeln in allgemeinen Sätzen wiederzugeben und dadurch in Formulierung und Darstellung zu kürzen“, erkennt also auch die Berechtigung

---

14) Die Richtigkeit unserer Behauptung ergiebt sich daraus, daß z. B. Merkel am Schlusse seine Abhandlung aus derselben „Forderungen an die Gesetzgebung“ resultiert, daß z. B. Rümelin sich gegen die Richtigkeit — im Sinne von Gerechtigkeit — der aufgestellten Haftungsprinzipien — z. B. Veranlassungsprinzip — ausspricht und dergl. mehr.

15) Das bezieht sich allerdings nur auf die genannte Schrift selbst. Daß Stammler an anderer Stelle den richtigen Weg weist, darüber vgl. p. 180.

16) Vgl. Stammler a. a. O. p. 115 ff.

17) Vgl. Stammler a. a. O. p. 117. St. fußt hier auf seine sozialphilosophische Untersuchung: Wirtschaft und Recht nach der materialistischen Geschichtsauffassung (vgl. insbesondere §§ 99 ff.), deren sozialphilosophische Ergebnisse auch unserer Abhandlung zu Grunde liegen.

an, das der positiv-rechtlichen Schadenshaftung innewohnende Prinzip herauszuschälen; er selbst unterläßt aber sowohl eine Zusammenfassung nach der positiven Seite und versucht insbesondere auch nicht dem formalen Grundgesetz des sozialen Ideals in der Richtung der Schadenshaftung einen konkreten Inhalt zu geben, d. h. festzustellen, welches Haftungsprinzip nach Maßgabe des sozialen Ideals a priori als das richtige zu postulieren ist. Er läßt es dabei bewenden, lediglich formal eine objektiv-richtige Schadenshaftung zu fordern und wendet den abstrakten Maßstab des Objektiv-Richtigen unmittelbar auf den einzelnen positiv-rechtlichen Fall an. Hierin dürfte aber eine Lücke in Stammlers Erwägungen liegen.[18]) Gewiß, nur ein formaler Maßstab ist imstande, einen obersten Gesichtspunkt zur Beurteilung alles geschichtlichen Rechtes zu liefern, und es ist keine Konkretisierung dahin möglich, ein für alle Zeiten inhaltlich richtiges Recht — gleichsam ein Naturrecht — auszuarbeiten. Auf die Konkretisierung des sozialen Ideals aber in der Weise, daß das für bestimmte empirische Verhältnisse als das objektiv Richtige Erkannte positiv-inhaltlich herauszustellen ist, darf die Wissenschaft nicht verzichten. Daß diese Konkretisierung nicht so vorzugehen hat, daß man nach der allgemein gültigen formalen Methode jeden kasuistischen Fall unmittelbar nach seinem objektiv-richtigen Inhalt zu erkennen sucht, hierfür brauchen wir nicht mehr gegen Stammler zu argumentieren. Stammler selbst, der sich die umfassende Lösung dieser bedeutsamen Aufgabe der Konkretisierung des sozialen Ideals vorgefaßt hat, äußert sich neuerdings in programmatischen Sätzen hierzu, wie folgt.[19]) „Jetzt erst (d. h. nach Grundlegung der formalen Methode) erscheint die zweite Aufgabe: von der obersten Spitze der sozialen Betrachtung und der rechtlichen Erwägung gesichert wieder herabzusteigen und zu der darnach geleiteten Lösung auch der kleinsten Einzelfrage methodisch zu gelangen. — Den Weg müßte man so nehmen, daß man von der Spitze aus zu den sie umlagernden und aus ihr geschlossenen Grundsätzen gelangte, von ihnen zu allgemeinen Schemata der Urteilskraft, die wiederum den Pfad zum konkreten Fall einer Frage uns wiesen!" Auf unseren Zusammenhang bezogen, ergeben diese Sätze: Bevor wir an die Beurteilung der einzelnen positiven Rechtsnormen über Schadenshaftung gehen, und bevor wir selbständig

[18]) Siehe oben Anm. 15.

[19]) Vgl. Stammler in Conrads Handwörterbuch d. Staatswissenschaften Bd. VI p 341 Art. Recht.

kasuistische Bestimmungen über die Schadensersatzpflicht entwerfen, haben wir uns klar zu werden über die Prinzipien einer objektiv-richtigen Haftung.

Unter den in der modernen Jurisprudenz aufgestellten Haftungsprinzipien ist an erster Stelle das Veranlassungsprinzip zu nennen; nicht sowohl wegen seiner sachlichen Bedeutung als wegen seiner Verbreitung. Freilich ist bezüglich letzterer zu berücksichtigen, daß sich selbst zahlreiche Autoren als Vertreter der Kausalitätshaftung betrachten, während sie, da sie die allgemeine Anwendbarkeit dieses Prinzips selbst leugnen, in Wahrheit gar nicht zu denselben zählen.[20]) Denn das ist festzuhalten: sobald noch besondere Voraussetzungen zum Eintreten der Haftung bei Schadensverursachung verlangt werden, ist die Verursachung an sich nicht haftungsbegründend, ist kein Verursachungsprinzip wirksam. Dieses Außerachtlassen der zu der bloßen Verursachung noch hinzukommenden Momente ist für die ganze Theorie charakteristisch; in ihm liegt der Grundfehler. Die Vertreter des Veranlassungsprinzips sehen in allen Fällen, in denen eine Ersatzpflicht auch ohne Verschulden als allgemeines und ohne Zweifel begründetes Postulat auftritt, nur die augenfälligste Gleichmäßigkeit — nämlich die Schadensverursachung. Hierbei bleiben sie stehen und ziehen ihr Ergebnis, ohne die näheren individuellen Punkte der problematischen Fälle zu prüfen. Nur scheinbar erzielen sie eine Übereinstimmung mit dem sog. Rechtsbewußtsein des Volkes. Man richte einmal an dieses die Frage, ob ein Tagelöhner, der beim Hinfallen — etwa infolge einer Ohnmacht — einem wohlhabenden Manne eine Verletzung zufügt, gesetzlich verpflichtet sein soll, Arzt- und Kurkosten zu ersetzen, und sehe zu, ob es dann im Sinne der Verursachungshaftung reagiert![21])

Das Kausalitätsprinzip bedeutet den ersten oberflächlichen Versuch, die Fälle der nichtkulposen Haftung einheitlich zu begreifen. Mit Rümelin[22]) ist bündig zu erklären: „Von der bloßen Kausalität führt keine Brücke zur Verantwortlichkeit". Der Begriff einer sozialen Gemeinschaft erfordert es, daß eine Haftung durch subjektive Elemente bedingt ist. Ein Irrtum ist es freilich, und in ihm scheinen die Ver-

[20]) Z. B. Unger und Huber; vgl. Rümelin a. a. O. p. 25.

[21]) Wir variieren das Beispiel Rümelins a. a. O. p. 26 etwas, da nach seiner Fassung zweifelhaft bleibt, ob nicht eine Haftung gemäß einer gerechten Vermögensausgleichung zu erfolgen hat. Vgl. unten p. 186 f.

[22]) Rümelin a. a. O. p. 26.

treter des Veranlassungsprinzips befangen zu sein —, als das einzig mögliche subjektive Haftungsmoment die Verschuldung anzusehen. Die Schuld rückt die Person am prägnantesten in den Vordergrund; darauf beruht die unmittelbare Evidenz der sozialen Richtigkeit der Culpahaftung. Dieses typische Hervortreten der Persönlichkeit ist aber allein keine ausreichende Grundlage mehr zur Schadenshaftung. Im sozialen Leben äußert sich das Individuum auf die mannigfaltigste Weise und dem Rechte liegt es ob, zu prüfen ob nicht und inwieweit eventuell an sich rechtlich erlaubtes Handeln geeignet ist, eine Haftung herbeizuführen; es ist also nicht mehr bei der Scheidung zwischen rechtmäßigem und unrechtmäßigem Verhalten stehen zu bleiben, sondern das rechtmäßige Verhalten ist selbst wieder zu differenzieren. In dieser Richtung bewegen sich denn auch die weiteren Versuche über die Gründe der Schadenszurechnung.

Adolf Merkel[23]) stellt den Satz auf: „Jeder hat die Kosten der Geltendmachung seiner Interessen zu tragen.“ Unger[24]) formuliert als Prinzip: „eigene Interessen, eigene Gefahr, fremde Interessen, fremde Gefahr“. Rudolf Merkel[25]) konstuiert das Prinzip des „aktiven Interesses“ in dem Sinne einer Haftung für Schaden, der durch die generell voraussehbare Verletzung fremder Interessen entsteht. Diese Kernsätze erhellen deutlich, wie man bestrebt ist, über die rein objektive Kausalitätshaftung hinweg zu einer subjektiven Fundierung der Schadensersatzpflicht zu gelangen.

Da wir aus dem Gebiet der Schadenshaftung speziell das negative Vertragsinteresse zu behandeln haben, müssen wir uns versagen, auf jeden einzelnen der Versuche näher einzugehen. Wir dürfen dies um so eher, als uns Rümelin in seiner Abhandlung: „die Gründe der Schadenszurechnung 2c.“ eine hervorragende, ja wohl abschließende Beurteilung der genannten Versuche bietet. Von größtem Interesse für uns aber ist ihr Ergebnis. Von diesem hängt die Beantwortung der Frage ab, ob wir in der Lage sind, die Haftung bei unwirksamen Verträgen unter eines der allgemeinen Haftungsprinzipien einzureihen und damit das sie beherrschende Prinzip selbst zu kennzeichnen.

Rümelin kommt zu dem Ergebnis, daß allen genannten Versuchen wohl eine „treibende Kraft“ innewohne, daß aber keinem der-

---

23) Adolf Merkel: Encyklopädie § 683.

24) Unger: Handeln auf eigene Gefahr und Handeln auf fremde Gefahr p. 62 ff.

25) Rudolf Merkel a. a. O. p. 144 ff.

selben die Bedeutung eines Haftungsprinzips zukomme. Er spricht ihnen „treibende Kraft" zu, d. h. er erkennt an, daß ihr Grundgedanke den Kern einer allgemein zu postulierenden Schadenshaftung im Wesentlichen trifft. Er verneint die Berechtigung der Versuche, sich als Haftungsprinzipien zu charakterisieren, d. h. sie grenzen seiner Meinung nach nicht fest die Fälle, in denen ein Haftungsbedürfnis vorliegt, von den anderen ab, oder m. a. W., sie geben nicht die Möglichkeit einer eindeutigen Subsumtion. Auch Rümelin[26]) selbst unternimmt es nicht, an Stelle der von ihm abgelehnten Versuche ein Haftungsprinzip aufzustellen. Vornehmlich an den Gedankengang Rudolf Merkels anknüpfend, gelangt er zu dem Begriff der Gefährdungshaftung: „Jedermann soll für einen Schaden aufkommen müssen, der auf ein von ihm betriebenes gefährliches Gewerbe oder überhaupt außergewöhnlich gefährliches Verhalten zurückzuführen ist." Ausdrücklichst hebt er aber hervor:[27]) „auch die ganze Gefährdungshaftung ist kein fest determiniertes juristisches Prinzip, sondern eine namentlich durch die Steigerung der Interessenkollisionen in der Neuzeit hervorgerufene Tendenz, die ihre nähere Begrenzung durch eine auf komplizierten legislatorischen Erwägungen beruhende positive Normierung erhalten muß."

Indem wir unsere Ansicht mit der Rümelins identifizieren ergiebt sich für uns, daß die bisherigen Theorieen über die allgemeine Schadenshaftung das Problem des Haftungsprinzips in der Ersatzpflicht des negativen Vertragsinteresses nicht lösen; denn wenn sie die Gründe der Schadenszurechnung überhaupt nicht zum prinzipiellen Ausdruck zu bringen vermögen, so muß selbstverständlich dasselbe auch für den Grund dieser einzelnen Art von Haftung gelten, der ja nur durch die allgemeine Lösung miterklärt werden könnte.

Daß es der Wissenschaft bisher nicht gelungen ist, die Gründe der Schadenszurechnung prinzipiell zu formulieren, spricht logisch noch nicht gegen die Möglichkeit, solche Prinzipien zu gewinnen und auch nicht gegen die Richtigkeit der Methode, vom Allgemeinen zum Besonderen vorzugehen. Wohl aber vermöchte die Thatsache, daß die Bemühungen so vieler bedeutender Autoren einen endgültigen Erfolg nicht gehabt haben, bezüglich beider Punkte Bedenken zu erwecken. Es mag uns darum erlaubt sein, in kurzen Zügen unsere eigene Auf-

---

26) Vgl. Rümelin a. a. O. p. 45ff.

27) Rümelin a. a. O. p. 56.

fassung über die Behandlung des Problems der nicht schuldhaften Schadenshaftung zu skizzieren.

Je umfassender ein Haftungsprinzip ist, desto wertvoller ist es an sich;[28]) deshalb, weil es dem Wesen der Wissenschaft entspricht, die Vielgestaltigkeit der Erscheinungen auf ihre letzten Ursachen zurückzuführen, und weil unsere Erkenntnis um so tiefer ist, je einheitlicher sie ist. Der Wunsch, diese Einheit der Erkenntnis in möglichst vollkommener Weise zu erreichen, darf aber nicht die Mutter des Gedankens sein, d. h. er darf nicht dazu verleiten, gewaltsam über unsere wirkliche Erkenntnis hinaus solche Reduktionen vorzunehmen. Daß die Theorie von dem notwendig einheitlichen Entstehungsgrunde der Schadenshaftung den angedeuteten Fehler enthalten muß, folgt aus ihrer Grundauffassung. Aber auch diejenigen Theorieen, welche die Möglichkeit mehrerer Haftungsgründe nicht ausdrücklich in Abrede stellen, sind ihm verfallen, sogar Rümelin, der überzeugende Verfechter dieser Ansicht, ist ihm u. E. in seinen eigenen positiven Ausführungen nicht entgangen.

Wenn wir in dem Problem der Schadenszurechnung ein Besinnen auf die allgemeinen und elementaren Gründe verlangen, so bedeutet das eine formale Methode, die Angabe einer Forschungsrichtung. Diese methodische Forderung behält ihre Richtigkeit auch dann, wenn die wirkliche Sachlage nicht ein einheitliches Prinzip oder einige wenige Prinzipien finden läßt, sondern zu größter Differenzierung zwingt. So weit wie möglich soll die Wissenschaft in der Mannigfaltigkeit die Einheit suchen, darüber aber darf die Jurisprudenz ihre Aufgabe, dem sozialen Leben in seinen feinsten Nuancierungen gerecht zu werden, nicht vernachlässigen.

Die bisherigen Haftungstheorieen wollen u. E. mit einem Male zu viel erreichen, indem sie in einem einzigen Satze ein durchschlagendes allgemeines Haftungsprinzip geben wollen. Ein Haftungsprinzip ist nur dann vorhanden, wenn in allen Fällen, in welchen das in ihm zum Ausdruck kommende Moment verwirklicht ist, sich die gleichen Folgen deduzieren lassen. Es ist Rümelins Verdienst, dargethan zu haben, daß die betreffenden Versuche in diesem Sinne keine Haftungsprinzipien enthalten. Wenn er sie aber, sowie auch seine eigene Gefährdungshaftung, als Haftungstendenzen bezeichnet, so sind wir der Meinung, daß die Theorieen, wie sie als Prinzipien

---

[28]) So auch Rümelin a. a. O. p. 24.

zu vage sind, umgekehrt als Haftungstendenzen nicht weit genug ausholen, zu speziell und einseitig umgrenzt sind. Das gilt insbesondere auch von der Ansicht Rümelins. Obwohl Rümelin gerade den Fehler der anderen Versuche, ihre Ergebnisse als Haftungsprinzipien hinzustellen, rügt, geht er mit ihrer Gedankenrichtung doch so konform, daß auch er möglichst in einem einzigen Kernsatz die Schadenszurechnung bei nicht kulposem Verhalten begründen will,[29]) nur daß er in besserer Selbsterkenntnis diesen Kernsatz nicht als Prinzip charakterisiert.

Wir vertreten dem gegenüber die Auffassung: Das prinzipielle Erfassen des Haftungsgrundes, bezw. der Haftungsgründe, ist das Ideal; ob und wie weit es zu verwirklichen ist, muß dahingestellt bleiben.[30]) Als Endziel weist es uns nur den Weg an. Darin liegt seine Bedeutung. Die erste Aufgabe ist, uns darüber klar zu werden, welche Momente überhaupt ganz für sich genommen geeignet erscheinen, eine Haftung zu begründen; wir werden untersuchen müssen, welche Tendenzen sich im weitesten Sinne daraus ergeben, daß wir es mit einer Schadenshaftung von Mitgliedern eines sozialen Körpers zu thun haben. Diese allgemeinen Grundlagen müssen wir gewinnen aus dem bloßen Begriffe einer sozialen Gemeinschaft. Dann hat die induktive Einzelarbeit anzufangen. Die a priori deduzierten Grunderwägungen (Tendenzen) sind in Beziehung zu bringen mit den empirisch gegebenen Lebensverhältnissen und in sachlicher Abwägung aller in Betracht kommenden Momente sind diese im einzelnen zu entscheiden. Inwieweit dann eine Zusammenfassung möglich ist, ist quaestio facti. Sind keine legislativ zu berücksichtigenden Umstände vorhanden, so werden sich die ursprünglichen Tendenzen ohne weiteres zu Prinzipien verdichten können. Vielleicht ist gar ein einheitliches Prinzip zu abstrahieren. Möglich ist auch, daß man erst einzelne Gruppen, innerhalb deren die gleichen spezielleren Tendenzen maßgebend sind, zusammenzuschließen hat, ehe man für noch kleinere

---

[29]) Nur für die Haftung Unzurechnungsfähiger stellt er noch ein besonderes Prinzip auf; vgl. p. 188f.

[30]) Stammler a. a. O. p. 118 verweist in diesem Zusammenhange auf den Satz von Kant (Kritik der reinen Vernunft, 1. Aufl. p. 301, 2. Aufl. p. 358): „Es ist ein alter Wunsch, der wer weiß wie spät, vielleicht einmal in Erfüllung gehen wird: daß man doch einmal, statt der endlosen Mannigfaltigkeit bürgerlicher Gesetze, ihre Prinzipien aufsuchen möge; denn darin kann allein das Geheimnis bestehen, die Gesetzgebung, wie man sagt, zu simplifizieren."

Kreise die gleichen Prinzipien herauszuschälen vermag. Schließlich kann auch jeder kasuistische Fall, wenn er sich inhaltlich mit keinem andern deckt, durch sein eigenes Prinzip bestimmt sein. — Wie dem auch sei: was bei der Wiedergabe positiver Rechtsregeln in allgemeinen Sätzen zu beobachten ist, genau dasselbe gilt auch für den Versuch möglichst prinzipieller Darstellung theoretisch entwickelter Rechtspostulate: „Wahrung der Grenzen, bei deren Überschreitung die generalisierte Ausdrucksweise aufhört, mit dem unterliegenden Rechtsstoffe wirklich noch übereinzustimmen.“ [31])

In Verfolg dieser methodischen Grundlinien erwägen wir: Die bei einer Schadensentstehung Beteiligten, der Urheber des Schadens und der von dem Schaden Betroffene, sind sozial mit einander verbunden. Daraus ergiebt sich als erster Leitsatz: Der Schaden ist in sozialgerechter Weise mit dem Vermögen der Beteiligten in Beziehung zu bringen. Der Begriff des „sozial-gerecht“ erfordert eine scharfe Trennung ethischer und rechtlicher Gedanken. Die Ethik verlangt, daß bei unverschuldeter Schadensentstehung ein jeder aus Nächstenliebe den Schaden nach seinen Kräften auf sich nimmt. Das Recht hat den Schaden objektiv-richtig zu verteilen. Die Frage, inwieweit der Gesetzgeber ethische Sätze zu Rechtssätzen stempeln soll, ist zu beantworten auf Grund der praktischen Notwendigkeit für das Wohl des sozialen Körpers. Ist es danach auch nicht ausgeschlossen, daß das Recht die Schadensverteilung über den Kreis der direkt Beteiligten hinaus erweitert, z. B. über gewisse Berufsverbände,[32]) so wird es sich doch regelmäßig und in erster Reihe auf diese beschränken. Hier scheint uns, muß nun die Art der Beziehung und die Art der Schadenszufügung für die Ersatzpflicht maßgebend sein.

Wir sind mit Rümelin dafür eingetreten, daß aus der Verursachung an sich keine Haftung hergeleitet werden kann. Von Rümelin weichen wir aber darin ab, daß wir trotzdem eine Haftung bei bloßer Verursachung nicht unbedingt ablehnen. Nicht die Schadensverursachung, wohl aber das Moment des sozialen Verbundenseins begründet u. E. die Forderung, daß einerseits das Recht zwar nicht den Schaden schlechthin dem Schädiger auferlegt, aber auch nicht schlechthin den Schaden auf dem Beschädigten sitzen läßt. In den

[31]) Vgl. Stammler a. a. O. p. 116.

[32]) Dies i. e. S. das „Problem der Schadensverteilung“. Vgl. darüber die treffenden Bemerkungen bei Rümelin a. a. O. p. 217 und die dort Citierten (Binding, Steinbach, Mataja).

Fällen einer rein-kausalen Schadenszufügung halten wir dafür, daß der Schaden zwischen den Beteiligten ausgeglichen wird, oder anders ausgedrückt, daß der Schädiger dem Beschädigten, der vorerst durch die Natur der Sache den ganzen Schaden hat, nach Maßgabe seiner Vermögenslage Ersatz leistet.

Diese unsere erste Entscheidung führt uns zu einer Reihe von Zweifelsfragen, deren Beantwortung sie zum Teile aber schon selbst in sich birgt.

Zunächst ist die bedeutsame Einschränkung zu machen, daß die rein-kausale Haftung auf den mechanisch zugefügten Schaden begrenzt bleibt. Dies nicht etwa wegen der sonstigen Schwierigkeit des Beweises.[33]) Jedoch erscheint uns hierfür das Moment, das Rümelin gegen die Verursachungshaftung an sich anführt, ausschlaggebend: die Unmöglichkeit eines freien Benehmens.[34]) Die psychischen Ursachen sind so kompliziert und differenziert, ihre Wirkungen sind unserm Geiste noch so wenig erschlossen, daß es unmöglich ist, beim Handeln dieselben in den Kreis der Erwägung zu ziehen, oder dies doch wenigstens einen solchen Grad von Aufmerksamkeit und Vorsicht verlangte, daß von einer sorglosen Lebensbewegung, selbst bei den harmlosesten Bethätigungen (Konversation und dergleichen), nicht mehr die Rede sein könnte.[35]) Und nun denke man an das weite Feld der Schadenszufügungen, die — um es mit dem Schlagwort zu illustrieren — im Kampf ums Dasein erfolgen, z. B. durch die kaufmännische Konkurrenz. Nur diese Andeutung beweist schon, daß eine Begrenzung der Haftung für Schadensverursachung auf jeden Fall noch vorgenommen werden müßte.[36]) Ohne es noch zu vertiefen, dürfen wir aussprechen: Für jeden verursachten Schaden haften zu lassen — auch nur in der Beschränkung nach Maßgabe des Vermögens — verbietet sowohl unsere menschliche Beschaffenheit, wie unsere gegenwärtige Gesellschaftsordnung. Anders bei dem mechanisch zugefügten Schaden. Was zunächst die Fälle einer persönlichen körperlichen Beschädigung betrifft — und diese haben wir bei der von uns charakterisierten Kausalhaftung in erster Reihe im Auge —, so dürften hier die aus dem Postulat einer freien Lebensbethätigung entspringenden Bedenken

---

33) Vgl. oben p. 173.

34) Rümelin a. a. O. p. 26.

35) Man wird hier daran erinnert, daß im gem. R. dieselben Erwägungen gegen die Haftung für culpa lata geltend gemacht wurden. Vgl. oben p. 82.

36) Das wird z. B. vollständig übersehen von Melliger a. a. O. p. 152ff.

nicht ins Gewicht fallen. Die Ausübung jeder berechtigten Thätigkeit findet an der körperlichen Integrität des Mitmenschen ihre Schranke. Die Gefahren, bei normalem Verhalten diese Integrität des Mitmenschen zu verletzen, sind so gering, daß eine Behinderung der Persönlichkeit in keiner Weise gegeben ist, wenn in den wenigen unglücklichen (Zu)fällen einer solchen rein-kausalen Beschädigung der Gesetzgeber auch den Schadensurheber nach seinem Vermögen zur Tragung des Schadens heranzieht. Aber auch für die sonstigen Fälle mechanischer Schadenszufügung halten wir die Schadensverteilung in der gedachten Weise für angebracht. Die Meinung, eine Haftung würde unerquickliche Zustände ergeben, der Ängstliche könnte seines Lebens nicht mehr froh werden, der Leichtsinnige würde auch die gebotene Vorsicht außer Acht lassen,[37]) halten wir schon in Bezug auf eine absolute Haftung für etwas übertrieben, für unseren Standpunkt, der nur auf eine gerecht ausgleichende Schadensverteilung, also nur auf eine eventuelle Haftung abzielt, für durchaus unzutreffend. Auch hätte u. E. das Recht nicht die geringste Veranlassung, eine solche überstiegene Ängstlichkeit, die von Geiz und antisozialem Egoismus zeugt, zu schützen. Die Unterscheidung in der Haftungsweise bei rein-kausaler und bei leichtsinnig verschuldeter Schadenszufügung bietet die Gewähr, daß auch bei der von uns postulierten Haftung der Antrieb zum sorgfältigen Verhalten nicht verloren geht.

In den vorstehend entwickelten Gedankengang reiht sich auch die viel erörterte, fast allgemein postulierte, im modernen Recht verwirklichte Haftung der Unzurechnungsfähigen ein. Wir kommen hier in bemerkenswerten Punkten zu einer andern Auffassung der Dinge wie Rümelin.

Außer der von ihm aufgestellten und, wie wir gesehen, lediglich als Tendenz charakterisierten Gefährdungshaftung, erkennt Rümelin noch ein wirkliches Haftungsprinzip an, das er folgendermaßen formuliert: „Haftung für die eigene, von einem bestimmten Normaltypus abweichende Individualität". Dieses Prinzip findet seiner Ansicht nach Anwendung bei der Haftung Unzurechnungsfähiger.[38])

Rümelin fußt hierbei auf einem Satze Strohals, der sagt:[39]) „Es ist ein Grundgesetz des menschlichen Daseins, daß jeder das

[37]) Vgl. Unger a. a. O. p. 183, Rümelin a. a. O. p. 28.

[38]) Rümelin a. a. O. p. 68.

[39]) Strohal: 3 Gutachten zum österreichischen Advokatentag von 1880 p. 149; vgl. Rümelin a. a. O. p. 67.

Individuum ist, das er ist, und eine Grundbedingung des menschlichen Zusammenlebens, daß jeder für das einstehen muß, was Ausfluß seiner Indidividualität ist." Gegen diese auch sonst verschiedentlich angefochtene Maxime hat besonders Stammler mit Recht eingewendet, daß sie keineswegs das Grundgesetz des sozialen Lebens enthalte.[40]) Zu verwundern ist, daß gerade Rümelin die Auffassung Strohals zu der seinen gemacht hat. Es ist doch unbestreitbar, daß z. B. Sätze, wie „der Irrende irrt auf eigene Gefahr" oder „jeder Irrtum geht auf Kosten des Irrenden" durchaus im Sinne des Strohal'schen Gedankens liegen, denn der Irrtum ist doch unzweifelhaft Ausfluß der Individualität. Und doch ist es gerade Rümelin, der eine Haftung für einen Dritten beschädigenden Irrtum bekämpft und so beredt dagegen spricht, sich durch die wiedergegebenen „Phrasen" „berauschen" zu lassen.[41]) Thatsächlich verwertet Rümelin den Satz Strohals nur sehr eingeschränkt, indem er an Stelle der Haftung für die Individualität schlechthin das Spezifikum der „Abnormität" zum Haftungsgrund macht. Er erreicht damit, den kasuistischen Fall der Haftung Unzurechnungsfähiger durch einen allgemeinen Satz auszudrücken, aber den richtigen Haftungsgrund trifft er u. E. nicht. Wie Strohals allgemeiner Satz dem sozialen Ideal nicht entspricht, so entspricht ihm auch Rümelins Prinzip nicht in seiner besonderen Anwendung. Die Individualität des Kindes und des Geisteskranken, nämlich die Unzurechnungsfähigkeit, ist es gerade, welche Haftungsfreiheit begründet; aus ihr die Haftpflicht herzuleiten, heißt unsere Grundanschauungen von der sozialen Gerechtigkeit verwirren.[42])

---

[40]) Stammler a. a. O. p. 117.

[41]) Rümelin a. a. O. p. 63.

[42]) Rümelin a. a. O. p. 687 führt aus: Der civilrechtliche Kulpabegriff kümmert sich nicht darum, aus welchem Grund das als normal betrachtete Verhalten nicht eintrat. Das Civilrecht fragt nicht nach moralischer Schuld, es unterscheidet nicht zwischen Willens- und Intelligenz-Fehlern und läßt die Berufung auf angeborene geistige Beschränktheit niemals gelten. Es wird vom Standpunkt des Verletzten aus geurteilt, dem man einen Anspruch auf ein bestimmtes normales Verhalten seiner Mitmenschen einräumt. Nur gerade beim Unzurechnungsfähigen hat man bisher Halt gemacht und es nicht gewagt, den Schuldbegriff auch auf sein Handeln auszudehnen. Und doch ist es, wenn man die civilrechtliche Schuld einmal so weit gefaßt hat, nur ein kleiner Schritt, wenn man auch die beim Kind und Geisteskranken vorhandene Abnormität zum Haftungsgrund macht. Diesen Schritt haben die modernen Gesetzgebungen vollzogen. — So viel Treffendes diese Sätze

Hiermit in Zusammenhang steht, wie Rümelin sich mit der für unseren Fall allgemein geforderten und im modernen Recht auch geübten Berücksichtigung der Vermögensverhältnisse auseinandersetzt.

Rümelin[43]) geht davon aus, daß, um eine Haftung überhaupt statuieren zu können, vorerst ein besonderer Haftungsgrund vorhanden sein muß, der berechtigt, einen Schaden mit dem Vermögen zweier Parteien in Verbindung zu bringen. Erst dann kann der Gesichtspunkt der Schadensverteilung mit ins Spiel gebracht werden, und zwar ist nach Rümelin[44]) auf seine möglichst ausgedehnte Geltendmachung hinzuwirken. Und so soll es auch bei der Haftung Unzurechnungsfähiger sein. Nachdem ihre grundsätzliche Haftpflicht ge-

---

im einzelnen enthalten, im ganzen kann ihnen nicht beigetreten werden. Zugegeben, der Verschuldungsbegriff berücksichtigt nicht die Ursache des als „schuldhaft" charakterisierten Verhaltens, aber er thut dies doch erst, nachdem einmal grundlegend festgestellt ist, wer überhaupt „schuldhaft" handeln kann. Und wenn das Recht wirklich der geistigen Inferiorität bezüglich der Verschuldungsfrage keinen Einfluß zuerkennt, so ist damit doch noch keineswegs gesagt, daß diese Abnormität der Haftungsgrund ist. Dem Schuldbegriff ist das Moment des Willens immanent. Daß das Recht die Willensfähigkeit nur von dem direkten Gegensatz der Willensunfähigkeit abgrenzt und die einzelnen Grade in der Willensfähigkeit selbst hinsichtlich der Schuldhaftung nicht verschieden behandelt, ist ein Mangel — den die Theorie, welche eine nach dem Maß des Verschuldens quantitativ verschiedene Haftung verlangt, zu beseitigen wünscht, der vielleicht aber in gewisser Beziehung aus Gründen der Gesetzestechnik und der praktischen Rechtsanwendung nicht zu vermeiden ist. Ganz verkehrt ist es doch aber, diesen Mangel zum durchschlagenden Prinzip erheben zu wollen: Das, was seit ältester Zeit Sache klarster Erkenntnis ist: der Unzurechnungsfähige — Willens- und Intelligenz-Fehler sind hier untrennbar verknüpft; vgl. z. B. die Bestimmung der Zurechnungsfähigkeit nach Maßgabe der — intellektuellen — Vergleichungsmöglichkeit eigener Handlungen mit denen anderer durch Stammler a. a. O. p. 14 ff. — kann nicht „schuldhaft" handeln, einfach über Bord zu werfen. Wenn es aber nicht möglich ist, die Abnormität der Kinder und Geisteskranken in den Schuldbegriff einzuzwängen, dann ist es auch nicht möglich diese zur ratio einer Haftung zu stempeln. Und mit nichten thun dies die modernen Gesetzgebungen, z. B. das BGB. In den §§ 827, 828 spricht dieses ausdrücklichst aus, daß der Unzurechnungsfähige für einen Schaden, den er einem Anderen zufügt, „nicht verantwortlich" ist. Die trotzdem zugelassene eventuelle Heranziehung des Unzurechnungsfähigen zur Schadenstragung durch § 829 kann unmöglich durch die Abnormität desselben begründet werden, nachdem diese eben erst den Grund zur prinzipiellen Haftungsfreiheit abgegeben hat.

[43]) Rümelin a. a. O. p. 65 f. in der Argumentation gegen Steinbach: Ersatz von Vermögensschäden p. 78.

[44]) Rümelin a. a. O. p. 69 f.

mäß dem erörterten Haftungsprinzip feststeht, mag in den einzelnen Fällen das boni viri arbitrium des Richters walten.

Daraus erhellt, daß Rümelin dem Moment der Schadensverteilung lediglich accessorische Bedeutung beimißt, indem dasselbe immer nur zu einer bereits vorhandenen Haftung, diese modifizierend, hinzutreten kann. So scharf das gedacht und gefaßt ist, Rümelin wird damit dem Problem der Schadensverteilung nur nach einer einzigen Richtung hin gerecht. Wie das Recht eine in sich begründete Haftung durch Schadensausgleichung mildern kann, so kann es auch die Schadensverteilung losgelöst von einer besonderen Haftung allein für sich anwenden, m. a. W. die Schadensausgleichung zu einem selbständigen Haftungsgrund erheben.[45]) Dann ist nicht abzuwägen, welcher Einfluß dem Gedanken der Schadensausgleichung auf eine bestimmte Haftung einzuräumen ist, sondern der Schadensausgleich selbst ist die Haftung. Dies ist ihr Wesen, wie wir sie bei rein kausaler Schadenszufügung postulieren, und mit ihr ist die Haftung der Unzurechnungsfähigen auf gleiche Stufe zu stellen. Den Unzurechnungsfähigen mangelt die Subjektivität, und daher kann ihr Handeln nur als verantwortungsloses, rein kausales angesehen werden. Soweit eine Haftung von persönlicher Verantwortlichkeit abhängig ist, müssen sie folglich haftfrei sein. Wo aber, wie bei der rein kausalen Haftung allein das Moment der sozialen Verbindung ein objektives Inbeziehungsetzen der Vermögen rechtfertigt, da liegt kein Grund vor, die Unzurechnungsfähigen mit anderem Maße zu messen. Das Recht soll sie ja nicht begünstigen, es soll sie nur sachlich richtig behandeln. Und dies hat eben dadurch zu geschehen, daß man ihre Handlungen ausschließlich als rein kausale beurteilt. Als Individuen müssen sie frei von jeder Haftung sein, als Mitglieder eines sozialen Kreises müssen sie mit ihrem Vermögen zur Schadensdeckung herangezogen werden können.

Wir haben aus dem Wesen der sozialen Gemeinschaft die Berechtigung entnommen, selbständig eine Haftpflicht zu folgern. Während sonst aber abstrakt „Haftung" begründet zu werden pflegt, wird hier

[45]) Mit seiner eigenen Auffassung im Widerspruch gesteht das u. E. auch Rümelin in einigen Wendungen zu: so, wenn er (p. 70) sagt: „Abgesehen von dem . . . teils Haftung begründend . . . eingreifenden Gedanken der Schadensverteilung" oder (p. 28) „zunächst denkt man sich den Schaden in Beziehung gesetzt zu den beiden Vermögen des zunächst Beschädigten und des Schädigers. Sie beide gelten als von dem Ereignis betroffen. Und nun beginnt die verteilende Abwägung." . . . Genau dasselbe, was in diesen beiden Sätzen zum Ausdruck kommt, behaupten auch wir nur.

der Charakter derselben durch ihren Grund fest bestimmt. Es ist die durch ihren Inhalt als besondere Haftungsart gekennzeichnete Haftung nach Maßgabe einer gerechten Vermögensverteilung, die sich aus dem Begriffe einer rein sozialen Verpflichtung mit Notwendigkeit ergiebt.

Scheinbar eine Haftung ohne jedwede innere subjektive Beziehung zwischen den Beteiligten, und doch haben wir ein subjektives Moment als Voraussetzung jeder Haftung hingestellt. Thatsächlich wird durch die soziale Zusammengehörigkeit der Parteien die Voraussetzung in unanfechtbarer Weise erfüllt; denn in dem sozialen Verbande, in dem ein jeder die Zwecke des andern zu achten und zu schützen hat, ist der persönliche Verband der einzelnen Mitglieder begrifflich enthalten. Der Zusammenhang in unserem Falle der rein kausalen Haftung zwischen der Beziehung unter den Beteiligten (soziale) und der Haftungsart (Vermögensausgleichung) giebt u. E. einen fruchtbaren Fingerzeig zur Gewinnung einer weiteren Haftungstendenz.

Die Schadensverteilung als selbständige Haftungsart muß mit dem Augenblick cessieren, in dem eine andere als die rein soziale Beziehung den Haftungsgrund abgiebt. Wie weit der Gedanke der Vermögensausgleichung dann neben eigenen Haftungsgründen noch zweckmäßig Berücksichtigung zu finden hat, ist eine Frage für sich. Ganz allgemein wird sich die Tendenz aussprechen lassen: Eine Verschärfung der Haftung wird da einzutreten haben, wo die rein soziale Beziehung in eine speziellere und engere Verbindung übergeht, sei es, daß zwei nach Übereinkunft mit einander in Verbindung treten, sei es, daß einer durch außergewöhnliches Verhalten sich selbst zu dem Mitmenschen in besondere Beziehung bringt.

Die Tendenz ist vage, und wir sind damit noch unendlich weit von wirklichen Haftungsprinzipien entfernt. Aber diese weite Fassung bietet uns allein die Möglichkeit, allen Verhältnissen gerecht zu werden. Freilich erscheint z. B. Rümelins Gefährdungshaftung viel präziser und dem Ziel einer festen Subsumtionsbasis bedeutend näher. Dafür umspannt sie aber auch nur einen Bruchteil der Fälle nichtkulposer Haftung. So trifft sie z. B. keineswegs das Wesen der negativen Interessehaftung. Die Abgabe von Willenserklärungen, dieses selbstverständliche und gewöhnlichste Faktum im Leben, kann man doch unmöglich eine „gefährliche" Handlung nennen; und welche Gefährdung sollte in der Stellvertretung gelegen sein? Der Umstand, daß bei den ersteren infolge Irrtums, bei letzterer durch mangelnde Vertretungsbefugnis eine Schädigung Dritter entstehen kann, giebt nicht das Recht, die betreffenden Handlungen als „gefährlich" auszugeben, denn eine Schädigung kann auch bei den allergewöhnlichsten und harmlosesten Thätigkeiten statthaben. Dann wäre überhaupt nichts nicht gefährlich. Und doch dürfte z. B. zwischen gefährlichen Gewerbebetrieben oder wirklich gemeingefährlichen Handlungen und den genannten alltäglichen Lebensäußerungen nicht nur ein quantitativer, sondern ein qualitativer Unterschied bestehen. Man sieht also: soll die Tendenz der Gefährdungshaftung wirklich grundlegend und umfassend sein, dann muß man den Gefährdungsbegriff vollständig verflüchtigen; dann giebt man aber gerade das Moment auf, das den Vorzug der Gefährdungshaftung bildet: die begrifflich feste Umgrenzung der Haftungslinie. Nimmt man jedoch den Gefährdungsbegriff in seiner engeren sachlichen Bedeutung, dann muß es als verfehlt gelten, mit Ausnahme der für sich begründeten Haftung Unzurechnungsfähiger die Gefährdungshaftung als die Haftungstendenz zu bezeichnen.[46])

Mit der Kennzeichnung der grundlegenden Richtung, in der dem Problem der Schadenshaftung nachzugehen ist, endigen wir unsere allgemeinen Erwägungen. Der Fortschritt in der Lösung des Problems führt über die detaillierte Untersuchung der konkreten Lebenserscheinungen; diese sind in ihrer Eigenart zu beleuchten und danach ist unter Berücksichtigung der fundamentalen Tendenzen die Thatsache und die Art der Haftung zu entwickeln. Zu dieser Einzeluntersuchung lag es uns ob einen Beitrag zu liefern, indem wir diejenigen sozialen Verhältnisse zum Gegenstand einer besonderen Erörterung zu machen hatten, die dem positiven Rechte zur Grundlage dienen für die Statuierung der negativen Interessehaftung.

§ 2.

Das Prinzip des Bürgerlichen Gesetzbuchs.

Wie wir gesehen, ist es Iherings großes Verdienst, das Problem der Haftung bei Eingehung von Verträgen zuerst klar erkannt, einheitlich

46) Damit verneinen wir keineswegs den wirklichen Wert der „Gefährdungshaftung" als Kennzeichnung der Tendenz in einem engeren Haftungskreise. Vgl p. 185 f. Daß vielleicht eins der andern genannten „Haftungsprinzipien" als Tendenz genommen gerade dem Haftungskreise gerecht wird, in dem auch die Ersatzpflicht des neg. Vertragsinteresses einzureihen ist, tangiert unsere Ausführungen auch nicht.

gefaßt und in erschöpfender Kasuistik entwickelt zu haben.[1]) Das abstrakte Problem steht jedoch bei Ihering so sehr im Vordergrund, daß die Kasuistik lediglich eine Illustration desselben darstellt.[2]) Sein Bestreben ist die Ersatzpflicht bei Abschluß unwirksamer Verträge zu begründen. Daß vielleicht verschiedene Arten unwirksamer Verträge eine unterschiedliche Behandlung erheischen könnten, wird gar nicht von ihm erwogen; die einheitlich gestellte Frage scheint ihm auch notwendig eine einheitliche Antwort zu erfordern. Und diese Behandlung ist, so oft nach Ihering das Problem der negativen Interessehaftung als solches erörtert wurde, die übliche geblieben. Wie auch die Voraussetzung für Eintritt unserer Haftung gestellt werden mochte, immer wurde für alle Haftungsfälle die gleiche angegeben.

In dieser Beziehung setzt sich nunmehr das Bürgerliche Gesetzbuch in einen bedeutsamen Gegensatz zur gemeinrechtlichen Doktrin. Von den drei Fällen, in denen es die Ersatzpflicht des negativen Vertragsinteresses statuiert, läßt es in zweien dieselbe schlechthin eintreten,[3]) während es im dritten die Haftung von einem Verschulden abhängig macht.[4])

Die Unterscheidung in der Haftungsvoraussetzung deckt sich mit der systematischen Einteilung der Kasuistik in die Fälle der Vertragsunwirksamkeit wegen Mangels im Subjekt und derjenigen wegen Mangels im Objekt,[5]) indem die beiden Fälle der unbedingten Haftung durch die beiden Unterabteilungen der ersten Kategorie: Mangel in der Person (§ 179) und Mangel im Willen (§ 122) gebildet werden, die culpa-Haftung bei der zweiten Kategorie: Mangel im Objekt (§ 307) Anwendung findet.

Versuchen wir den Standpunkt des BGB. zu generellem Ausdruck zu bringen, so werden wir hinsichtlich seiner Stellungnahme zur Ersatzpflicht des negativen Vertragsinteresses zunächst nur sagen können, daß es kraft positiver Vorschriften eine diesbezügliche Haftung überhaupt anerkennt. Eine prägnantere einheitliche Zusammenfassung läßt

---

[1]) Vgl. oben p. 48 ff.

[2]) Ihering a. a. O. p. 56 sagt: Eine reichhaltige Kasuistik ist schon aus einem doppelten Grunde geboten: einmal um mittelst derselben die Weite ihres Anwendungsgebietes zu veranschaulichen, und sodann, um die Theorie von seiten ihrer praktischen Durchführbarkeit einer Probe zu unterwerfen.

[3]) BGB. §§ 122, 179.

[4]) BGB. § 307.

[5]) Vgl. oben p. 7.

die differenzierte Behandlung der einzelnen Fälle nicht zu. Diese verlangt vielmehr die Aufstellung zweier Prinzipien, die — auf Grund der von uns im zweiten Buch gegebenen Interpretation der einschlägigen Vorschriften — folgendermaßen zu formulieren sind:

1. Haftpflicht seitens eines Geschäftsfähigen für Schadenszufügung durch Täuschung des berechtigten Vertrauens auf Abschluß eines rechtswirksamen Vertrages infolge eines in der eigenen Person liegenden Nichtigkeitsgrundes.

2. Haftpflicht seitens eines Geschäftsfähigen für Schadenszufügung durch verschuldete Täuschung des berechtigten Vertrauens auf Abschluß eines rechtswirksamen Vertrages infolge eines in dem Vertragsobjekte liegenden Nichtigkeitsgrundes. — —

So erschöpfend in den Normen des BGB. die Voraussetzungen zur negativen Interessehaftung genannt sind, so bleiben doch noch einige Zweifel offen, für die sie selbst keine Lösung enthalten. Diese Zweifel gründen sich auf die grundlegende Frage nach der Art der Verpflichtung des negativen Interesseersatzes. Hierüber äußert sich das BGB. nicht, und wie aus den Materialien zu entnehmen ist, hat man absichtlich die Entscheidung dieser Frage der Wissenschaft überlassen. Freilich ausgesprochen ist dies nur im Anschluß an die Schuldhaftung des § 307, bei Vertragsnichtigkeit wegen Unmöglichkeit der Leistung,[6]) und die Doktrin hat bisher auch stets nur bei Erörterung dieser Bestimmung ein Urteil darüber gefällt, ob die Ersatzpflicht des negativen Interesses in § 307 einer Deliktshaftung oder einer Haftung wegen Verletzung rechtsgeschäftlicher Pflichten entspringt.

Das BGB. normiert unter dem Titel „unerlaubte Handlungen" Thatbestände, in denen das Begriffsmerkmal der „schuldhaft rechtswidrigen Handlung" nicht verwirklicht ist. Daraus hat sich die Streitfrage ergeben, wie nach dem BGB. der Begriff der unerlaubten Handlung zu fassen ist.[7]) Müssen wir nunmehr von der alten Begriffsbestimmung abgehen, und sind wir daher berechtigt, alle nicht kontraktlichen Haftungen, insbesondere auch diejenigen, die von keinem

---

[6]) Motive I p. 179.

[7]) Vgl. hierüber: Jung, Delikt und Schadensverursachung; Linckelmann: Die Schadensersatzpflicht und unerlaubte Handlungen nach dem BGB.; v. Liszt: Die Deliktsobligationen im System des BGB.; Müller: Der Begriff der unerlaubten Handlung. (Hallenser Dissertation.)

Verschulden abhängig sind, unter den Begriff der unerlaubten Handlung zu bringen, oder haben wir trotzdem an der alten Begriffsbestimmung festzuhalten, wenigstens doch in den vorhandenen Vorschriften einen numerus clausus der Thatbestände „unerlaubter Handlungen“ nach dem BGB. zu erblicken? Das Letztere ist u. E. auf jeden Fall das Richtige.

Die Subsumtion nichtschuldhafter Ersatzhaftungen unter den Titel „unerlaubte Handlungen“ halten wir für einen Fehler in der Gesetzestechnik. Zu erklären ist er daraus, daß die Redaktoren in dem Bemühen den modernen sozialen Verhältnissen gerecht zu werden, in den konkreten Normen die Haftungsvoraussetzung richtig bestimmten, daß ihnen aber das Problem der objektiven Schadenshaftung als solches nicht genügend gegenwärtig war, um demselben in seiner gesetzlichen Durchführung einen selbständigen Platz anzuweisen. Ihrer Systematik noch die strenge Einteilung: obligationes ex contractu und obligationes ex delicto zu Grunde legend, blieb ihnen nichts weiter übrig, als alle diejenigen objektiven Haftungen, die nicht unmittelbar mit den Lehren des allgemeinen Teils oder mit dem Vertragsrechte in Verbindung stehen, und darum gleich im Anschluß an diese normiert werden konnten, unter die Delikte einzureihen. Wir meinen, es hieße nun einmal diesen formalen Fehler der Redaktoren vergrößern, über die positiven Bestimmungen hinaus noch andere nicht schuldhaft rechtswidrige Handlungen in den Kreis der Delikte einzufügen. Zum andern widerstrebt das aber auch dem sachlichen Inhalt des Gesetzes. Wenn dieses Gesetz in Bezug auf „unerlaubte Handlungen“ gemeinsame Vorschriften enthält, so ist anzunehmen, daß es diese für alle diejenigen Thatbestände für geboten erachtet, welche es eben als „unerlaubte Handlungen“ bezeichnet. Aber auch nur für diese und auch nicht noch für irgend welche andern. Es kann als selbstverständlich gelten, daß das Gesetz die nach seinem Willen gleich zu behandelnden Thatbestände unter die gleichen Bestimmungen stellt, und daß es da, wo dies aus irgend welchen Gründen nicht angängig ist, ausdrücklich erklärt, daß auf die betreffenden Fälle die und die Normen Anwendung finden sollen.[8]) Daraus ergiebt sich für uns: Da die Ersatzpflicht des negativen Vertragsinteresses weder in dem Titel „unerlaubte Handlungen“ geregelt,

---

[8]) Wie wir Planck a. a. O. II p. 603 unter III. Abw. z. B. Stein in Gaupp-Stein, Komm. z. CPO., I p. 89 unter II.

noch durch Verweisung den betreffenden Normen unterworfen ist, so stellt die negative Interessehaftung nach dem BGB. keine Deliktshaftung dar.[9]) Nach dieser negativen Feststellung sind wir bereits in der Lage zwei praktische Fragen zu beantworten: Die Ersatzpflicht des negativen Vertragsinteresses unterliegt nicht der dreijährigen Verjährungsfrist nach BGB. § 852 und begründet nicht den Gerichtsstand der unerlaubten Handlung nach CPO. § 32 (forum delicti commissi).

Nach der positiven Seite hin darf die Charakterisierung der negativen Interessehaftung als eine rechtsgeschäftliche Verpflichtung nur sehr cum grano salis genommen werden; es scheint als ob die alternative Fassung der Motive die Wissenschaft ein wenig präjudiziert hat. Gewiß, der Sprachgebrauch und auch das BGB. selbst reden nicht nur von Rechtsgeschäften und Verträgen, sondern auch von unwirksamen Rechtsgeschäften und unwirksamen Verträgen, was ja streng logisch eine contradictio in adiecto bedeutet. Im entsprechenden Sinne mag es erlaubt sein, ebenso wie bei der Haftung aus einem wirksamen Rechtsgeschäft, so auch bei der Haftung, die aus einem unwirksamen Rechtsgeschäft resultiert, von rechtsgeschäftlicher Verpflichtung zu sprechen. Ob damit viel gewonnen ist, ist zweifelhaft. Es wäre zu fordern, daß die Haftung bei unwirksamen Verträgen als selbständige Kategorie zwischen der Kontraktshaftung und der Deliktshaftung anerkannt wird. Sonst ist die Gefahr zu groß, daß sie mit der eigentlich rechtsgeschäftlichen Haftung, wenn auch nicht identifiziert, so doch ihrem wirklichen Wesen entgegen zu gleichartig behandelt wird. Gerade weil das positive Recht die Art und die daraus sich ergebenden Folgen der negativen Interessehaftung nicht selbst bestimmt, muß um so präziser ihre Eigenart im Auge behalten werden, damit sie mit der Gesamtheit der Normen in richtigen Zusammenhang gebracht werden kann.

So lehnt u. E. Titze[10]) die negative Interessehaftung zu eng an den kontraktlichen Anspruch an, wenn er dafür hält, den Anspruch auf Ersatz des negativen Vertragsinteresses derselben Ver-

---

[9]) Dieser negative Schluß ist nicht identisch mit dem positiven, daß nach der Stellung der Bestimmungen im Abschnitte „Schuldverhältnisse aus Verträgen" angenommen werden könne, die Verletzung rechtsgeschäftlicher Pflichten bilde den Grund der Haftung. So z. B. Mayring: Komm. z. R. d. Schuldverh. des BGB. p. 61.

[10]) Vgl. Titze a. a. O. p. 229.

jährungsfrist zu unterwerfen, der die Kontraktsklage unterliegen würde, wenn die Leistung möglich und infolgedessen der Vertrag gültig gewesen wäre. Das Argument, das Titze anführt: bei der regelmäßigen Verjährungsfrist von dreißig Jahren könnte der Ersatzanspruch im Hinblick auf den § 196 unter Umständen später verjähren, als die Ansprüche, die dem Gläubiger im Falle der Gültigkeit des Vertrags zuständen, ist nicht stichhaltig. Ist denn nicht genau dieselbe Erwägung bei jedem Schadensersatzanspruch wegen Nichterfüllung maßgebend? Und doch ist es unbestreitbar, daß dieser der gewöhnlichen Verjährungsfrist unterliegt, da § 196 ausdrücklich nur von den vertraglichen Leistungen handelt.[11]) Der negative Interesseanspruch ist so gut ein Schadensersatzanspruch, wie derjenige wegen Nichterfüllung, und man wird füglich nicht behaupten können, daß er mehr an Stelle der Erfüllungsforderung tritt als dieser. Aus seinem Verhältnis zum positiven Vertragsanspruch ist daher die Gleichheit in der Verjährungsfrist nicht zu begründen, und man wird kein Bedenken tragen dürfen ihn der dreißigjährigen Verjährungsfrist zu unterwerfen.[12])

Eine gleich fehlerhafte Behandlung der negativen Interessehaftung sehen wir bei Titze[13]) darin, daß er für den Ersatzanspruch die für den Schuldvertrag bestellten Bürgen und Pfänder haften läßt. Nach dem BGB. ist für die Verpflichtung der Bürgen und für die Haftung des Pfandobjekts der „jeweilige Bestand der Hauptverbindlichkeit" maßgebend.[14]) Titze sagt: „Wenn nun auch das von den Parteien gewollte Schuldverhältnis nicht zustande gekommen und das zustande gekommene von ihnen nicht gewollt ist, so hat doch letzteres indirekt seine Entstehung dem von den Parteien geäußerten Vertragswillen zu verdanken, und darum dürfte es gerechtfertigt sein, auch den außerkontraktlichen Anspruch des § 307 als (jeweiligen

[11]) Vgl. Planck a. a. O. I p. 247 unter 7, der speziell in Bezug auf § 196 Nr. 9 bemerkt: „Ein in der R. K. gestellter Antrag, die Vorschrift auf alle Ansprüche der Arbeitgeber auszudehnen, ist abgelehnt; insbesondere unterliegen also Entschädigungsansprüche der Arbeitgeber aus dem Arbeitsverhältnisse der kurzen Verjährung nicht." Für diesen einen Fall ist also überhaupt nur der Versuch gemacht worden, einen Schadensersatzanspruch der gewöhnlichen Verjährungsfrist zu entziehen.

[12]) Ähnlich Titze urteilen die von diesem a. a. O. p. 229 Anm. 32 Genannten (Schollmeyer, Mayring, Planck, Oertmann u. a.) nur insofern, als sie die Anwendung des § 852 ablehnen. — Abw. in Bezug auf § 307 Melliger.

[13]) Vgl. Titze a. a. O. p. 231.

[14]) BGB. § 767, § 1210.

Bestand) der (nicht ins Leben getretenen) Hauptverbindlichkeit zu betrachten." So weit man auch die Wendung: „jeweiliger Bestand der Hauptverbindlichkeit" interpretieren mag, immer wird man doch nur zu einem solchen Zustand gelangen können, der mit der Hauptforderung in einem kausalen Verhältnis steht, sich irgendwie aus derselben selbst entwickelt hat. Der negative Interesseanspruch leitet seine Entstehung aber gerade von dem Gegenteil wie die Vertragsforderung her.[15]) Die indirekte Entstehung der Ersatzpflicht aus dem Vertrags willen der Parteien ist absolut gleichgültig; das BGB. schützt nicht diesen durch Bürgschaft und Pfand, sondern den perfizierten und wirksamen Vertrag, also auch nicht eine Verpflichtung, die dem Vertragswillen, sondern nur eine, die dem Vertrage entspringt. Eine wirklich vorhandene Verpflichtung — der negative Interesseanspruch — kann unmöglich der Bestand einer gar nicht existierenden Verpflichtung — der Vertragsforderung — sein. Solche elementare Wahrheit vermag keine juristische Auslegung umzustoßen.

Speziell für den § 307 bedarf es schließlich einer Entscheidung darüber, wie das Moment des Verschuldens näher zu bestimmen ist.

Zweifelhaft ist zunächst, ob die §§ 827, 828 erforderlichen Falles zur Anwendung zu bringen sind. Eine streng logische Interpretation führt, das müssen wir zugeben, zur Verneinung.[16]) Die betreffenden Paragraphen stehen in dem Titel über „unerlaubte Handlungen" und beziehen sich demgemäß in erster Reihe auf die Deliktshaftung. Durch ausdrückliche Verweisung in § 276 sind sie ferner auch für die vertragliche Haftung wirksam, ihre Geltung für die negative Interessehaftung ist aber nirgends ersichtlich. Noch ein anderer Grund vermöchte beigebracht zu werden. Würden die §§ 827, 828 für das gesamte Recht der Schuldverhältnisse Anwendung finden sollen, so wäre nicht recht einzusehen, warum das BGB. die betreffenden Normen erst ganz an den Schluß des Obligationsrechtes gesetzt hätte, anstatt sie sinngemäß als allgemeine Vorschriften an

---

[15]) Diese aus dem wirksamen, jener aus dem unwirksamen Vertrage.

[16]) So z. B. Cosack, Lehrb. d. bürg. Rechts I p. 239. Bei Verschuldungen anderer Art als schuldhafte Verletzung obligatorischer Pflichten und Verübung von Delikten sei es im einzelnen Falle zu entscheiden, ob der angeblich Schuldige diejenigen Geisteseigenschaften besaß, welche die Voraussetzung seiner Schuld bilden. „Man nehme z. B. an, daß jemand sich einer Thatsache nicht mehr zu erinnern vermag, die ihm mitgeteilt worden ist, als er . . . sinnlos betrunken war; ohne Rücksicht auf BGB. § 827 wird man je nach Lage des Einzelfalles die Unkenntnis des . . . Trunkenen für schuldlos erklären können."

den Anfang zu stellen, und so im einzelnen Verweisungen zu ersparen. Trotzdem glauben wir urteilen zu müssen, daß auch für die Verschuldung in § 307 die §§ 827, 828 zu beachten sind, und zwar deshalb, weil u. E. der Begriff der Verschuldung notwendig ein einheitlicher ist. Ein Gesetz kann wohl verschiedene Schuldgrade unterscheiden, aber es kann nicht das Wesen der Schuld überhaupt für einzelne Normen verschieden bestimmen. Zum Wesen der Schuld gehört aber die in den §§ 827 f. beantwortete Frage der Zurechenbarkeit zur Schuld. Diese sachliche Bedeutung der §§ 827 f. läßt uns über ihre formelle Unterbringung hinwegsehen.

Bezüglich des § 307 ist weiter strittig, ob da, wo für das beabsichtigte Schuldverhältnis vom Gesetz eine mindere Sorgfaltspflicht vorgeschrieben ist, diese Erleichterung auch für die zur negativen Interessehaftung vorausgesetzte Schuld Platz greift.[17]) U. E. ist die Streitfrage nicht von großem praktischen Belange.

An und für sich steht die Haftung aus dem unwirksamen Vertrage völlig selbständig da, und die Regeln über die Haftung innerhalb des wirksamen Vertrags sind nicht anwendbar. Durch die Worte „kennen" und „kennen müssen" ist nun nach der Ausdrucksweise des BGB. unzweifelhaft die Haftung für Vorsatz und Fahrlässigkeit (schlechthin) statuiert. Dadurch, daß das Gesetz aber die Fahrlässigkeit als die Nichtbeobachtung der im Verkehr erforderlichen Sorgfalt kennzeichnet, gewährt es die Möglichkeit, auch die Art des beabsichtigten Vertrages und die bei diesem vom Gesetze normierte Haftungsweise zu berücksichtigen. Der Verkehr erfordert eben eine strengere Sorgfalt, sich über die Möglichkeit der Leistung zu vergewissern bei einem Kaufvertrag als wie bei einer Schenkung.[18])

Die Regelung, welche die negative Interessehaftung im BGB. erfahren hat, ist im ganzen als eine durchaus sachgemäße zu erachten. Nicht mehr wie die gemeinrechtliche Doktrin in der schwierigen Lage, überhaupt ihre Geltung zu erweisen, dürfen wir unmittelbar die Berechtigung der positiven Normen prüfen. Da müssen wir zuerst sagen, daß die negative Interessehaftung als solche der von uns als Postulat entwickelten grundlegenden Haftungstendenz in hervorragender Weise entspricht. Es ist die durch den äußerlich

---

[17]) Vgl. Schollmeyer: Komm. z. R. d. Schuldverh. d. BGB. p. 154; Enneccerus-Lehmann: Einf. i. d. R. d. BGB. I p. 399; Titze a. a. O. p. 226, Anm. 27.

[18]) So nehmen wir in dieser Streitfrage einen vermittelnden Standpunkt ein.

perfekten Vertragsabschluß zum Ausdruck kommende enge persönliche Beziehung der Kontrahenten, die es gerechtfertigt erscheinen läßt, denjenigen Kontrahenten, in dessen Person der Grund der Unwirksamkeit und damit der Schädigung seines Mitkontrahenten liegt, zur Haftung heranzuziehen. Man könnte geneigt sein, soweit ein Verschulden des Schädigenden nicht vorliegt, eine Haftung nach Maßgabe einer ausgleichenden Schadensverteilung für ausreichend zu halten. Wenn wir aber erwägen, daß diese Haftungsart schon bei der rein kausalen Schadenszufügung zu postulieren ist, so werden wir uns dem nicht verschließen können, daß bei dem Heraustreten aus der rein sozialen Verbindung in ein direkt von Person zu Person gehendes vertragliches Verhältnis eine Verschärfung der Haftung einzutreten hat. Diese ihrem äußeren Wesen nach vertragliche Beziehung der Parteien ist für die Begründung der negativen Interessehaftung ausschlaggebend. Derjenige, der die Unwirksamkeit des geschlossenen Vertrages nicht kennt, ist in seinen Dispositionen ebenso gebunden, als bei rechtswirksamem Vertrage. Aus der Erfüllung seiner Pflicht, daß er die durch den Vertrag ihm gesetzte Schranke wahrt, in derselben Richtung nicht anderweitig Rechte erwirbt und Verpflichtungen eingeht, darf ihm kein Schaden erwachsen. So führt uns die Betonung der Eigenart des Verhältnisses, aus dem die Ersatzhaftung sich ergiebt, zu dem, was gemeinhin aus dem Postulat der Sicherheit des Verkehrs hergeleitet wird. Eine nur vermögensausgleichende Haftung vermag dieser Eigenart nicht gerecht zu werden.

Derselbe Gedankengang läßt uns aber auch die Berechtigung erkennen, die unbedingte Haftung nur bei Vertragsunwirksamkeit wegen Mangels in der Person des ersatzpflichtigen Kontrahenten zu statuieren, dagegen bei Unwirksamkeit wegen Unmöglichkeit der Leistung das Verschulden als Haftungsvoraussetzung zu fordern. Wir dürfen hier auf die überzeugenden Erwägungen der Gesetzesredaktoren selbst verweisen.[19]) Man wird mit Fug legislatorisch vermeiden über die Schuldhaftung ohne Notwendigkeit hinauszugehen.[20]) Solche Notwendigkeit liegt vor, wenn der eine Kontrahent durch seine eigene Person die Vertragsnichtigkeit herbeiführt. Im Falle des Irrtums wäre

[19]) Vgl. Protokolle I p. 450—454; oben p. 131, Anm. 7.

[20]) Vgl. die treffenden Ausführungen bei Planck a. a. O. II p. 600.

der schuldlos gutgläubige Mitkontrahent dem Zufalle preisgegeben, alle seine geschäftlichen Aktionen würden ungewiß und gefährlich sein, wenn er nicht durch eine unbedingte Schadloshaltung gesichert wäre. Bei der mangelnden Vertretungsbefugnis ist zwar die Möglichkeit der Feststellung dieses Mangels seitens des Dritten fast immer gegeben,[21]) aber sie würde eine solche Schwerfälligkeit des Verkehrs mit sich bringen, daß es durchaus angebracht ist, den Dritten durch Zuerkennen eines unbedingten Ersatzanspruches auf das Wort des Vertreters in billiger Weise vertrauen zu lassen. Anders liegt die Sache bei der Vertragsnichtigkeit wegen Mangels im Objekt. Hier ist zwar auch die auf die kontraktliche Verpflichtung hinzielende persönliche Beziehung der Parteien vorhanden, aber das bedeutsame Moment des persönlichen Vertrauens, gleichsam die Abhängigkeit des einen Kontrahenten vom andern, fällt fort. Dem Vertragsgegenstande stehen prinzipiell beide Parteien gleichmäßig gegenüber. Wohl wird man dem Schuldner eine weitaus größere Sorgfalt betreffs Feststellung der Möglichkeit der Leistung zumuten dürfen, als dem Gläubiger, immerhin ist diese Sorgfalt individuell zu nehmen und braucht sich nicht zu einem unbedingten Einstehen für den aus der Vertragsunwirksamkeit dem Gläubiger entstehenden Schaden zu verdichten.[22]) Das objektive Verhältnis des Schuldners und Gläubigers zur Vertragsleistung läßt es auch einwandsfrei erscheinen, daß gegebenen Falles der Gläubiger dem Schuldner ersatzpflichtig werden kann.

Im einzelnen haben wir folgendes an der Normierung der Ersatzpflicht des negativen Vertragsinteresses im BGB. auszusetzen:

Nachdem das BGB. in den §§ 827, 828 den Kreis derjenigen Personen gezogen hat, die auf Grund subjektiver Verantwortlichkeit für Schadenszufügung haftbar sein können, statuiert es in § 829, dem allgemeinen Postulat der neueren Rechtswissenschaft entsprechend, eine subsidiäre Haftpflicht der persönlich nicht Verantwortlichen nach Maßgabe einer gerechten Schadensverteilung. § 829 kennt diese Haftung jedoch lediglich für eine Schadenszufügung in einem der in den §§ 823—826 bezeichneten Fälle an.[23]) Hier wäre nun eine größere Differenzierung zu wünschen gewesen, dahingehend, daß die vermögensausgleichende Schadenshaftung auch bei einer Schadens-

[21]) So auch Melliger a. a. O. p. 93 a. E.

[22]) Vgl. oben p. 182.

[23]) Vgl. oben p. 70 Anm. 27.

zufügung eintritt, die den Verantwortlichen nicht als unerlaubte Handlung zum Schadensersatz, aber zum Ersatz des negativen Vertragsinteresses verpflichtet. Es ist schlechterdings kein Grund einzusehen, warum die subsidiäre Haftung der Verantwortungslosen auf den engen Kreis der „unerlaubten Handlungen“ nach §§ 823—826 eingeschränkt ist. Eine Vereinigung der durch die lediglich mögliche kausale Beschädigung seitens des Unzurechnungsfähigen sich ergebende Haftungsart (billige Schadensverteilung) mit dem aus der Art der Beschädigung (unwirksamen Vertragsschluß) sich ergebenden Haftungsumfang (negatives Vertragsinteresse) hätte erst eine gebührende Ausdehnung der negativen Interessehaftung bedeutet; in der praktischen Durchführung würde sie kaum Bedenken unterlegen haben.

Des weiteren sind es zwei spezielle Punkte, in denen u. E. das BGB. nicht das Richtige getroffen hat; beide sind auch bereits von anderen Autoren gerügt worden.[24])

§ 122 läßt bei der Anfechtung einer empfangsbedürftigen Willenserklärung den Anfechtenden nur gegenüber dem Erklärungsempfänger, dagegen bei der Anfechtung einer nicht empfangsbedürftigen Erklärung gegenüber jedem haften, der im berechtigten Vertrauen auf die Gültigkeit der Erklärung Schaden erlitten hat.[25]) Ein innerer Grund für diese unterschiedliche Behandlung erhellt nicht. Man wird nicht umhin können, unter „jedem Geschädigten“ auch den Rechtsnachfolger des ursprünglich Berechtigten zu verstehen. Warum soll aber z. B. der Rechtsnachfolger des aus einer Auslobung Berechtigten günstiger gestellt sein, als der Rechtsnachfolger des aus einem gegenseitigen Vertrage Berechtigten, der nach dem Standpunkt des BGB. einen Ersatzanspruch nur gegen seinen unmittelbaren Vormann hat? Wie man sich auch zur Abgrenzung des ersatzberechtigten Vormannes stellen mag, die durch das BGB. erfolgte nach Maßgabe des zufälligen Charakters der Willenserklärung wird man als willkürlich bezeichnen müssen.

Nach § 307 kommt hinsichtlich des Verschuldens lediglich der Moment des Vertragsabschlusses in Betracht. Daraus ergiebt sich der unbefriedigende Schluß, daß derjenige Kontrahent, der nach diesem Zeitpunkt von der Unmöglichkeit der Leistung erfährt, es unterlassen kann, seinem Mitkontrahenten davon Mitteilung zu machen, ohne

---

[24]) Vgl. Leonhard: Allgem. T. d. BGB. p. 503 f., Titze a. a. O. p. 227.

[25]) Vgl. oben p. 100.

Rechtsnachteile befürchten zu müssen. Hier wäre zu wünschen gewesen, daß wenigstens die nach dem Vertragsschluß erlangte thatsächliche Kenntnis von der Unmöglichkeit der Leistung unter Vermeidung der negativen Interessehaftung zur Benachrichtigung des Mitkontrahenten verpflichtete.

Nicht zustimmen können wir dem Tadel gegen das BGB., daß es in den §§ 179, 307 zum Ausschluß der Haftung einfaches Verschulden des Mitkontrahenten genügen läßt und nicht äquivalentes Verschulden erfordert.[26]) U. E. lag für das BGB. kein Grund vor, von dem Satze abzuweichen, daß derjenige keinen Schadensersatz beanspruchen kann, qui damnum ex sua culpa sentit.

Inkonvenienzen hat das darum nicht zur Folge, weil ja die Haftung wegen dolus — und einen solchen wird der Vertragsabschluß trotz Kenntnis des Mangels fast stets involvieren — unabhängig von der negativen Interessehaftung bestehen bleibt.[27]) Der einzige Fall, der Bedenken erwecken könnte, ist der, daß der falsus procurator zwar seinen Vertretungsmangel kennt, aber den Vertrag in der Erwartung der späteren Genehmigung bona fide abschließt. Hier ist jedoch zu beachten, daß man dem Mitkontrahenten nur sehr selten eine fahrlässige Unkenntnis des Vertretungsmangels wird zur Last legen können, indem das einfache Vertrauen auf das Wort des Vertreters regelmäßig keineswegs als Fahrlässigkeit anzusehen ist.[28]) [29])

Schluß.

Das Verhältnis der negativen Vertragsinteressehaftung zur allgemeinen Schadensersatzpflicht.

Der Ersatzanspruch des negativen Vertragsinteresses ist seiner Natur nach ein Schadensersatzanspruch. Über den Schadensersatz hat das BGB. in den §§ 249 ff. allgemeine Lehren aufgestellt. In welchem Verhältnis stehen diese Normen zu den speziellen Vorschriften

---

[26]) Vgl. Melliger a. a. O. p. 91 f.; oben p. 132 Anm. 11.

[27]) Darum ist es unrichtig, wenn Melliger l. c. sagt: „Der Vertreter kann sich eines dolus schuldig gemacht haben und doch wird er von jeder Ersatzpflicht frei, wenn der Dritte auch eine noch so geringe Fahrlässigkeit begangen."

[28]) Vgl. Planck a. a. O. I p. 226.

[29]) Melliger a. a. O. p. 94 fordert bezüglich des § 179 noch eine dem § 307 analoge Bestimmung, d. h. die mögliche Haftung des Dritten dem Stellvertreter gegenüber. M.'s Ansicht ergiebt sich aus seiner Stellung zum Veranlassungsprinzip. Wir können ein Bedürfnis für solche Haftung nicht anerkennen.

über die negative Interessehaftung? Man wird zunächst gemäß des grundlegenden Charakters der §§ 249 ff. sagen, daß sie, wie auch sonst, wo das BGB. eine von den allgemeinen Regeln abweichende Schadensersatzpflicht normiert,[1]) ergänzend einzugreifen haben, d. h. daß sie zur Entscheidung derjenigen Fragen heranzuziehen sind, für welche die speziellen Bestimmungen keine Regelung enthalten.[2]) Bei der Verwirklichung dieser Erwägung zeigt sich nun, daß die Ersatzpflicht des negativen Vertragsinteresses in den sie statuierenden konkreten Normen thatsächlich beinahe abschließend geregelt ist. Daraus erscheint sich der Schluß zu ergeben, daß die negative Interessehaftung fast in jeder Beziehung eine Abweichung von den allgemeinen Grundsätzen der Schadensersatzpflicht bedeuten muß, deren Sonderstellung eine ausdrückliche Normierung erheischte. Dieser Schluß wäre jedoch durchaus falsch. Es ist vielmehr auszusprechen: die grundlegende Richtung des Schadensersatzes bei unwirksamen Verträgen, nämlich der Ersatz des negativen Interesses, wäre auch ohne die genaue Präzisierung in den betreffenden Normen mit absoluter Sicherheit aus den allgemeinen Bestimmungen über den Schadensersatz zu entnehmen gewesen.

Nach § 249 hat der zum Schadensersatz Verpflichtete den Zustand herzustellen, der bestehen würde, wenn der zum Ersatz verpflichtende Umstand nicht eingetreten wäre, und nach § 251 hat, soweit die Herstellung dieses Zustandes nicht möglich ist, die Entschädigung durch Geld zu erfolgen. Nun ist eine Schadenshaftung an den Abschluß eines unwirksamen Vertrages geknüpft, sei es an die bloße Thatsache des Abschlusses, sei es an den verschuldeten Abschluß; der zum Ersatz verpflichtende Umstand ist also einmal der unwirksame Vertragsschluß, das andere Mal der schuldhaft unwirksame Vertragsschluß. Der Zustand, der vorhanden wäre, wenn der zum Ersatze verpflichtende Umstand nicht eingetreten wäre, ist demnach in beiden Fällen der, daß ein solch unwirksamer Vertragsschluß *nicht* stattgefunden hätte. Eine naturale Herstellung dieses Zustandes ist nicht möglich. Der entstandene Schaden kann nur in bereits gemachten Aufwendungen und in dem Nichtvornehmen anderer gewinnbringender, vermögensrechtlicher Dispositionen bestehen. Die Aufwendungen können aber nicht rückgängig gemacht werden, und die unterlassenen Dispositionen können, wenn sie überhaupt als schadensverursachend in Betracht kommen sollen, nicht noch nachgeholt werden. Deshalb ist nach § 251 der

---

1) Vgl. z. B. BGB. §§ 557, 597, 843 ff., 912, 917.

2) Vgl. Planck a. a. O. II p. 16 a. E.

Beschädigte durch Geldersatz ideell in die gleiche Vermögenslage zu bringen, in der er sich befinden würde, wenn von dem unwirksamen Vertrag gar nicht die Rede gewesen wäre. Der Ersatz, der bezweckt, einen durch unwirksamen Vertragsschluß herbeigeführten Schaden auszugleichen, ist aber im technischen Sinne: Ersatz des negativen Vertragsinteresses.

Der Umstand, daß die Anwendung der allgemeinen Normen über den Schadensersatz gegebenen Falls allein zur Statuierung des negativen Interesseersatzes genügt, erklärt es, daß wir bei der Darstellung der Kasuistik auch außerhalb der ausdrücklich vom Gesetz bestimmten Fälle negativer Interessehaftung Thatbestände feststellen konnten, in denen die vom Gesetz einfach vorgeschriebene Schadenshaftung den Charakter des negativen Interesseersatzes annimmt.[3]) Freilich ein Unterschied ist vorhanden. Lediglich in den von dem BGB. speziell

---

[3]) Vgl. oben p. 74, 89. Von befreundeter Seite (Dr. Loránt Löw) ist uns die Berechtigung bestritten worden, die §§ 249 ff. als die Basis unserer Schlußfolgerungen zu nehmen. Die §§ 249—251 bezögen sich auf die Art der Schadensersatzleistung; sie beantworteten die Frage: Naturalrestitution oder Geldersatz. Im Gegensatz hierzu sei die Frage: ob positives oder negatives Interesse eine Frage nach dem Umfang der Schadenshaftung. Diese Frage beantworte in der allgemeinen Lehre vom Schadensersatze der § 252 und speziell im Sinne des negativen Vertragsinteresses die §§ 122, 179, 307. — § 249 habe mit dieser zweiten Frage gar nichts zu thun.

Wir meinen demgegenüber: Es ist nicht zutreffend, daß § 249 lediglich die Art des Schadensersatzes charakterisiert. Wäre dies der Fall, so bedürfte er notwendig stets der Ergänzung durch einen Paragraphen, aus dem der Haftungsumfang zu entnehmen wäre; denn zur Entscheidung eines jeden konkreten Falles müssen beide Momente bestimmt sein. Durch die genaue Bezeichnung des zu ersetzenden Schadens bringt § 249 aber ganz allein auch zum Ausdruck „wie weit" der Ersatz zu gehen hat. Diese Bestimmung des Haftungsumfangs darf nicht deshalb übersehen werden, weil § 249 nur von der Naturalrestitution spricht. Er normiert die grundsätzliche Auffassung des BGB. nach beiden Richtungen, nach Art und Umfang. Das wird klar, wenn man § 251 hinzunimmt. „Soweit" die Herstellung nicht möglich ist, soll Geldersatz an ihre Stelle treten. § 251 modifiziert die Haftungsart, läßt aber den Haftungsumfang unverändert. Es muß ein Maßstab vorhanden sein, von dem die Schadensberechnung auszugehen hat. Dieser ist ganz allgemein in § 249 enthalten: Herstellung des Zustandes, der bestehen würde, wenn der zum Ersatz verpflichtende Zustand nicht eingetreten wäre. In erster Reihe soll die Herstellung real durch Naturalrestitution erfolgen, in zweiter Reihe ideell durch Geldersatz. Die Höhe des Geldersatzes ist aber nur nach Maßgabe des § 249 zu berechnen. § 252 bestimmt keineswegs den Umfang der Haftung, sondern giebt ergänzend nur die Entscheidung einer Zweifelsfrage über den Umfang. Das ist ein großer Unterschied. Er könnte fehlen, ohne daß darum die Frage, welcher

normierten Fällen greift die Begrenzung des negativen Interesses durch die Höhe des positiven Vertragsinteresses Platz. Und das ist eminent bedeutsam. Begrifflich kann nämlich das negative Vertragsinteresse sehr wohl das positive Interesse übersteigen. Das negative Vertragsinteresse stellt die Schadensfolgen des unwirksamen Vertrages in ihrem ganzen Umfang dar. Daraus erhellt, daß es sowohl den positiven Schaden (damnum emergens), wie den entgangenen Gewinn (lucrum cessans) umfaßt. Das negative Interesse wird darum z. B. in allen den Fällen größer sein als das positive, in denen die bei Nichtabschluß des unwirksamen Vertrages vorgenommenen Vermögensdispositionen dem Beschädigten einen größeren Verdienst abgeworfen hätten, als er ihn selbst bei Vertragswirksamkeit erzielt hätte.[4])

Die praktische Beschränkung des negativen Interesseersatzes im Gesetze ergiebt sich aus der Gelegenheit, bei der sie statuiert wird: aus seiner Bestimmung als Schadensersatz bei unwirksamen Verträgen. Außer der Ermangelung des Vorteils, den der konkrete unwirksame Vertrag bei seiner Wirksamkeit positiv gebracht hätte, soll dem Geschädigten nicht zudem noch aus der Thatsache des unwirksamen Vertragsschlusses an sich Schaden erwachsen; der Ersatz des Interesses, das der Geschädigte an der Nichtexistenz eines solchen Vertrages hat — das negative Vertragsinteresse —, soll diesen Schaden paralysieren. Auf der anderen Seite ist aber die Erwägung maßgebend, daß von vornherein das Regelmäßige und Wünschenswerte die Vertragswirksamkeit gewesen wäre, und daß das Höchste, was der Geschädigte beanspruchen kann, diejenige wirtschaftliche Lage ist, in die ihn der wirksame Vertragsschluß versetzt hätte. Aus diesem Grunde erscheint es gerechtfertigt, daß der Geschädigte durch das Zurückführen des status quo ante vermittelst des negativen Interesseersatzes keines Falls größere Vorteile erlangt als bei wirksamem Vertragsschluß.[5])

Schaden zu ersetzen ist, unbeantwortet bliebe. Insbesondere bedeutet er nicht für die allgemeinen Grundsätze der Schadensersatzpflicht dasselbe, was die §§ 122, 179, 307 speziell für das negative Vertragsinteresse. Was er besagt, steht in diesen Paragraphen überhaupt nicht. Die Zweifelsfrage, ob der „entgangene Gewinn" zum Schaden gehöre, gilt gleichermaßen wie für die allgemeine Schadenshaftung auch für das negative Vertragsinteresse. Vgl. unten im Texte.

[4]) Daraus erhellt, daß die dolus-Haftung des Minderjährigen auf das negative Vertragsinteresse nach dem BGB. unter Umständen härter ist, als es die gemeinrechtliche Erfüllungsverpflichtung war. Vgl. oben p. 74.

[5]) Vgl. die anschaulichen Beispiele bei Gareis: Komm. z. allgem. Teil des BGB. ad § 122.

Wir resultieren: Die negative Interessehaftung — i. e. S. verstehen wir im folgenden darunter wieder nur die gesetzlich normierte Ersatzpflicht bei unwirksamen Verträgen — entspricht, trotzdem ihr Wesen eigens durch das Gesetz bestimmt wird, in ihrer Grundrichtung den allgemeinen Sätzen über den Schadensersatz; ihr Umfang ist jedoch, durch die Eigenart der Verhältnisse, welche sie zu regeln hat, bedingt, in einer besonderen Weise begrenzt.

Des weiteren ist zu sagen, daß von den allgemeinen Lehren der §§ 249 ff. die Auslegungsvorschrift des § 252 auch für die negative Interessehaftung Anwendung findet. Das Gesetzbuch stellt sich hierin in dem schwierigen und umstrittenen Problem der Kausalität auf den — als richtig anzuerkennenden — Standpunkt der Theorie von der adäquaten Verursachung.

Der § 254 hingegen, der bestimmt, inwieweit bei konkurrierendem Verschulden des Beschädigten die Schadensersatzpflicht eine Reduktion erleidet, ist für die negative Interessehaftung nicht praktisch. Das Gesetzbuch schreibt für diese einheitlich vor, daß sie stets vollständig cessiert, sobald dem Beschädigten überhaupt ein Verschulden zur Last fällt.[6])

Das negative Vertragsinteresse ist in der gemeinrechtlichen Doktrin Gegenstand starker Anfeindung gewesen,[7]) und auch bei seiner Übernahme in das BGB. scheint ihm die Feindschaft bewahrt zu bleiben.[8]) Die Abneigung erklärt sich daraus, daß die negative Interessehaftung schlecht und recht eine Schadenshaftung ist. In der That ist das Gebiet des Schadensersatzes ein juristisch so intrekates und in grundlegenden Punkten so wenig geklärtes, daß man die Scheu, ihm eine neue Materie einzuverleiben, wohl verstehen kann. Alle Bedenken jedoch müssen schwinden gegenüber der Erwägung, daß die negative Interessehaftung sachlich den Verhältnissen in idealer Weise gerecht wird, indem durch sie die wirtschaftlichen Folgen, die der Abschluß eines nichtigen Vertrages mit sich bringt, am genauesten ausgeglichen werden.[9]) Eine gerechte Beweislastverteilung[10]) sowie

---

6) Vgl. Melliger a. a. O. p. 30 ff.

7) Vgl. besonders Kohler: Jahrb. f. Dogm. XVIII p. 226; Bähr: Jahrb. f. Dogm. VI p. 305, XIV p. 422.

8) Vgl. z. B. Leonhard: Allgem. Teil p. 506.

9) Vgl. hierüber die treffenden Erörterungen bei Melliger a. a. O. p. 171 ff.; Unger: Grünhuts Zeitschrift XV p. 678; Enneccerus: Rechtsgeschäft, Bedingung und Anfangstermin p. 90 f.

10) In § 122 hat der Erklärungsempfänger den Schaden, der Erklärende das Mitverschulden seines Gegners zu beweisen. In § 179 kann der falsus pro-

die freie richterliche Beweiswürdigung bezüglich des Vorliegens und der Höhe einer Schadensentstehung[11]) dürften auch geeignet sein, die Schwierigkeiten in ihrer praktischen Durchführung erheblich zu mildern.

---

curator nur durch den Beweis seiner Unkenntnis von dem Mangel der Vertretungsmacht seine Haftung auf das negative Vertragsinteresse beschränken. § 307 legt dem Kläger den Beweis des Schadens und der Schuld des Beklagten auf, während der Beklagte das Mitverschulden des Klägers zu beweisen hat. (In der zweiten Lesung — vgl. Protok. p. 450 Antrag 3 — wurde beantragt, dem Kläger den Beweis seines Nichtverschuldens aufzuerlegen; umgekehrt hält Titze a. a. O. p. 228 de lege ferenda dafür, daß stets der Schuldner für seine schuldlose Unkenntnis der Unmöglichkeit der Leistung beweispflichtig sein soll.) Den Beweis, daß das negative Vertragsinteresse niedriger ist als das Erfüllungsinteresse, hat in allen Fällen der Ersatzpflichtige zu führen. — Dem geltenden Rechte gegenüber herrscht, soweit wir sehen, bezüglich der Beweislastverteilung des negativen Vertragsinteresses keine Meinungsverschiedenheit. Vgl. Planck a. a. O. I p. 172, 228 f., II p. 80 f., Melliger a. a. O. p. 168 f., Titze a. a. O. p. 227.

11) Vgl. CPO. § 287.

Druck von A. W. Hayn's Erben, Berlin und Potsdam.

Kolibri 360 GmbH
Ferdinand-Jühlke-Straße 7
99095 Erfurt, Deutschland
produktsicherheit@kolibri360.de